한국의 식생활 문화

정은자 저

도서출판 진로

머리말

여러 민족이 각기 다른 환경에서 이룩한 식생활문화는 인류가 자연환경과 사회환경 아래 장구한 역사와 함께 개발하고 축적한 문화유산입니다. 우리나라도 한민족 특유의 식생활을 영위해왔습니다. 우리나라 식생활문화에는 우리 조상들의 체험을 통해 얻은 지혜와 과학성이 내재되어 있습니다. 유구한 역사와 함께 이루어진 우리나라 식생활문화의 특성, 형성과정, 배경, 역사적 고찰 등을 통해 우리나라 식생활 문화를 이해하고, 우리의 후손들에게 전해야 할 것입니다.

이 책은 그동안 대학에서 강의한 내용을 토대로 제1편에서는 우리나라 식생활문화의 특성을 자연환경에 따른 곡물음식과 발효음식의 발달, 사회환경과 식생활문화, 상차림과 식사예절, 통과의례와 음식문화, 우리나라의 세시음식 문화, 음청류 문화, 한국음식의 우수성 등을 수록하여 우리나라의 식생활문화를 이해할 수 있도록 하였고, 제2편에서는 우리나라 식생활의 역사를 시대별로 구분하여 어떻게 형성되고 변천되어 왔는가를 다루었습니다.

따라서 이 책은 식품학이나 영양학, 조리과학, 외식관련학 등을 전공하는 학생들과 이와 관련된 분야에서 활동하시는 분들, 우리나라 식생활문화에 관심이 있으신 모든 분들에게 참고자료가 되었으면 하는 바램에서, 그 동안 강의한 내용과 출간된 여러 가지 문헌들을 참고하여 집필하였습니다.

이 책의 부족하고 미비한 점들에 대해 선후배님들과 독자 여러분의 기탄없는 조언을 부탁드리며, 앞으로 수정·보완할 부분이 많을 것으로 생각됩니다. 계속 수정하고 보완하겠습니다.

끝으로 본서의 출판에 정성과 격려를 아끼지 않으셨던 진로출판사 임종철 사장님과 관계 직원 여러분께 감사를 드립니다.

2014. 2.

저자 **정은자**

차 례

1편. 한국 식생활 문화의 특성

2편. 한국 식생활 문화의 역사

제1편

한국 식생활 문화의 특성

1장. 자연환경과 식생활 문화
2장. 곡물음식 문화
3장. 발효음식 문화
4장. 사회환경과 식생활 문화
5장. 상차림과 식사예절
6장. 의례식 상차림
7장. 세시와 음식문화
8장. 음청료 문화
9장. 차 문화
10장. 한국음식의 우수성

식생활이란 먹는 것과 관련된 생활행위이고, 식생활문화란 식생활에 나타나는 여러 가지 행동양식을 말한다. 따라서 식생활문화란 인간이 어떤 지역에서 자라면서 배우는 먹는 것과 관련된 공통적인 생활행위로 대대로 계승되는 것이라고 할 수 있다. 인간은 태어나면서 부터 필요한 식품을 구하여 처음에는 날로 먹었을 것이고 불의 발견으로 익혀먹다가 조리를 하게 되었을 것이다. 따라서 식생활은 가장 원초적이고 필수적인 조건으로 인류문화를 규정하여 왔으며 자연환경이나 조상들의 생활관습이 다르므로 각 민족과 국가들은 독특한 저마다의 식생활문화를 형성하여 왔다.

식생활문화는 여러 가지 요인의 영향을 받아 형성되나 특히 자연환경적 요인과 사회문화적 요인, 기술의 발달 요인 등에 따라 형성되어 왔다. 자연환경 요인은 기후나 지형, 토양, 수질 등으로 식생활 문화 형성에 가장 많은 영향을 미쳤다. 사회문화적 요인으로는 종교, 역사, 의례나 풍속 등의 생활 규범과 가치관, 사회구조, 경제수준 등이 있으며, 기술의 발달은 토기제작 기술, 조리가공 기술, 농업기술, 저장 및 유통기술 등으로 이들 요인에 따라 각 민족은 독특한 식생활 문화를 형성 하게 되었다.

따라서 식생활 문화는 식품의 산출, 조리 가공방법, 상차림의 규범, 의례와 음식의 관행, 용구와 식기, 식품의 금기, 풍습 등에 따라 형성되었으며 식품 산출 및 조리가공에 기본적 역할을 하는 자연배경과 정치, 역사 등 시대적 배경인 사회환경이 가장 직접적인 영향을 미쳤다고 본다.

1장

자연환경과 식생활 문화

1. 한국의 자연환경

세계 여러 민족의 식생활문화는 오랜 생활사 속에서 그 지역의 자연환경의 영향을 받으면서 형성되었다. 즉, 그 지역의 기후, 지리적 환경, 토양, 수질, 풍토 등에 따라서 식품의 종류와 생산량이 달라지므로 각 지역의 주요 식량은 자연조건에 따라 결정이 된다. 따라서 식품의 생산과 조리・가공 방법, 이용방법, 저장 방법 등은 음식문화 형성에 직접적인 영향을 주므로 자연 환경은 식생활문화를 형성하는 기본 조건이다.

1) 지리적 위치

우리나라는 유라시아 대륙과 태평양 사이에 위치하고 있으며 중국대륙과 일본열도 사이에 걸쳐있는 반도국이다. 위치나 기후로 두 나라의 중간상태에 있으며 서로 문화를 받아들이고 전파하며 우리나라 식생활문화에 영향을 미쳤다. 우리나라는 북위 33도에서 43도, 경도 124도에서 132도에 걸쳐 위치하고 있으며. 북쪽은 아시아 대륙과 연결되어 있고 동・서・남의 삼면이 바다로 둘러싸여 있다. 따라서 해안선의 길이가 8,700km에 달하며 옛날부터 수산물을 다양하게 이용하여 왔으며 농업 이전에는 어패류가 제1의 식량급원이었다. 따라서 어패류를 이용한 음식이 많으며, 어패류는 곡물이 주식인 우리나라 식생활에서 부족 되기 쉬운 양질의 단백질 공급원이었다.

(1) 동해

동해는 바다 깊이가 깊어 평균 1,700m이고 가장 깊은 곳은 4,000m에 달한다. 한류와 난류가 교차하여 좋은 어장 구실을 하여 어패류의 종류가 다양하다. 여름에는 난류성 어류인 꽁치, 고등어, 멸치, 오징어 등이 많고 겨울에는 한류성 어류인 명태, 도루묵, 대구, 청어 등이 많다.

[그림 1-1] 우리나라의 지리적 위치

(2) 서해

서해는 수심이 낮아 평균 44m이며 깊은 곳은 100여 m로 조석간만의 차이가 심하여 해저에 침전되었던 염류 등이 잘 떠올라온다. 또한 넓은 간석지로 굴, 바지락, 대합 등의 조개류와 새우 등이 많고 염전의 최적지이다. 연평도를 중심으로 경기도, 황해도 부근에서는 조기가 많이 잡힌다. 여름에는 난류성 어류인 조기, 갈치, 멸치, 삼치 등이 많고 겨울에는 한류성 어류인 대구, 청어 등이 많이 잡힌다.

(3) 남해

남해는 수온이 높고 수심이 낮으며 섬이 많아 어류의 번식장을 이루고 있다. 일 년 내내 난류가 흐르며 대표적인 어류는 멸치이고 가자미, 대구, 갈치, 도미 등의 어류가 많이 잡힌다. 복잡하고 낮은 해안을 이용한 김, 미역 양식과 조개류와 게, 새우 등 갑각류의 공급원이다.

(4) 북부

우리나라의 북부는 만주, 중국과 접해있어 목축과 수렵이 성행하였다. 따라서 맥적과 같은 고기음식이 개발되었으나 우리나라가 농업국으로 발달하여 곡류생산이 주가 됨에 따라 한민족 식생활문화의 기본은 농경민의 생활특성을 닮고 있다.

2) 지형

우리나라는 평야지대보다 산지가 많아 전체면적의 70%를 차지한다. 산지의 많은 부분은 구릉성 지역으로 산기슭에 화전을 일구어 밭작물을 재배하였

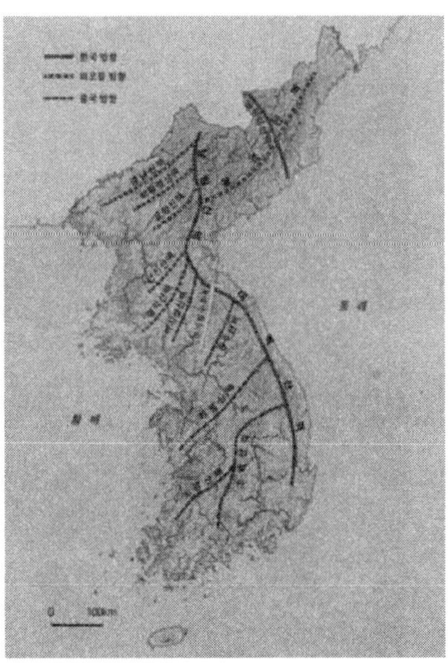

[그림 1-2] 우리나라 산맥과 강

다. 높은 산맥은 북부와 동부에 많고 남부와 서부는 낮은 지형으로 되어 있다. 특히 낭림산맥과 태백산맥을 중심으로 서쪽으로 묘향산맥, 차령산맥, 소백산맥 등 여러 산맥들이 완만하게 뻗어있고 산맥에 따라 그 사이 사이에 예성강, 대동강, 한강, 금강, 낙동강 등 주요한 강은 서부와 남부로 흘러 주변 지역에 평야가 형성되어 좋은 농토 구실을 하여 벼농사의 중심지가 되었다. 따라서 남부와 서부는 쌀농사를, 북부와 동부는 밭농사를 많이 하게 되었다.

3) 기후

기후는 작물재배에 작용하는 직접적인 요인이며, 식생활에 가장 큰 영향을 주는 요인이다. 기후에 따른 음식의 특징을 살펴보면 열대지방은 자극적인 향신료를 많이 사용하여 식욕증진과 저장효과를 높이며, 더운 날씨로 인한 에너지의 필요로 기름에 볶거나 튀기는 음식을 많이 이용한다. 한대지방은 주로 날고기나 날 생선을 사용하고, 음식 맛이 담백하고 싱거우며 향신료를 많이 상용하지 않는다. 온대지방은 다양한 식품이 생산되어 곡류, 채소류 등을 이용한 음식의 종류와 조리법이 다양하고 향신료를 적당히 사용하며 가공식품과 발효식품이 발달했다.

우리나라는 춘하추동 사계절의 계절구분이 뚜렷하고 여름철(6~8월)에는 비가 많이 와서 강수량이 많고, 온도가 높을 뿐만 아니라 일조량이 많아 고온다우(高溫多雨)하므로 벼농사에 적합한 조건을 갖추고 있다. 평균 강수량은 500~1,500mm의 범위이며 연평균 강수량은 960mm로 세계 평균 강수량인 743mm보다 많다. 벼농사에는 1,000mm 이상의 강수량과 3,000℃ 이상의 열의 적산량이 필요한데 우리나라는 풍부한 강수량과 일조량으로 벼농사에 적합한 천혜의 조건을 갖추고 있어 곡물음식이 발달하였다.

우리나라는 작은 국토지만 냉온대 기후에 속하며 한대성 기후와 열대성 기후의 이중성격을 띤다. 여름에는 30℃ 이상의 기온과 겨울에는 -10℃ 이하의 추운날씨로 한대성 기후와 열대성 기후의 양면성을 가지고 있어 기후구가 다양하며, 북쪽으로 갈수록 겨울이 길어져 작물과 음식의 향토성이 형성되어 향토음식이 발달하였다.

4) 경작 농산물

우리나라는 농업국으로 여러 가지 농산물을 경작하였다. 작은 국토이지만 기후구가 다양하여 각 풍토에 맞추어 벼농사와 잡곡농사를 함께 하였다. 기후가 한랭하고 강우량이 적은 관북지방에서는 메밀, 조 등이 재배되었고, 강우량은 적지만 비가 고르게 내리는 평안도에서는 밀을, 황해도에서는 기장을 재배하였다. 습도가 많고 기온이 비교적 높은 경상도 지방에서는 보리를 많이 재배하였고, 중부이남 지방인 경기, 충남, 전남 등은 쌀농사가 주를 이루었다. 이와 같은 환경에서 북쪽은 조, 기장 등을 이용한 잡곡밥을, 영남지방에서는 보리밥을 상용하였으며 떡, 밥, 술, 식초, 죽 등 곡물의 조리 가공법이 다양하게 발달하였다.

고대의 고조선, 부여, 고구려의 영토였던 만주지방은 콩의 원산지로 일찍부터 콩을 재배하여 장류와 콩문화가 발달하였다. 콩은 양질의 단백질과 지방급원으로 곡류주식에서 오는 영양상의 균형 이루게 하였다.

2. 한국 식생활 문화의 특징

각 민족의 고유한 식생활 문화는 경제적, 정치적, 사회적, 지리・풍토 등의 지리적 배경 등 여러 가지 요인에 의하여 영향을 받으며 장구한 역사와 함께 형성된 문화유산이다. 특히 자연환경과 생활풍습은 식문화 형성에 가장 기본적인 요인으로 작용하였다. 따라서 식생활에 담겨진 문화성은 그 민족의 생활 유적이며 민족 문화의 척도라 할 수 있다. 우리나라도 한민족 특유의 식생활을 영위해 왔다. 유구한 역사와 함께 이루어진 우리나라 식생활 문화의 특징을 살펴보면 다음과 같다.

1) 곡물음식의 발달

우리나라는 지세나 기후가 농사에 적합하여 농경이 주업이었다. 다양한 경작곡물을 재배하였으며 곡류가 주식이며, 곡물을 이용한 조리 가공법이 다양하게 발달하여 우리 음식문화에서 가장 품목이 많고 사용빈도가 넓다. 곡물음식과 곡물의 조리・가공법이 다양하게 발달하였으며 곡물음식으로는 밥,

죽, 떡, 국수, 엿, 술, 장 등으로 밥의 종류는 80여종, 떡의 종류는 200여종에 이른다.

2) 발효음식의 발달

우리나라는 일찍부터 미생물을 이용한 발효가공 기술을 개발하여 콩을 이용한 된장, 간장 등의 장류와 채소를 이용한 김치류, 어패류를 이용한 젓갈류, 곡물을 이용한 주류 등이 발달하였다. 이들 발효음식은 각각 독특한 맛과 기능을 가지고 우리나라 음식문화의 기조 음식으로 부식과 양념 등으로 이용되고 있다.

3) 주식과 부식의 구분

우리나라의 일상식의 형태는 밥을 주식으로 하고 여러 가지 반찬을 부식으로 하며 주·부식의 구분이 명확하다. 주식은 쌀을 중심으로 여러 가지 곡물을 섞어 지으며, 반찬은 두류, 육류, 어패류, 채소류, 해조류, 버섯류 등으로 조리법을 달리하여 만들었다. 주로 식물성 식재료를 많이 사용하였으며, 특히 채소류를 이용한 반찬이 많고 부식의 종류가 매우 다양하다.

주식과 부식의 분리는 삼국시대 말에 밥 짓기와 함께 일상식의 기본구조로 형성되었다. 동물성 식품의 섭취부족에서 오는 단백질의 부족은 콩과 콩 발효음식인 장류 등에서 보충하였고, 지방은 식물성 유지인 참기름, 들기름 등의 섭취로 보충하였다.

4) 절식과 시식의 발달

우리나라는 지세와 기후구가 다양하고, 춘하추동의 절기변화와 지역 특유의 풍토조건 등으로 음식문화가 다양하게 발달하였다. 특히 명절이나 절기에 해먹는 절식음식과 제철에 새로 나오는 식품들로 한 철만의 별미 음식인 시식음식이 발달하여 인간과 자연의 지혜로운 조화를 이루어 왔으며 영양상으로도 과학적인 것이 많다.

5) 다양한 향신료 사용

우리나라 음식은 다양한 종류의 조미료와 향신료를 사용하여 맛을 내며, '갖은 양념'이라 하여 파, 마늘, 간장, 설탕, 깨소금, 참기름, 후춧가루, 고춧가루 등을 음식을 만들 때 고루 넣는다. 따라서 음식 재료 자체의 맛보다 여러 가지 향신료로 조미하여 식품과 어우러진 복합적인 맛을 즐겼다. 서양에서는 소스 한가지로 맛을 내는데 우리나라 음식은 여러 가지 양념을 사용하여 음식 맛이 다양하다. 한국음식에서 양념은 맛을 좋게 하는 역할 외에 냄새제거, 풍미 및 질감을 높여주는 역할, 윤기를 더해주거나 고기를 연하게 해주는 역할 등을 하고 있다. 또한 다양한 향신료는 음식의 저장성을 높여주는 역할도 한다. 조미료는 기본적으로 짠맛, 단맛, 매운맛, 신맛, 쓴맛의 5가지 기본 맛을 내는 것으로 음식에 적당히 혼합하여 알맞은 맛을 낸다. 향신료는 향이 있거나 매운맛이나 고소한 맛, 쓴맛을 내는 것으로 식품의 나쁜 냄새 제거나 특유의 향기로 음식 맛을 좋게 하는 마늘, 생강, 후추, 고추, 참기름, 들기름, 깨소금, 겨자 등을 말한다.

6) 음식의 종류와 조리법의 다양성

우리나라의 일상식은 주식과 부식으로 구분되어 있으며, 일상식의 음식 외에 후식과 기호음식으로 구성되어 있다. 한국음식은 음식 종류와 조리법이 다양하여 주식으로는 밥, 죽, 국수, 만두, 떡국 등과 부식으로는 국, 찌개, 찜, 전골, 선, 구이, 조림, 볶음, 나물, 편육, 생채, 장아찌, 포, 김치 등 음식의 종류와 조리법이 매우 다양하다.

후식과 기호음식도 다양하여 떡, 강정류, 약과, 다식, 과일편, 숙실과, 엿, 음청류, 차, 술 등이 있으며 저장식품도 장류, 젓갈, 술 등의 저장발효식품과 말린채소, 포, 부각 등의 저장건조 식품이 다양하게 발달하였다.

7) 약식동원의 사상

우리나라는 옛날부터 음식과 약은 근원이 같다고 생각해왔다. 따라서 일상음식에 한약재로 사용되는 재료들을 같이 사용한 약선음식이 발달하였다. 꿀,

후추, 계피, 잣, 대추, 밤, 생강, 인삼, 오미자, 구기자, 당귀 등의 약리 활성 효과가 있는 재료들을 일상의 음식 재료로 사용하였다. 양념이란 말도 약념(藥念)에서 유래되었으며, 약과, 약식, 약주 등 음식의 이름에 '약'자를 붙인 경우도 많다. 즉, 적당한 음식을 섭취하여 몸을 보양하고 병을 예방하는 것이 우리의 음식사상 이다.

8) 음식의 모양보다 맛 위주

우리나라 음식은 음식을 만들 때 모양의 호화로움 보다 맛을 위주로 한다. 반찬도 올망졸망한 접시에 먹기 좋은 크기로 썰어 조리하는 경우가 많아 외양적인 면보다 맛을 으뜸으로 하는 것이 서양음식과 다른 점이다. 외국조리에 비해 잘게 써는 법이 많이 쓰여 먹기 편하다

9) 상차림의 발달 및 식사예법 엄격

우리나라의 상차림은 조선시대 유교의 영향을 받았으며, 따라서 식사예절도 엄격하다. 일상식은 반상차림으로 외상차림이 기본이며 허물없는 사이는 겸상차림도 있었으며 주안상차림, 면상차림, 죽상차림. 교자상차림, 다과상차림, 의례상차림 등 상차림이 발달하였다. 조손이 함께 식사하는 겸상차림은 식사예절을 통한 인간교육의 과정이었다. 어른보다 먼저 숟가락을 들어서는 아니 되며 어른이 손댄 다음에야 반찬을 먹을 수 있는 등의 식사예절이 적용되는 겸상문화는 인간형성의 기초교육이었다.

10) 수저문화와 국물음식 문화 발달

우리나라는 수저를 동시에 함께 사용하는 수저문화권이다. 과거 중국과 일본은 수저문화권에 속해 있었으나 현재는 식사 시에 젓가락만 사용한다.

우리나라는 밥, 국, 찌개 등 숟가락으로 먹는 음식과 나물, 고기 등 젓가락으로 먹는 음식이 판이하게 다른 식생활을 하였기 때문에 지금까지 수저를 사용하고 있다고 볼 수 있다. 또한 국물이 있는 탕반문화가 발달하여 반상차림에도 국이나 탕, 찌개, 전골 등의 종류가 다양하다.

11) 지역성 있는 향토음식 발달

향토음식은 특정지역의 기후나 지세 등의 자연환경에 순응하면서 독특하게 개발된 음식이다. 우리나라는 각 지방의 특산물과 독특한 조리법에 따라 향토음식이 발달하였다. 향토음식에는 특정지역에서 생산되는 특산품을 그 지역의 독특한 조리법을 사용하여 발전시킨 음식과 흔한 재료를 사용하여 지역 특유의 생활양식에 의해 차별적으로 발달된 음식, 특정지역의 의례나 행사와 관련하여 발달된 음식 등이 있다.

2장

곡물음식 문화

한민족의 기원은 유라시아 대륙 시베리아 평원의 유목민족이다. 이 유목민족이 기후의 변화로 남하하여 한반도에 정착하게 되면서 육류 위주의 식습관이 곡류 위주의 식습관으로 변화하였다. 그러면서 농사짓는 것이 보편화 되었는데, 이는 많은 역사적 사료를 통해 알 수 있다. 경상남도 삼척에서 철기시대 집터를 발견했는데 그 집터에서 곡물창고로 보이는 곳에서 탄화된 콩, 팥, 보리, 쌀이 발견되었다. 이는 곡물을 저장할 만큼 많은 양의 농사를 지었다는 것을 알 수 있다. 또, 고구려 고분의 벽화에서 농사의 신은 얼굴은 소이며 손에는 벼를 들고 있다는 것에서 삼국시대 때 벼는 이미 중요한 작물이었다는 것을 알 수 있다.

이렇듯 우리나라는 지역적 특성과 기후 등으로 농경문화를 형성하여 곡물음식을 상용하게 되었다. 따라서 곡물로 만든 음식이 발달하였으며, 우리나라 전래음식 중 가장 보편적이고 품목이 많으며 사용빈도가 많은 것이 곡물음식이다. 밥, 떡, 과정류, 술, 식초 등 곡물을 이용한 조리·가공·저장법이 다양하게 발달하였다. 죽의 종류가 100여종, 밥이 80여종, 떡은 200여종, 미음·옹이류가 30여종에 이른다.

곡물음식의 발달 과정은 기구나 용기와 밀접한 관계가 있다고 볼 수 있다. 따라서 죽 끓이기와 술 빚기, 과정류 만들기의 순이라고 추정할 수 있다.

[그림 2-1] 즐문토기

우리나라에서 농경이 시작된 시기는 신석기 시대로 추정되며 신석기 시대에는 즐문토기에 곡식을 끓여 죽의 형태로 먹었다. 고조선과 그 후 고구려와 같은 부족국가시대에는 청동기 문화와 함께 증숙 기구인 시루와 곡물을 가루 낼 수 있는 갈돌이 있어 쪄먹는 방법인 찐 밥이나 찐 떡의 형태가 있었다.

[그림 2-2] 갈돌

삼국시대에 들어오면서 벼의 생산량이 많아지고 천마총에서 발견된 것으로 알 수 있듯이 쇠솥을 이용해 곡물을 넣고 끓여서 뜸을 들일 수 있는 지금과 같은 밥 짓기가 있었다고 본다. 이러한 곡물음식은 세월이 지나며 밥은 상용식으로 죽은 보양식으로, 떡은 의례음식으로 자리를 잡았다.

통도사 청동기시루

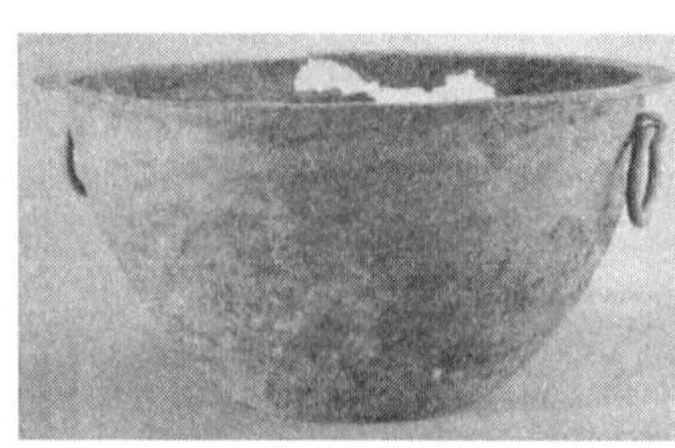

평양 청동기시루

[그림 2-3] 시루

1. 밥

밥은 농경민족인 우리나라에서 가장 중요시 되는 상용음식으로, 곡물에 물을 붓고 끓여 뜸을 들인 주식용 음식이다. 밥 짓기는 삼국시대 말에 철제 솥의 보급과 함께 시작되어 일반화 되었다. 밥은 조리방법과 재료에 따라 다양하게 분류되나 멥쌀로 지은 흰밥과 보리, 콩, 수수, 조, 팥, 밤 등을 넣어 함께 지은 잡곡밥으로 나눌 수 있다. 또한 밥 위에 고기와 여러 가지 나물을 얹은 비빔밥도 있고, 각종 채소나 해산물을 섞어 지은 밥도 있으며, 밥을 장국에 말거나 끓여먹는 장국밥도 있다.

우리나라는 농업국으로 중노동인 농사일을 소화해내기 위해서는 많은 열량을 섭취해야 했으므로 과거에는 현재보다 약 3배가량의 쌀을 섭취했다. 이렇게 우리 조상들이 쌀을 많이 섭취했다는 것은 여러 서적에서도 살펴볼 수 있다. 한 외국인이 조선을 시찰한 후 쓴 『극동의 이미지』에는 조선인이 대식가라고 표현되어 있고 조선인이 중국과 일본인보다 3배 많은 밥을 섭취한다고 하였다. 많은 양의 밥을 먹기 때문에 흰 쌀만으로 부족한 양은 지역산물로 보충하였는데 강원도의 감자밥과 옥수수밥, 잡곡밥 등이 그 예이다. 따라서 흰 쌀밥은 생일과 같은 귀한 날에만 먹는 음식이었으며, 지금까지도 생일상을 차릴 때는 흰 밥을 한다.

1) 쌀의 기원

쌀의 기원은 인도와 동남아시아, 중국의 양자강 유역이라고 알려져 있다. 우리나라로의 쌀의 유입은 인도 전래설과 중국 전래설이 있다. 전 세계 쌀의 92%가 아시아에서 생산되고 특히 베트남의 메콩강 유역과 중국에서 가장 많은 쌀을 생산한다. 동남아시아는 연중 고온다습한 기후로 모내기 없이 일년에 2~3번 추수가 가능하다. 베트남 메콩강 유역에는 아직까지도 야생벼가 자라고 있다. 우리나라는 벼의 야생종이 발견되지 않아 벼의 원산지가 아니고 중국의 벼농사가 전래된 것으로 보인다. 이 야생벼는 산기슭에서도 자랄만큼 강한 생명력을 가지고 있다. 때문에 종자 번식이 가능했고 기후 생태에 따라 인디카형(Indica type)과 자포니카(Japonica type), 자바니카(Javanica)

형으로 번식하였다. 우리나라의 쌀은 자포니카형으로 낟알의 길이가 짧고 둥글어 단립미라고 한다. 끈기가 높아 찰진 밥이 된다. 동남아시아의 쌀은 인디카형으로 쌀알의 길이가 길고 가는 장립미로 끈기가 적어 잘 흐트러지는 밥이 된다.

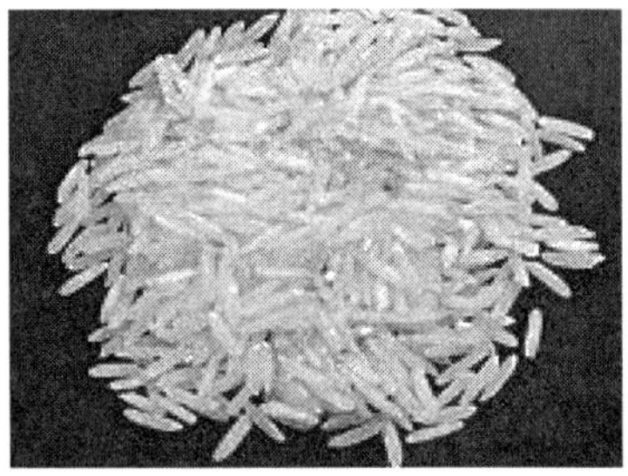

인디카형(장립미)

자포니카형(단립미)

[그림 2-4] 인디카형과 자포니카형 쌀의 형태

2) 밥짓기의 역사

밥은 농경사회부터 이용되어져 온 음식으로 청동기 시대에서 삼국시대 초기까지는 찐밥의 형태로 시루에 쪄서 먹었다. 고구려 고분 벽화에 곡물을 시루에 찌고 있는 모습이 그려져 있다(그림 2-5). 그러다가 철로 만든 솥이 개발되면서 밥짓기가 시작되었다. 『삼국사기』에 취(炊), 반(飯)자가 보여 밥짓기는 삼국시대에 시작된 것으로 보인다. 삼국시대에는 쌀의 생산량이 많아졌고, 삼국시대 고분에서 무쇠솥이 출토되는 것으로 보아 삼국시대에 밥짓기법이 발달되었고 쌀밥이 보편화한 것으로 추정된다.

[그림 2-5] 시루에 곡물을 찌는 그림(안악3호 고분벽화)

3) 맛있는 밥 짓기

조선시대에는 밥 짓기가 완벽하게 완성되어 맛있는 밥 짓기 방법이 전해졌다. 맛있는 밥을 지으려면 먼저 쌀을 30분간 물에 불려야 한다, 물에 불린 쌀은 물을 안쪽까지 흡수해 열전도율을 높여 속까지 골고루 익게 한다. 그 다음은 물의 양이 중요한데 물의 양은 멥쌀과 찹쌀에 따라 달라진다. 찹쌀로 밥을 할 때는 멥쌀로 밥을 할 때보다 물을 적게 넣어야 한다. 마지막으로 불의 세기가 중요한데 처음 15분은 센 불로 가열한다. 밥이 끓은 후 뜸을 들이는데 뜸을 들이는 것은 밥을 더욱 맛있게 한다. 뜸 들이는 것은 자포니카 문화권의 특징이다.

가마솥을 이용하면 더욱 더 맛있는 밥을 만들 수 있다. 가마솥은 바닥이 둥글기 때문에 열이 솥 전체에 고르게 전달되고 열효율이 좋다. 또 두꺼운 솥뚜껑은 열이 새어나가지 못하게 하고 아래에서 전달된 열을 다시 아래로 전달하여 열을 오랫동안 유지해 뜸이 잘 들어 밥이 맛있게 되는 것이다.

중국 청나라 사람 장영은 『반유십이합설』이라는 고문헌에 '조선 사람은 밥 짓기를 잘한다. 밥알에 윤기가 있고 부드러우며 향긋하다. 또 솥 안의 밥이 고루 익어 기름지다. 밥짓는 불은 약한 것이 좋고, 물은 적어야 한다는 것이 이치에 맞는다. 아무렇게나 밥을 짓는다는 것은 하늘이 내려주신 물건을 낭비하는 결과가 된다.'라고 칭찬하고 있다. 『옹희잡지』에도 '우리나라 밥짓기는 천하에 이름난 것이다. 밥짓는 것이란 쌀을 정히 씻어 뜨물을 말끔히 따라 버리고 솥에 넣어 새물을 붓되 물이 쌀 위에 한 손바닥 두께쯤 오르게 붓고 불을 때어 익을 때 불을 빼내고 1~2경 동안 만에 다시 불을 때며, 단단하게 하려면 불을 빼지 말고 시종 만화로 땔지니라'라고 우리나라의 맛있는 밥짓기의 방법을 설명하고 있다.

2. 죽

1) 죽의 기원

죽은 곡물음식 중 가장 처음 시작 되었던 음식으로 가장 긴 역사를 지닌 곡물음식이다. 죽은 농경문화가 시작된 신석기시대에 토기에 곡물을 넣고 끓여 먹었던 것이 죽의 기원이다. 죽은 밥이 상용음식으로 되면서 대용식, 보양식, 별미식, 노인식, 환자식, 민속식, 구황식, 기호식 등으로 이용하게 되었다.

우리나라에 죽문화가 발달한 이유는 노인과 부모를 공경하는 유교사상과 약식동원사상, 구황식품으로의 이용 등에 기인하는 것으로 보인다. 죽은 먹기 편하고 소화가 잘되며, 영양공급도 가능하다. 죽은 곡물에 물을 많이 붓고(곡물 부피의 5~8배) 오래 끓여서 익힌 음식으로 곡물 이외에 여러 가지 식품을 섞어 다양한 풍미와 영양을 지닌 다양한 죽으로 발달하였다.

2) 죽의 종류

죽의 종류는 매우 다양하며 흰죽이 기본형이다. 『동국세시기』에 의하면 동지에는 팥죽을 끓여 먹었다고 한다. 죽의 종류는 매우 다양하여 80여종에 이르며 잣, 호두 등의 견과류를 넣어 끓인 죽과 근대, 아욱, 마, 당근 등의 채소를 넣고 끓인 죽, 닭죽, 전복죽, 잣죽 등의 육류와 어패류를 넣고 끓인 동물성 죽, 조, 콩, 팥, 녹두 등 곡류로만 끓인 죽, 한약재를 넣어 끓인 죽, 우유로 끓인 타락죽 등 주재료와 재료배합이 매우 다양하다.

미음과 응이도 죽의 일종인데, 미음은 곡물을 알갱이 째 무르도록 푹 고아서 죽보다 더 묽게 하여(곡물 부피의 10배의 물) 고운체에 걸러 받쳐낸 형태이며, 쌀미음, 차조미음 등이 있다. 응이(옹이)는 미음보다 더 고운 상태로 곡류를 갈아 앙금을 얻어 끓인 죽의 한 형태이다. 충분하게 가열하여 걸죽하게 만든 유동식으로 의이라고도 한다. 죽보다 묽어서 마실 수 있는 정도의 농도이며, 율무 응이, 오미자 응이 등이 있으며 죽보다 미음이, 미음보다 응이가 더 묽다.

또한 쌀의 형태에 따라 옹근죽, 원미죽, 무리죽으로도 분류한다. 옹근죽은 쌀알 그대로 끓인 죽이고, 원미죽은 쌀알을 반 정도로 찧어서 끓인 죽이고, 무리죽은 비단죽이라고도 하며 쌀을 완전히 곱게 갈아 끓인 죽을 말한다.

[표 2-1] 죽의 분류

옹근죽	쌀알 형태 그대로 끓인 죽
원미죽	쌀알을 반정도 동강나게 갈아 끓인 죽
무리죽	쌀을 완전히 곱게 갈아서 끓인 죽(잣죽, 검은 깨죽 등)

3. 떡

떡은 죽 다음으로 발달한 곡물음식으로, 밥을 상용화하기 전의 주식으로 쓰였다. 떡은 고래로부터 대표적인 잔치음식이며, 우리나라의 대표적인 곡물음식으로 명절 등의 절식의례, 시식, 통과의례, 무속의례, 제사음식 등으로 이용되어온 우리나라의 전통음식이다.

우리나라는 농업국으로 쌀, 콩, 수수, 조, 기장, 팥 등을 재배하였음으로 떡이 쉽게 보편화 될 수 있었다. 또한 다양한 천연재료를 떡가루에 섞어 다양한 맛과 영양의 상호보완이 이루어진 별미의 떡을 만들어 먹었다.

1) 떡의 기원

떡의 기원은 갈돌과 시루를 사용했던 청동기와 철기시대인 고조선과 부족국가시대로 추정된다. 우리나라는 농업 초기에 여러 가지 곡물을 갈돌에 갈아서 껍질을 벗기고 부수기도 하여 가루로 내기도 하였을 것이다. 이러한 곡물가루를 시루에 쪄서 만든 떡의 기본형은 시루떡이었을 것으로 생각된다. 떡은 부족국가 시대의 제천의식에 사용된 것으로 보이며 오늘날까지 무속행위나 고사행위에 찐 시루떡을 올려놓고 제를 지내는 풍습으로 남아있다. 떡은 일상식의 양식이 주·부식으로 분리되기 전까지 상용식이었으나, 밥짓기법의 발달로 밥이 상용식으로 되면서 의례음식과 별미음식이 되었다.

2) 떡의 분류

떡은 곡물가루를 반죽하여 찌거나, 찐 후 치거나, 기름에 지지거나, 삶아서 만든 곡물음식이다. 떡은 통과의례, 제례, 시식과 절식 등 길흉사와 대소사에 가장 많이 쓰이는 보편화된 음식으로 최근에는 아침식사 대용이나 디저트로 활용되고 있다. 떡은 쌀가루와 찹쌀가루를 많이 사용하며 우리나라의 떡의 종류는 곡물의 종류, 사용하는 부재료 등에 따라 다양하며, 조선시대 문헌에 등장한 떡은 총 250여종에 이른다. 떡은 만드는 방법에 따라 다음과 같이 분류한다.

(1) 찐떡

찐떡은 증병이라고도 하며, 곡물가루를 시루에 쪄서 익히거나 송편처럼 쌀가루를 반죽하여 모양을 만들어 시루에 쪄서 익힌 떡이다. 우리나라의 가장 대표적인 떡은 시루떡이며, 시루떡에서 가장 기본적인 떡이 백설기이다. 찐떡은 켜없이 찌는 설기떡(무리떡)과 켜켜로 안쳐 찌는 켜떡, 곡물가루를 빚어 찌는 떡, 부풀려 찌는 떡 등으로 분류할 수 있다. 찐떡의 종류로는 백설기, 밤설기, 감설기, 쑥설기, 콩시루떡, 팥시루떡, 무시루떡 등의 설기 떡과 송편, 두텁떡, 증편 등이 있다. 찐떡은 약 100여 종에 이르며 우리나라 떡 중 종류가 가장 많다.

모듬백이

색떡

약식

느티떡

[그림 2-6] 찐떡

(2) 친떡

친떡은 도병이라고도 하며, 곡물을 낟알 그대로의 모양으로 쪄낸 것을 절구에 치거나, 곡물가루를 시루에 찐 후 안반이나 절구에서 친떡으로 약 45여 종에 이른다. 찹쌀도병의 대표적인 떡은 인절미이며, 멥쌀도병의 대표적인 떡은 절편이다. 친떡에는 쑥인절미, 송기절편, 석이찰떡, 개피떡, 골무떡 등이 있다.

달떡

인절미

골무떡과 꽃절편

[그림 2-7] 친떡

(3) 지진떡

지진떡은 곡물가루를 익반죽하여 모양을 만들어 기름에 지진 떡으로 유전병 또는 전병이라고도 한다. 화전, 부꾸미, 주악, 수수전병 등으로 약 40여종이 있다.

익산섭전

두견화전

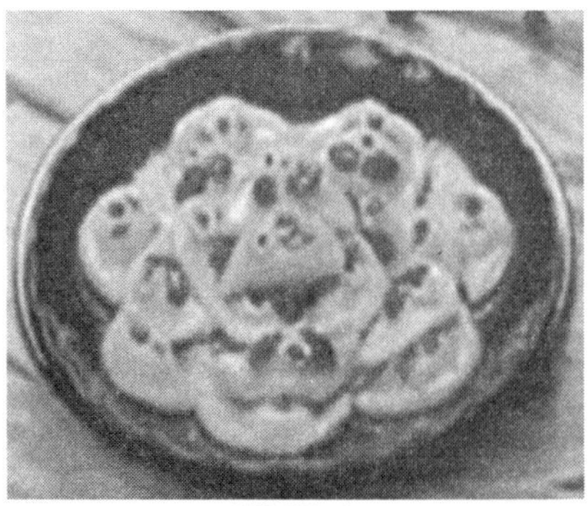
찰부꾸미

주악

서여향병

[그림 2-8] 지진떡

(4) 삶은 떡

삶은 떡은 곡물가루를 물로 익반죽한 후 둥글게 빚어서 끓는 물에 삶아 건져내어 각종 고물을 묻힌 떡을 말하며 삶아 건진 떡, 빚어 건진 떡이라고도 한다. 경단, 단자 등이 있으며 약 14가지가 있다.

경단

율무단자

오메기떡

알떡

[그림 2-9] 삶은 떡

3) 우리나라 떡문화의 특징

우리나라는 갖가지 곡식과 과일, 나물, 한약재 등을 사용하여 자연색과 독특한 향기와 맛을 가진 영양가 높은 떡을 만들어 왔으며, 기능성과 영양성이 뛰어나다. 우리나라 떡문화의 특징은 다음과 같다.

(1) 재료·방법·모양·색·문양 등이 다양하고 재료배합이 합리적이다.

떡은 멥쌀만을 사용하는 것이 아니고 여러 가지 곡물과 재료를 섞어 맛과 색 등의 조화를 이루는 합리적인 것이 우리나라 떡문화의 가장 큰 특징이다. 주재료인 쌀에 부족되기 쉬운 비타민과 단백질, 지방, 무기질 등을 보충해줄 수 있는 무, 쑥, 콩, 대추등과 밤, 잣, 깨, 호두 등의 견과류를 섞어 영양상 조화를 이루었으며, 약식동원의 개념으로 구기자떡 등 몸에 좋은 약재를 이용하여 기능성 떡을 만들어 먹었다.

(2) 공동체적 이념의 실현으로 나누는 음식이다.

떡은 나누어 먹는 음식이다. 떡의 기원은 부족국가 시대로 공동체의 기복과 기풍 의식인 제천의식에 쓰였고 함께 나누어 먹었다. 우리 민족은 떡을 만들어 이웃이나 친척과 나누어 먹었으며, 여러 의례 시에도 손님들에게 나누어 싸주는 대표적인 음식으로 사용되어 왔다.

4. 과정류

1) 과정류의 기원

과정류는 조과류(가공하여 만든 과일의 대용), 과줄, 한과류라고도 한다. 과정류의 기원은 삼국통일신라시대 이후라고 추정되는데 이는 과정류가 차와 곁들이는 음식으로 만들어졌기 때문이고 차 마시는 풍속은 불교와 함께 시작되었기 때문이다. 고려시대에는 음다 풍습과 함께 과정류가 발달하였고, 유밀과가 연등회·팔관회 같은 불교행사에 쓰였으며, 폐백음식으로도 사용되었다. 조선시대에는 의례음식, 기호음식으로 행사식(혼례, 제례, 연회 등)과 임금님이 받는 어상에도 필수적인 음식으로 쓰였다.

2) 과정류의 종류

과정류는 우리나라 전통적인 과자류로 주재료는 주로 곡물, 꿀, 기름이며, 제조방법에 따라 유밀과, 유과, 다식, 정과, 숙실과, 과편, 엿강정, 엿 등으로 분류되며 그 종류도 다양해 255종에 이른다.

(1) 유밀과

유밀과는 밀가루와 메밀가루에 참기름, 꿀, 술 등을 넣어 반죽하여 모양을 빚어 기름에 지지거나 튀긴 후 꿀에 담가 건진 과줄로 약과류, 만두과류, 다식과류, 매작과 등이 있으며 약과가 대표적인 유밀과이다.

약과

매작과

[그림 2-10] 약과와 매작과

(2) 유과

유과는 강정, 산자라고도 하며, 찹쌀을 물에 담갔다 가루로 만들어 술을 넣고 반죽하여 쪄서 방망이로 꽈리가 일도록 치댄 다음 얇게 밀어 여러 가지 모양으로 썬다. 썬 것을 말려 기름에 튀겨낸 후 꿀이나 조청을 발라 고명을 묻힌 과줄로 강정, 산자, 빙사과로 분류된다. 기름에 튀기는 것은 유밀과와 비슷하나, 유밀과는 밀가루나 메밀가루를 이용하고, 유과는 찹쌀가루를 이용한다.

강정과 산자는 모양에 따라 분류하는데, 찐 찹쌀 반죽을 얇게 펴서 자르는 방법의 차이로 갸름하게 썬 것은 강정이고, 네모로 편편하게 썬 것은 산자이다. 강정은 묻히는 고물에 따라 깨강정, 잣강정, 송화강정, 콩강정 등이 있고, 산자는 묻히는 쌀튀밥 고물의 착색한 색에 따라 백산자, 홍산자, 매화산자, 밥풀산자 등으로 불린다. 빙사과는 강정과 산자를 만들고 난 나머지를 팥알만큼씩 썰어 기름에 지진 후 엿으로 버무린 후 썬 것을 말한다.

(3) 다식

다식은 곡물가루, 한약재가루, 꽃가루, 녹말가루, 흑임자가루, 송화가루, 밤가루 등을 날로 먹을 수 없는 것은 볶아서 꿀과 조청을 넣어 반죽 한 후 무늬가 새겨진 다식판에 찍어내는 과줄이다. 주재료에 따라 깨다식, 송화다식, 콩다식, 흑임자다식, 밤다식, 승검초다식, 녹말다식 등이 있다.

강정 다식

[그림 2-11] 강정과 다식

(4) 전과

전과는 정과라고도 하며 조리는 과줄이다. 채소(식물)의 뿌리, 줄기, 열매 등을 통째로 또는 썰어서 날 것 그대로 삶은 후 끓인 설탕물이나 조청에 넣고 오래도록 조리는 과줄이다. 전과에는 연근전과, 도라지전과, 생강전과, 우엉전과, 모과전과, 살구정과, 인삼정과, 죽순전과 등이 있다.

(5) 과편

조리는 과줄로 과일편이라고 하며, 사용한 과일의 종류에 따라 앵두편, 오미자편, 모과편, 살구편, 복분자편 등으로 불린다. 과편은 신맛의 과일을 삶아 체에 거른 후 꿀, 설탕, 녹말을 푼물에 조려서 엉기게 한 후 굳혀서 편으로 썬 것으로 새콤달콤한 맛과 과일의 자연색으로 아름답다. 과편은 과육의 색이 변하는 사과나 복숭아, 배 등으로는 만들지 않는다.

전과 오미자편

[그림 2-12] 전과와 과편

(6) 숙실과

숙실과는 과일을 익혀서 조리는 과줄로 초류와 난류로 구분한다. 과일을 통째로 익혀서 그 모양이 유지되도록 설탕물에 조린 것이 '초'이며 밤초, 대추초가 있다. 과일을 익힌 후 으깨어 설탕이나 꿀에 조려서 다시 원래 모양과 비슷하게 빚은 것이 '난'이며 대추로 만든 조란, 밤으로 만든 율란, 생강으로 만든 생강란 등이 있다.

(7) 엿강정

엿강정은 엿에 버무리는 과줄로 쌀엿강정, 땅콩엿강정, 콩엿강정, 깨엿강정, 호도엿강정, 잣엿강정(잣박산), 대추엿강정 등이 있다. 잣, 호두, 땅콩 등의 견과류나 깨, 콩 등의 곡물에 엿을 넣어 버무려 서로 엉기게 한 뒤 모양을 만들어 굳은 후 밀어서 썬 과정류이다.

(8) 엿

엿은 곡물을 호화시킨 후 엿기름의 아밀라아제로 당화시켜 오래 졸인 것으로 곡물의 이름이나 사용한 재료에 따라 쌀엿, 찹쌀엿, 수수엿, 옥수수엿, 잣엿, 땅콩엿, 깨엿 등으로 불린다.

율란, 조란

엿강정

[그림 2-13] 숙실과와 엿강정

3) 우리나라 과정류 문화의 특징

(1) 장기보관 가능

과정류는 강정이나 엿강정 등과 같이 방부성 강한 꿀을 사용하거나, 조청이나 설탕에 조리므로 장기 보관이 가능하다. 강정은 찹쌀을 발효시켜 가루로 만든 후 다시 쪄서 말린 후 튀긴 것이고, 엿강정의 엿은 곡물을 당화시킨 후 끓여 사용하여 잘 상하지 않는다.

(2) 영양면에서 우수

우리나라 과정류는 꿀과 곡물, 견과류를 사용하거나 한약재가 되는 재료를 사용하여 건강 면에서나 영양면에서 다른 나라 과자보다 우수하다. 특히 견과류는 식물성 단백질 급원이며, 필수지방산과 비타민 E, 다양한 phytochemical, phytosterol을 함유하고 있으며 Mg, Cu, Zn 등의 무기질이 풍부하다.

(3) 모양과 색의 아름다움

우리나라의 과정류는 형태, 색, 모양 등이 다양하고, 다식판과 같은 정교하고 다양한 예술적 도구를 사용한다. 또한 주재료(딸기, 앵두)가 지닌 자연색을 살려서 색이 눈부시게 아름답다.

3장

발효음식 문화

우리나라 식생활 문화의 특징 중 하나가 발효음식의 발달이다. 발효음식에는 장류, 술, 김치, 젓갈 등이 있으며 발효음식은 자연의 속도에 의해 숙성기간을 거치며 새롭고 유익한 성분인 생리활성물질이 만들어지는 것으로 알려져 있다. 우리 조상들은 이미 삼국시대 초기에 주류, 장류 등 발효음식을 정착시켰으며, 이들 발효음식은 오늘날까지 우리 음식 문화의 기본적 바탕을 이어오면서 발효음식을 빗는 전통을 이어왔다. 『삼국지』 위지동이전에는 '고구려 사람들이 청결하고 장양(藏釀)을 잘한다.'고 기록되어 있는 것으로 보아 예로부터 술빚기, 장담그기 등 미생물을 이용하는 발효가공기술이 발달하여 여러 가지 발효음식을 만들었음을 알 수 있다.

1. 장(醬)류

우리 민족의 기원인 유라시아 유목민족은 단백질을 풍부하게 섭취해 왔다. 기후 변화로 유목이 불가능해지자, 한반도에 정착하였고 곡물을 주식으로 하며 채식을 하였다. 그러다 보니 단백질 부족이라는 문제를 겪게 되었다. 우리나라의 만주지방은 콩의 원산지로 우리 조상인 맥족의 발상지이며 고구려의 옛땅으로 야생콩의 자생지역이었다. 따라서 콩을 재료로 하는 장류 가공기술이 일찍부터 발달하였다. 따라서 식물성 단백질인 콩을 많이 섭취하기 시작하였고 한반도에서 콩 작물 재배가 발전되기 시작하였다. 콩은 거름을 안 주어도 잘 자라는 작물이기 때문에 야생콩이 많이 분포하고 다양한 종자가 번식할 수 있었던 것으로 보인다.

콩은 여러 가지 약리효과를 가진 성분을 함유하고 있다. 콩에 함유된 이소플라본은 여성호르몬인 estrogen과 유사한 작용으로 유방암을 예방하는 것으로 알려져 있다. 미국 암 협회에서 발표한 항암식품 피라미드에서도 콩은 가장 높은 층에 위치하고 있다. 또한 면역성 실험에서 콩으로 섭취할 때 보다 된장으로 섭취할 때가 면역력 증진에 도움이 된다고 한다. 콩의 소화 흡수율은 날콩일 때 55%, 삶았을 때 65%, 된장으로 만들었을 때 85%라고 한다. 즉, 한국인의 가장 기본적인 맛인 된장 맛이 바로 항암효과를 내는 맛인 것이다.

1) 장류의 역사

(1) 삼국시대

우리나라의 장의 기원은 확실하지는 않으나 삼국형성기부터라고 추정되며, 『삼국사기』에 우리나라 최초의 장에 관한 기록이 있다. 신라 신문왕 왕비 폐백품목에 장(醬)과 시(豉)가 포함되어 있는 기록으로 보아 장이 납폐품목의 하나였을 만큼 중요한 기본 음식이었음을 알 수 있다. 『삼국지』 위지동이전에는 '고구려 사람들이 청결하고 장양(발효기술)이 뛰어나다.'고 기록되어 있는 것으로 보아 고구려에서 장담그기, 술빚기와 같은 식품가공기술이 일찍부터 개발되어 발달되고 있었음을 알 수 있다. 또한 우리나라 생활유적에서 출토한 토기 중 뚜껑이 있는 호형토기가 나오고 있어 장담그기에 사용했을 것이라고 추정할 수 있다.

(2) 고려시대

고려시대에는 장이 생명유지에 필수적인 식품으로 사용되었다. 『고려사』에 의하면 현종 10년(1018년)에 전쟁 시 백성에게 소금과 장을 내렸고(救恤식품), 문종 6년(1052년)에 흉년이 들었을 때 쌀과 장, 시를 내렸다고 하여 고려시대에도 장과 시가 쌀이나 조 등 곡식 못지않게 중요한 식품의 위치를 차지하고 있었음을 알 수 있다.

(3) 조선시대

조선시대에는 장 만드는 법이 발달하여 다채로운 장류 제조법이 『산림경제』와 『증보산림경제』에 기록되어 있다. 『증보산림경제』에는 '장은 모든 음식 맛의 으뜸이 된다. 집안의 장맛이 좋지 않으면 좋은 채소와 맛있는 고기가 있어도 좋은 음식을 할 수 없다. 설혹 촌야의 사람이 고기를 얻지 못해도 좋은 장이 있으면 반찬에 걱정이 없다'라고 하여 장이 음식 맛의 기본이 됨을 말하고 있다. 『동국歲時記』에는 '여름에는 沈醬, 겨울에는 김장이 1년 2대행사'라 하여 장담그기의 중요성을 강조하고 있다.

2) 장 담그기

(1) 메주와 장 담그기

메주의 원료인 콩을 삶은 뒤 콩을 찧어 모양을 만들어 볏짚을 깔고 표면을 말린다. 그 후 햇볕이 잘 드는 곳에 걸어 메주를 말린다. 메주를 찾아오는 미생물은 메주 표면에서 자라는 *Aspergillus oryzae*와 메주 속에서 자라는 *Bacillus subtilis*가 있다. 한겨울이 되면 메주를 따뜻한 방안으로 옮겨 꾸덕꾸덕하게 말린다. 이것은 유해한 곰팡이 번식 방지와 *Aspergillus oryzae*의 번식을 촉진시키기 위해서이다. 잘 뜬 메주는 겉이 백색이나 갈색이고 속은 황갈색이며, 속이 검은 것은 잡균이 번식한 것이다. 꾸덕꾸덕하게 마른 메주

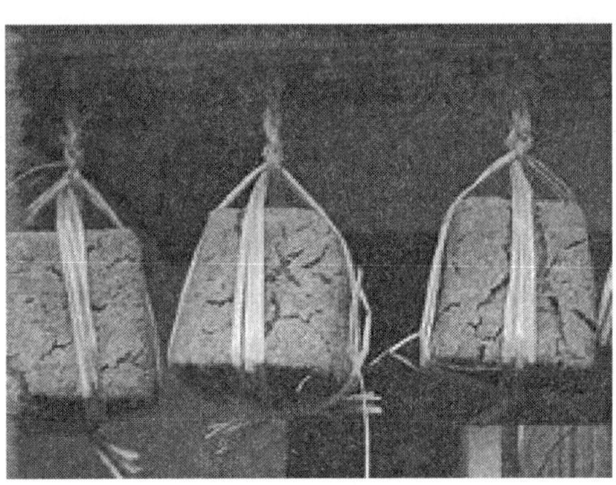

[그림 3-1] 메주

는 솔로 털고 소금물에 씻어서 겨울에 자란 곰팡이를 제거한다. 그렇게 메주를 씻어낸 후, 독에 굵은 소금과 간수를 뺀 소금물을 넣고 메주, 고추 그리고 달군 숯을 집어넣는다. 그리고 장독대 입구에 볏짚으로 만든 금줄을 묶어 둘러두는데 이 볏짚 덕분에 장독대에 있는 장독 안으로 *Bacillus subtilis*가 들어간다.

매일 아침 항아리의 뚜껑을 열어놓음으로서 공기 중 떠다니는 효모가 항아리 안으로 들어갈 수 있도록 한다. 그러면 발효가 가속화되어 더욱 맛 좋은 장이 만들어진다. 맛있는 장을 만들기 위해서는 맑은 물을 이용하고 햇빛에 많이 노출시키는 것이 좋다.

장 담그기 좋은 날을 '조장길일' 이라 하였는데 『규합총서』에 의하면 병인일과 정묘일 등이라 하였고, 장 담그기를 피하는 날은 '조장기일'이라 하여 신일, 수일 등이라 하였다. 장을 담그는 물도 '택수'라하여 단 우물물과 납설수로 담그면 벌레가 생기지 않는다고 하여 우리 조상들이 장 담그기에 얼마나 정성을 들였나 알 수 있다.

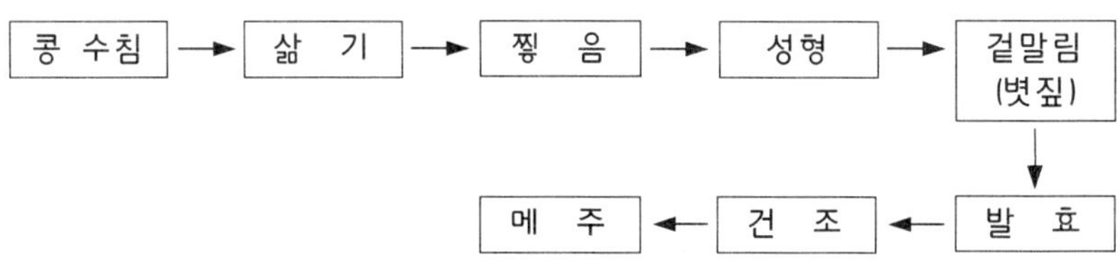

[그림 3-2] 메주의 제조 과정

(2) 장독대 관리

선조들은 아침에 일어나면 매일 장독대의 항아리 뚜껑을 모두 열어두는 것으로 하루를 시작하였다고 한다. 선조들은 이 시간을 신이 장을 만드는 시간이라고 표현하였다. 장은 위생적으로 철저해야 맛을 유지하므로 우리 조상들은 장독대 관리를 극진히 하였다. 장독대 주위에는 붉은 맨드라미를 심었는데 이는 귀신의 침입을 막아 장맛을 지키려는 의미가 담겨져 있다. 장항아리에 붉은 고추와 대추를 넣거나 달군 숯을 넣었는데 이는 붉은 색이 장맛을 해치는 귀신의 접근을 막고, 장맛이 불같이 일고 숯구멍으로 귀신이 들어가라는 주술적 의미가 들어있으나 과학적으로도 살균과 흡착의 효과가 있는 것으로 알려져 있다. 또한 장항아리 둘레에 덧버선이나 종이버선본을 걸었는데 이는 장맛 해치는 귀신이 장독으로 들어가지 말고 버선 속으로 들어가 못 나오게 한다는 의미였다.

[그림 3-3] 장독대

3) 장류의 종류

(1) 간장

메주로 콩을 발효를 시킨 뒤 장독대 안에서 소금물에 담가 한번 더 발효를 시킨다. 그리고 2달 후 메주와 소금물을 분리하여 분리된 소금물을 끓이면 이것이 바로 간장이 되는 것이다. 간장은 숙성년도에 따라 맛과 용도가 다양해진다. 30년 된 묵은 간장은 단맛이 강해지고 상대적으로 짠맛이 줄어든다. 따라서 나물을 무칠 때 사용한다. 햇간장은 비교적 짠맛이 강하여 국 간장으로 많이 사용된다.

(2) 된장

된장은 간장을 분리해내고 남은 건더기(메주 부순 것)를 주물러서 소금을 더 넣어 항아리에 넣은 것을 재래식 된장 또는 전통된장이라고 한다. 최근에는 주재료인 콩 외에 쌀이나 밀, 보리 등 전분질 원료를 섞어 황곡균

(*Aspergillus oryzae*)을 번식시킨 고지(koji)를 넣어 발효시킨 것을 개량식 된장이라고 하며, 콩만으로 만든 재래식된장보다 단맛이 강하다.

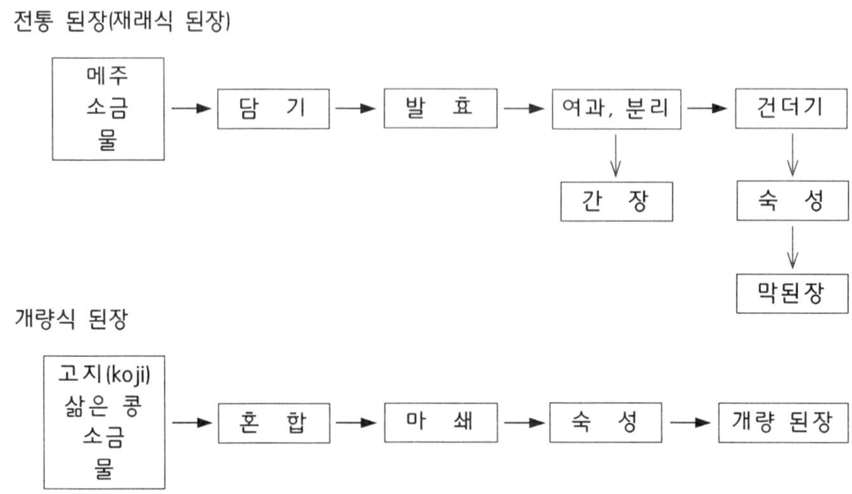

[그림 3-4] 재래식 된장과 개량식 된장의 제조

(3) 고추장

고추장은 된장과 달리 찹쌀가루, 메주가루, 고춧가루, 엿기름, 소금, 물 등을 혼합하여 발효시켜 만든다. 고추장은 고추의 매운맛 이외에 전분 분해로 생성된 당의 단맛, 단백질 분해로 생긴 아미노산의 감칠맛, 소금의 짠맛 등이 조화를 이룬 복합 향신료로 우리만의 전통 발효식품이다. 임진왜란 때 전래된 고추가 우리의 장문화와 만나 고추장이 된 것이다. 고추장에 대한 최초의 기록은 『증보산림경제』로 '만초장'이라고 기록되어 있다.

고추장 만드는 법은 『규합총서』와 『증보산림경제』, 『임원십육지』 등에 기록되어 있다. 고추장은 고추의 캡사이신이 혈중 중성지방을 감소시켜 고지혈증을 개선하는 것으로 알려져 있다.

(4) 청국장

청나라에서 유래되었고 청나라 누룩을 사용하였다고 하여 청국장이라 하고, 바쁜 전쟁 중에 빨리 만들어 먹을 수 있다하여 전국장이라고 불렀다고도 한다.

청국장 낫토(納豆) 템페

[그림 3-5] 청국장과 낫토와 템페

청국장은 콩을 물에 불려서 삶고, 다 삶아지면 볏짚을 깐 위에 뜨거운 콩을 쏟고 젖은 보자기로 덮어 따뜻하게 보온시킨다. 온도를 40℃ 정도로 유지하며 2~3일이 지나면 콩에 하얀 막이 덮이면서 끈끈한 실이 생겨난다. 따뜻하게 보온하는 동안 짚에 붙어있는 고초균(*Bacillus subtilis*)이 번식하여 대두단백질을 분해하여 청국장 특유의 냄새와 하얀 실모양의 점성물질을 만든다. 볏짚 중의 고초균의 활성이 강할수록 청국장 맛이 좋아지며, 청국장은 된장과 달리 속성장이다. 청국장의 껌처럼 늘어나는 성분인 레반(levan)은 insulin과 유사한 작용으로 혈당을 낮춰주는 역할을 하는 것으로 알려져 있다.

청국장과 비슷한 형태로 콩 발효식품으로는 일본의 낫토(*Bacillus natto*)와 인도의 템페(tempeh)가 있다.

4) 장류의 영양 및 효능

장류는 영양이 풍부한 콩을 원료로 발효시켜 만든 발효식품이다. 콩에는 양질의 단백질, 불포화지방산, lecithin, saponin, isoflavone 등 다양한 영양소와 기능성 물질을 함유하고 있다. 영양적으로 우수한 콩은 체내 소화흡수율이 낮은데 장류는 발효과정을 거치면서 천연미생물이 분비하는 여러 종류의 효소에 의해 가수 분해되어 유리아미노산 등 저분자물질로 변하므로 소화흡수율이 높아진다. 또한 발효과정에서 생성되는 물질들로 항암작용, 콜레스테롤 저하작용, 혈전용해작용, 유해물질 제거 작용, 항균작용 등을 하는 것으로 보고되고 있다. 최근 실시한 임상실험에 의하면 청국장은 혈당을 낮추는 작용으로 당뇨를 예방하는 것으로 나타났다. 따라서 우리나라의 장류는 영양적으로나 맛에서 보나 식품미생물을 적절히 활용한 과학적인 식품이라고 할 수 있다.

2. 김치(菹)

우리나라의 대표적인 식문화인 "김장문화"가 2013년 12월 유네스코 인류무형유산에 등재되었다. 유네스코는 심사에서 김장이 한국에서 여러 세대에 걸쳐 현재까지 전승되고 있고, 이웃과 나눔의 정을 확인하는 동시에 한국인이라는 정체성과 소속감을 형성하는데 중요한 역할을 하고 있다고 평가했다. 김장은 우리나라의 추운 겨울에 대비하여 겨울동안 먹을 김치를 담그어 저장하는 행사를 말한다. 우리나라의 고유 발효식품인 김치는 사계절의 구분이 뚜렷하여 겨울이 긴 한반도의 자연환경과 조상의 슬기로운 지혜에서 비롯되었다. 농경문화가 뿌리를 내리고 곡물이 주식이 됨에 따라 곡물의 소화를 쉽게 하고 균형 잡힌 식사를 위해 염분이 있는 채소류를 함께 먹게 되었다. 또한 뚜렷한 사계절이라는 기후 환경 때문에 이를 대비하기 위한 채소류의 저장방법으로 김치가 만들어지기 시작하였다. 우리 선조는 가장 보편적인 단백질 급원 상비식품으로 장류를 개발하였고, 비타민과 무기질 급원 식품으로 김치를 개발하여 고유한 전통을 이루어 왔다. 우리나라는 추운 겨울이 3~4개월 계속되므로 신선한 채소를 재배하기 어려운 자연조건에서 채소저장법이 절실하였고, 이러한 환경에서 개발 된 채소저장법이 김치이다. 김치는 우리나라 전통 발효식품으로 무, 배추 등의 채소를 소금에 절인 후 파, 마늘, 생강, 고춧가루 등의 양념과 젓갈을 넣고 버무려 익힌 채소의 염장 발효식품이다. 김치의 종류는 재료, 담그는 방법, 지역, 계절에 따라 다양하다.

김치를 문헌에서 확인할 수 있는 것은 고려후기 『동국이상국집』이나, 그보다 훨씬 전인 상고시대부터 무, 가지, 죽순 등의 야생식물을 소금이나 술지게미에 절여서 두고 먹었으리라 생각된다. 고려시대의 김치는 장아찌형, 동치미, 나박김치로 분화, 발달하였다. 조선시대의 김치는 침채류이며 조선후기에 들어와서야 고춧가루의 사용과 함께 오늘날과 같은 형태의 김치를 담그게 되었고 그 후에 젓갈을 김치에 사용하게 되었다. 따라서 오늘날과 같은 김치는 200~300년 전에 만들어 진 것으로 추정된다.

[그림 3-6] 여러 가지 김치

1) 김치의 역사

우리나라의 김치에 대한 문헌적 기록은 고려시대부터 나타나기 때문에 그 이전 삼국시대와 선사시대의 김치에 대해서는 이웃 나라의 문헌적 기록을 통해 알 수 있다.

중국의 최초의 시집인 『시경』(B.C 770~1000)에 '오이로 저(菹)를 담그어 조상에게 바쳐 수와 복을 받자'라는 시가 실려 있어 채소를 절여먹는 오늘날의 김치류가 있었음을 알 수 있다. 『呂氏春秋』(B.C 238~207)에는 주나라 문왕이 저를 즐겨 먹었다는 말을 들은 공자가 문왕을 존경하는 나머지 콧등을 찌푸려가며 저를 먹으니 삼년 후에야 그 맛을 즐길수 있게 되었다는 기록이 나온다. 『설문해자』(A.D 100)에는 菹는 신맛의 채소라 풀이되어 있다. 북위 태수 가사협이 쓴 중국 최고(最古)의 농서인 『제민요술』(A.D 550)에는 초, 술, 장, 소금을 이용하여 저를 담그는 작저법이 수록되어 있다. 따라서 우리나라 부족국가 시대에 채소가 있었고, 중국과 금수초목이 비슷한 것으로 미루어 우리나라에서도 초보적인 저류가 있었을 것으로 추정된다.

(1) 삼국시대

중국 고대김치로 미루어 삼국시대 초기에 김치가 있었다고 추측하나 문헌상 아무런 자료가 없다.

삼국시대의 김치는 삼국시대 경에 재배되었던 여러 가지 채소(무, 가지, 죽순, 오이, 아욱, 파, 야생식물 등)를 소금에 절이는 방법을 비롯하여, 술지게미에 절이는 방법, 장에 절이는 방법, 소금과 식초에 절이는 방법 등을 이용한 채소절임류가 있었을 것으로 짐작된다. 삼국시대에 실시하던 채소절임은 오늘날의 김치의 원조이다.

[그림 3-7] 삼국시대의 김치(김치박물관)

채소절임류는 오늘날의 김치와 같은 것이라고 보기보다 장아찌류에 가까운 해형(醢型)김치류로, 쓰임새가 김치와 같은 음식이었을 것으로 보인다.

(2) 고려시대

고려시대에는 오이, 부추, 미나리, 갓, 죽순 등 김치에 들어가는 채소류가 다양해졌다. 또한 물김치의 한 종류인 동치미류의 김치가 등장하였고, 단순한 소금 절임 형태의 김치 무리에 파, 마늘 등의 향신료가 가미되는 양념형 김치도 등장하였다. 고려시대의 김치류 역시 지금의 김치류와는 달라 삼국시대의 장아찌류에 머물던 것이 침채형 김치인 동치미와 나박김치로 분화, 발달하였다. 이러한 김치류의 발달은 불교환경으로 육식이 절제되고 채소를 활용하였던 것으로 보이며 귤껍질, 생강, 천초, 여뀌 등의 향신료를 김치에 사용한 것으로 짐작된다.

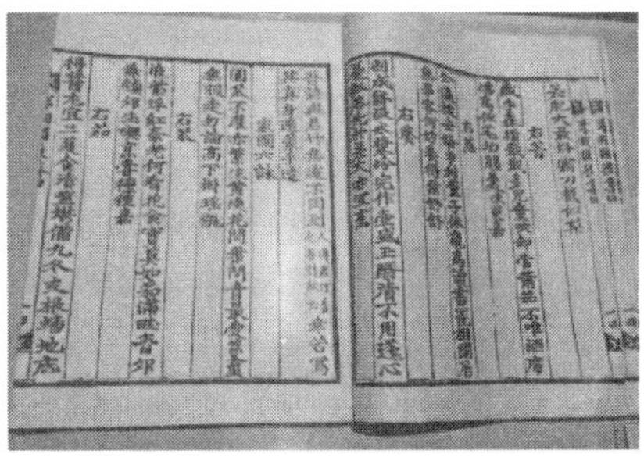

[그림 3-8] 동국이상국집(김치박물관)

우리나라의 김치에 대한 최초의 문헌적 기록은 고려시대 문인인 이규보가 쓴 『동국이상국집』 에 기록되어 있다. 『동국이상국집』의 시문 "가포육영"(家圃六詠)에 '순무를 장에 넣으면 여름철에 먹기 좋고, 청염에 절이면 겨울 내내 먹는다.'라고 무의 염지(鹽漬)를 소개하고 있다.

[그림 3-9] 고려시대의 김치(김치박물관)

무는 배추가 널리 보급되기 이전에 김치에 주로 사용 되었으며, 무에 들어있는 amylase는 수용성으로 국물과 함께 섭취할 때 소화를 돕는 역할을 한다. 김치는 통일신라시대에서 고려를 거치는 동안 채소절임(장아찌류)류인 해형(醯型)김치와 동치미나 나박김치 같은 국물김치인 침채형(沈菜型)이 개발되었던 것으로 보인다. 침채는 '채소를 소금물에 담근다'는 뜻으로 채소를 소금에 절이면 숙성되면서 채소 속의 수분이 빠져나오고 채소는 물속에 침지된다는 의미이다. 침채형 김치의 특징은 비타민 C 등 수용성 영양소가 함유된 음식이고 익었을 때 상쾌한 산미를 낸다는 것이다. 침채형 김치의 개발은 무, 미나리, 부추와 같은 동치미나 나박김치 담기에 좋은 채소를 재배하게 되면서부터 인 것 같다. 이것이 침채 → 팀채 → 딤채 → 짐채 → 김채 → 김치로 변화하였다고 한다. 또한 김장도 '침장'에서 유래되었다고 한다.

(3) 조선시대

조선시대 초기에는 김치류의 제조가 활발해지고 김치의 원료가 더욱 다양해지면서 여러 형태의 담금법이 개발되어 젓국지, 장김치와 같은 김치가 만들어지기도 하였다. 조선시대 중기에는 우리나라에 일본에서 고추가 유입되어 마늘, 부추, 파 등과 함께 김치 양념의 하나로 자리 잡기 시작하였다. 김치제조법은 『산림경제』에 수록되어 있는데 고추를 사용하지 않았고, 김치에 고춧가루를 넣은 첫 기록은 『증보산림경제』이다. 『증보산림경제』는 조선시대 영조 42년(1766년)에 유중임이 쓴 농서로 침나복함저법(총각김치 담그는 법), 나복황아저(무청김치 담그는 법), 아욱, 순무, 파, 가지 등을 이용해 김치를 담그는 법 등이 소개되어 있으며, '채소, 소금, 겨자, 고추, 마늘즙, 산초, 고춧가루를 넣어 삭힌다.'고 기록되어 있어 고춧가루를 김치에 사용한 것은 임진왜란 때 고추가 우리나라에 들어온 후 훨씬 후 부터임을 알 수 있다. 김치에 고추가 들어가면서 김치의 부패를 억제하고, 소금 사용량을 줄이게 되었다.

고추의 캡사이신이 젓갈 유리지방산의 산화를 막아 줌으로써 젓갈의 비린내를 가시게 하여 김치에 고춧가루와 함께 젓갈도 넣을 수 있게 되었다. 젓국지, 즉 젓갈김치가 등장한 것이다. 젓갈을 김치에 사용한 기록은 『규합총서』와 『임원십육지』 등에 기록되어 있다. 이와 같이 김치에 다양한 젓갈이 쓰이면서 식물성과 동물성이 어우러진 맛과 영양의 조화를 이루어 김치 맛을 한층 더 향상시키는 결과를 가져왔다. 조선시대 말에 이르러 통이 크고 속이 알

찬 통배추가 육종 재배되기 시작하여 이전의 주재료였던 무와 오이, 가지를 제치고 배추가 김치의 주재료로 자리 잡았고 지금과 같은 형태의 김치가 만들어지기 시작하였다. 오늘날과 같은 통배추 김치의 형태는 200~300년 전부터 만들어진 것으로 보인다.

[그림 3-10] 조선시대의 김치(김치박물관)

통배추 김치가 처음 기록된 것은 1800년대 말 쓰여진 조리법을 분류 정리한 『시의전서』이다. 김치는 고려시대까지 미나리, 갓, 무 등이 김치의 주재료였으나 조선시대에 와서 배추가 주재료가 되면서 양념채소로 바뀌었다.

2) 고추의 유래와 유입

(1) 고추의 유입

고추는 일본을 거쳐 도입된 식품이고 『성호사설』에 광해조 때부터 널리 보급되었다고 하는 것으로 보아 우리나라에 전래된 시기는 16세기 말경인 것 같다. 이수광의 『지봉유설』에 '남만초는 크게 독이 있다. 왜국에서 처음 온 것이며 왜개자라 칭한다.'라고 기록되어 있다.

고추의 원산지는 아마존 강 유역의 멕시코이다. 대항해 시대(15~16C)에 후추를 찾아 떠난 유럽인들은 불시착하여 아메리카 대륙에 도착하였고 이 때 멕시코에서 고추를 발견하였다. 이 후 고추가 전 세계로 전해지면서 각 나라마다 고유의 고추가 발달하게 되었다. 이 후 포르투갈에서 일본으로 고추가 전해졌고 우리나라에까지 전해진 것이다. 처음 전래된 고추는 지금의 것과는 달리 상당히 매운 고추였다고 한다. 그래서 일본에서는 고추가 큰 인기가 없었다고 한다. 이 매운 고추는 우리나라에도 전해져 고춧가루를 술에 타 먹기도 했는데 간혹 사람들이 죽을 만큼 매웠다고 한다. 이렇게 매운 고추가 한국식으로 변화되면서 색소는 2배가 되고 단맛이 증가하였다고 한다. 그러면서 고추는 더 큰 인기를 얻게 되었고 고추가 주된 양념으로 이용되었다. 우리나라 조상들은 고추를 좋아하였는데 그 이유는 우리나라 사람들은 매운맛에 익숙하고 빨간색을 좋아하기 때문이다. 우리나라 사람들이 매운맛에 익숙하다는 것의 예로는 고조선 단군신화에서 웅녀가 마늘을 먹고 사람이 되었다는 것에서 알 수 있고, 또 우리나라가 경제 불황기마다 빨간색이 유행한다는 것으로 보아 빨간색을 선호한다는 사실을 알 수 있다. 이렇게 보편화된 고추는 장문화와 만나 고추장 형태로 발달하였다.

(2) 김치에서 고추의 역할

① 젖산균의 생육을 증가시킨다.

젖산균은 맛난 맛을 내고 장내 부패균의 생육을 막아 정작작용을 하는 좋은 균으로, 잘 익은 김치의 젖산균은 요구르트 젖산균의 100배 가량이라고 한다. 따라서 김치는 최고의 젖산발효음식이다.

② 항암효과

고추에 들어있는 캡사이신은 미생물의 발육을 억제시키는 동시에 항암성을 가진다. 실제로 혈액 암세포에 캡사이신을 떨어뜨리면 암세포의 성장이 정지되는 실험결과도 있다.

③ 젓갈 유리지방산의 산화를 막는다.

고추에 들어있는 캡사이신은 젓갈 유리지방산의 산화를 막아 줌으로써 젓갈의 비린내를 가시게 한다.

3) 김치의 재료 및 발효

(1) 김치의 재료

김치의 주재료에는 배추, 무, 열무, 오이, 총각무, 고들빼기, 갓, 파 등이 있으며 향신료로는 고추, 마늘, 파, 생강, 부추, 양파 등이 있다. 기타재료로 미나리, 배, 밤, 찹쌀, 굴, 동태 등과 소금, 젓갈 등으로 계절에 따라 생산되는 여러 가지 채소를 사용하여 다양한 방법으로 김치를 담가 그 종류가 150 여 종에 이른다. 김치는 재료선정이 중요하며 배추는 푸른 잎이 많고 결구가 잘 되어 무거운 것이 좋고, 무는 크고 고르며 흠이 없고 신선하고 윤이 나는 것이 좋다. 파는 뿌리 쪽에 흰 부분이 많고 굵기가 고르며 윤기가 있는 것이 좋고, 마늘은 매운 맛이 강한 여러 쪽 마늘이 좋다. 생강은 쪽이 굵고 굴곡이 적으며 껍질이 얇은 것이 좋고, 고추는 햇볕에 말려 빛깔이 곱고 선명하며 두껍고 윤기 나는 것이 좋다.

채소를 절일 때는 호염을, 간을 할 때에는 재염을 사용하고, 젓갈의 종류는 다양하나 새우젓, 멸치젓, 갈치젓, 조기젓 등이 있다. 김치는 굵은 소금으로 배추를 절이는데, 채소를 8~9% 농도의 소금물로 절이면 부드러워지고 씹는 맛이 증가한다. 음식을 절이는 것은 가장 성공적인 저장법이라고 알려져 있다. 소금은 많은 역할을 하는데 음식 고유의 맛과 저장성을 높이고 또, 미생물의 움직임을 감소시킨다. 소금을 식품에 첨가하면 세포의 삼투압이 커져 세포가 수축되고 수축된 세포는 세포벽과 세포질 사이 에 빈 공간이 생겨 그 곳으로 간이 배게 된다.

(2) 김치의 발효

김치는 발효과정을 거치면서 미생물에 의한 여러 가지 성분변화가 일어나 독특한 맛과 영양을 지니게 된다. 김치의 발효가 시작되면 김치의 재료들이 가지고 있는 당, 아미노산, 비타민, 무기질 등의 성분과 이러한 재료 속에 녹아있는 소금은 서로 반응하며 발효를 담당하게 될 미생물을 직·간접적으로 돕는 역할을 한다. 여러 종류의 미생물들은 당을 비롯한 여러 가지 유기물질들을 분해시킬 때 나오는 에너지를 이용하여 김치의 발효과정을 이끌어 가며, 발효가 진행되는 동안 김치내의 일반 병원균이나 부패균 등은 서서히 죽어가고 소금에 잘 견디며 공기가 필요하지 않은 김치 내의 유익한 유산균들은 그 수가 급격히 증가한다. 각종 유산균의 작용으로 생긴 젖산, 초산 등과 탄산가스, 소량의 알코올 등은 김치 특유의 상쾌하고 새콤한 맛과 향을 내며, 김치가 최고의 맛에 이르렀을 때(가장 잘 익었을 때) 비타민 등의 함량은 최고가 되며, 항균성, 항산화성 등의 여러 가지 효능도 가장 높다고 한다. 따라서 김치는 그냥 채소절임 정도가 아니라 고른 영양소에 유산균까지 망라한 종합 영양식품이다.

4) 김치의 지역별 분류

김치는 지역마다 차이를 보이는데 이것은 자연환경의 차이 때문이다. 서쪽 지방은 새우젓을 사용하고 남부지방은 멸치젓을 사용하며 이 중간 지점에서는 새우젓과 멸치젓을 모두 사용한다. 멸치젓은 김치를 덜 쉬게 한다. 남해안이 기온이 높아 비교적으로 음식이 잘 쉬기 때문에, 그리고 멸치가 난류성 어종이기 때문인 것 같다. 재료의 차이는 맛의 차이를 가져온다. 섬유질과 세포벽 사이에 재료의 맛이 배기 때문이다. 김치의 종류, 담그는 법에서 지역별 차이가 있지만 김치를 항아리나 옹기에 저장한다는 점에서는 모두 공통점을 보인다.

김장김치는 추위에 대비한 상비식품으로 각 지역의 기온의 영향이 크다. 따라서 김치는 기후와 산물에 따라 향토적 특성이 큰 음식으로 그 지역에 맞도록 특색 있는 김치를 담그며, 각 지역별 김치의 특징은 다음과 같다.

(1) 각 지역별 김치의 특징

① 북부지방의 김치

북부(이북)는 날씨가 추우므로 소금간은 싱겁게 하고 양념도 적게 쓰며, 젓갈 대신 동태, 가자미, 새우 등의 날 생선을 사용하여 김치를 담근다. 대표적인 북부 김치는 동치미, 백김치 등이다.

② 남부지방의 김치

남부지방은 겨울에도 기온이 높으므로 간이 짜고 국물이 적으며 양념을 많이 사용하고 맵게 담근다. 젓갈로는 멸치젓을 주로 많이 사용하고 일반적으로 전라도 김치가 경상도 김치보다 사치스럽다.

③ 중부지방의 김치

중부지방의 김치는 간은 중간이며, 양념이 호화롭고, 맛이 담백하며 젓갈은 새우젓, 황석어젓, 조기젓 등을 많이 사용한다. 김치의 종류가 다양하며, 대표적인 김치는 개성의 보쌈김치이다.

(2) 지역별 김치의 종류

① 서울, 경기도 : 감동젓 무김치, 보쌈김치, 고구마줄기김치, 비늘김치, 총각김치, 젓국지, 숙깍두기, 깍두기
② 강원도, 충청도 : 콩나물김치, 창란젓 깍두기, 더덕김치, 고추배추김치, 열무김치
③ 전라도, 경상도 : 배추김치, 깻잎김치, 생깻잎김치, 고들빼기김치, 콩잎김치
④ 함경도, 평안도, 황해도 : 호박김치, 무말랭이김치, 섞박지, 백김치, 꿩김치, 쌈김치, 명태김치

5) 김치의 계절별 분류

사계절이 뚜렷한 우리나라는 계절별로 나오는 다양한 채소를 이용한 여러 가지 종류의 김치를 맛볼 수 있다.

(1) 봄김치

봄에 먹는 김치로는 파김치, 햇배추김치, 민들레김치. 풋마늘김치, 얼갈이배추김치, 미나리김치, 갓김치, 돌나물김치, 달래김치 등이 있다

[그림 3-11] 돌나물김치

(2) 여름김치

여름에 먹는 김치로는 열무김치, 오이김치, 오이소박이, 고추소박이, 가지소박이, 부추김치, 깻잎김치 등이 있다

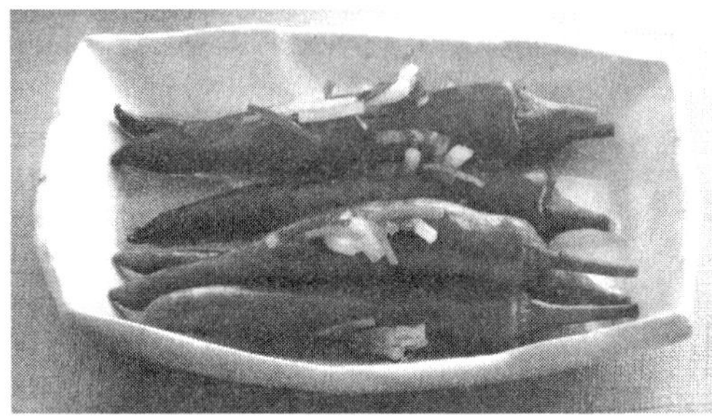

[그림 3-12] 고추소박이김치

(3) 가을김치

가을에 먹는 김치로는 고추지, 가지김치, 총각김치, 굴깍두기, 돌산갓김치, 감김치 등이 있다.

[그림 3-13] 총각김치

(4) 겨울김치

긴 겨울에는 김장철에 담근 배추김치, 백김치, 동치미, 통무김치, 알타리무동치미, 장김치, 동치미, 백김치, 석박지, 고들빼기김치 등을 즐길 수 있다.

[그림 3-14] 장김지

6) 우리나라의 특별한 김치

(1) 석류김치

모양이 특이한 석류김치의 담그는 방법은 무에 바둑판처럼 칼집을 넣어 절인 다음 백김치의 소를 넣어 배춧잎으로 싸서 숙성시킨다. 김치에 국물이 넉넉하고 마치 석류가 익어 벌어진 듯한 모양을 하고 있다. 궁중김치로 전복, 소라 등 고급 해산물을 재료로 사용한다.

[그림 3-15] 석류김치

(2) 숙깍두기

노인을 위한 숙깍두기는 잇몸이 약한 노인들이 쉽게 드실 수 있도록 만든 김치이다. 무를 살짝 삶아서 무르게 한 후 곱게 다진 새우젓과 고춧가루 등 양념으로 버무린 김치로, 노인에 대한 각별한 예절의식을 엿볼 수 있다. 음식에도 우리나라 전통인 노인공경의 가치관을 잘 보여주는 예인 것 같다. 김치

하나에서도 이렇게 노인을 공경하는 문화는 전 세계적으로도 그리 많지 않을 것이다.

(3) 송송이

송송이는 깍두기를 부르던 수라상 용어이다. 조선시대 임금이 평소에 받는 반상(수라상 중 아침수라와 저녁수라)에는 배추김치, 송송이, 국물김치 이렇게 세 가지의 김치가 올랐다.

초조반에는 나박김치나 동치미 같은 물김치가 올라갔고 낮것상은 다과상이나 면상이었기 때문에 세 가지 김치가 올라가지 않았다. 이 때 세 가지의 김치를 놓는 방법은 상의 맨 뒷줄에 놓으며 왼쪽부터 송송이, 배추김치, 물김치 순으로 놓는다. 송송이라는 이름은 무를 작고 모지게 썬다 하여 붙여진 이름이라고 한다.

[그림3-16] 송송이(김치박물관)

(4) 보쌈김치

보쌈김치는 개성의 향토음식으로 배춧잎으로 속을 완전히 싸서 하나씩 담는 김치이다. 잎과 줄기부분을 분리하여 줄기부분은 3cm 길이로 썰어 절이고 잎부분은 통째로 절인 후 무, 배, 밤, 미나리, 낙지, 굴, 갓, 파, 석이, 대추, 잣 등을 손질하여 사용한다. 마늘 채, 생강 채, 다진 새우젓에 고춧가루를 섞어 만든 양념을 무와 배추에 넣고 골고루 버무린 후 미나리, 갓, 실파, 배, 밤, 굴, 낙지를 살짝 버무리면서 소금으로 간을 맞춘다. 보시기에 절여놓았던 배춧잎을 깔고 버무린 속을 소복하게 담고 석이 채, 대추 채, 잣을 고명으로 얹는다.

[그림 3-17] 보쌈김치

(5) 사찰김치

사찰에서 김치를 담글 때에는 자극성 있는 다섯 가지 채소인 파, 마늘, 부추, 달래, 홍거를 사용하지 않는다. 또한 동물성 식품 재료인 젓갈류를 넣지 않고 만들어 담백한 맛을 지닌 김치이다.

7) 김치의 영양과 효능

김치는 다양한 채소와 젓갈을 사용하여 만든 후 익힌 발효식품으로 영양이 풍부하고 다양한 생리활성물질을 가지고 있어 우리 몸에 유익한 건강식품이다. 김치는 성인병예방의 대표적 음식이다. 또한 김치는 동물성도 식물성도 아닌 복합적인 식품이며 비타민과 무기질의 흡수를 돕고 비타민 K의 합성도 돕는다. 김치는 채소에 함유된 무기질 성분과 풍부한 식이섬유를 섭취할 수 있고, 새우젓, 멸치젓, 굴 등 동물성 젓갈로부터 아미노산과 칼슘을 섭취할 수 있으며, 각종 비타민과 캡사이신, 알리신 등을 함유하고 있다. 젓갈은 숙성기간 중에 자기분해효소와 미생물의 발효에 의해 생성되는 유리 아미노산과 핵산분해물질의 상승작용으로 김치의 감칠맛을 향상시키고 김치 숙성을 촉진 한다. 따라서 김치에 젓갈을 넣는 것은 맛이나 영양적인 면에서 매우 이상적이라 할 수 있다. 김치의 특징은 거의 모든 재료가 각기 다른 기능성을 가진 약용식물에 속하고, 발효과정을 거치며 유산균의 번식으로 복합적인 기능성을 가진 건강식품이라는 것이다. 미국 건강전문지 "헬스"지는 우리나라 김치를 세계 5대 건강식품으로 선정한 바 있다.

(1) 비타민과 무기질의 급원

김치는 다양한 재료를 사용하여 만들므로 칼슘, 인, 철분, 나트륨 등의 무기질과 비타민 A와 비타민 C가 풍부하게 들어 있으며, 비타민 B_1, B_2, B_{12}, niacin 등의 비타민 B군을 함유하고 있다. 김치는 배추 외에 무, 미나리, 갓, 청각, 파 등 부재료의 첨가로 carotene과 비타민 C의 함량을 높여준다.

(2) 체중조절에 좋은 저칼로리 식품

김치는 당과 지방함량이 낮은 저칼로리 식품이며, 고추에 함유된 캡사이신은 신진대사작용을 활발히 함으로서 지방을 연소시켜 체중조절에 도움을 준다.

(3) 항암효과 및 노화억제효과

김치의 재료들에는 항산화 성분인 다양한 종류의 phytochemical과 함황물질이 풍부하여 노화를 억제하고, 암을 예방하며 면역력을 증진시킨다. 또한 김치에 함유된 비타민 C, 카로틴, 고추 및 마늘의 특수성분들은 인체 내에서 발암물질이나 돌연변이 유발성을 억제하여 항암작용을 하는 것으로 알려져 있다. 미국 암협회 추천 암예방 식품에 김치의 재료인 당근, 배추, 무, 양파 등이 들어있다. 김치에 함유된 다양한 기능성물질은 다음과 같다.

① allicin : 강력한 살균작용, 콜레스테롤 합성효소 활성 억제작용, 혈전용해작용, 항암작용
② capsaicin : 에너지대사 항진작용, 항산화작용, 항암작용
③ carotenoid, lignin : 암세포 발생 억제 작용
④ chlorophyll, phenol 화합물 : 노화억제, 면역력 증진
⑤ allylisothiocyanate : 무, 갓, 배추에 들어있는 성분으로 항균작용
⑥ gingerol : 항산화작용, 혈전용해작용, 항균작용

(4) 혈중 콜레스테롤 저하

김치에 들어있는 각종 채소의 식이섬유와 향신료, 유산균은 혈중 나쁜 콜

레스테롤의 수치를 떨어뜨려 각종 성인병을 예방하여 성인병 발병을 낮추어 준다.

(5) 유산균의 정장작용 및 항바이러스 작용

김치가 숙성함에 따라 증가하는 유산균은 장내 유해 미생물의 생육을 억제하여 장을 깨끗이 하는 정장작용을 함으로서 대장암을 예방하고 변비 예방 및 장내 균총 개선에 도움을 준다. 김치의 유산균인 락토바실러스 플란타룸(*Lactobacillus plantarum*)은 병원성 박테리아와 진균류, 바이러스 억제에 탁월한 효과를 내는 저분자 물질을 만드는 것으로 최근에 밝혀졌다. 또한 김치 유산균은 몸에 나쁜 소금의 효과도 억제하는 것으로 보고 된 바 있다.

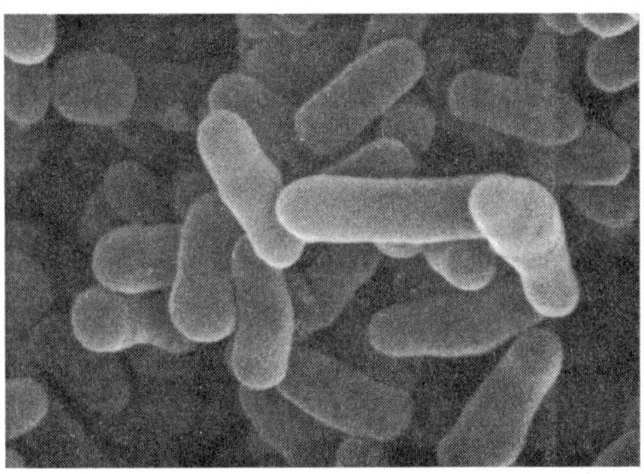

[그림 3-18] *Lactobacillus plantarum*의 전자현미경 사진

(6) 철분흡수를 돕는 작용

김치에 함유된 비타민 C와 유기산에 의해 철분의 흡수율이 높아진다.

(7) 식이섬유의 급원

김치 재료인 채소에 풍부한 펙틴, 섬유소, 헤미셀루로즈 등은 장내 연동운동을 도와 대장근육을 자극하여 배변을 촉진한다. 식이섬유는 중성지방과 콜레스테롤의 흡수를 방해하고 콜레스테롤의 합성을 감소시키며, 소장에서의 당 흡수를 방해하여 혈당을 천천히 높여주므로 인슐린(insulin)의 필요량을 감소시켜 당뇨병을 조절한다. 또한 식이섬유는 대장에서 발암물질과 결합하여 배설되므로 대장암을 예방한다.

3. 젓갈

젓갈은 수산발효식품으로 어패류를 소금에 절여 삭힌 발효성 가공식품의 총칭으로 젓과 식해로 나뉜다.

젓갈은 숙성과정에서 독특한 맛을 생성하므로 우리나라 사람들이 즐겨 먹어온 발효음식이다. 우리나라는 삼면이 바다로 다양한 어패류를 사용한 많은 종류의 젓갈이 발달하였다.

젓갈의 맛은 원재료의 맛, 소금의 맛, 양념의 맛이 아닌 제3의 맛, 즉 미생물의 맛이다. 옛날부터 제철이 지난 바다 산물은 저장을 하였다. 말려서 저장하기도 하지만 말려서 저장할 경우 질겨진다. 따라서 소금에 절이는 문화가 발달하였다. 젓갈은 어패류의 살, 알, 창자 등을 소금으로 절여 발효 숙성시킨 제품이다. 우리나라의 젓갈은 중국을 통해 들어온 것으로 추정된다.

1) 젓갈의 역사

한국, 중국, 일본, 동남아시아는 곡물문화권이다. 따라서 곡물문화권인 이 나라들에서 자연스럽게 젓갈이 함께 발달한 것이다. 메콩강 하구에서는 어류의 산란기에 풍어를 이룬다. 너무 많다 보니 처리가 어려워졌고 저장을 위해 젓갈을 만든 것이 젓갈의 기원이라고 한다. 우리나라는 육젓을 먹는데 동남아시아는 액젓을 먹는다. 액젓은 젓갈을 담그고 6개월이 지난 후 그늘에서 젓갈을 꺼내 그 육젓에 소금을 넣고 끓여 젓국을 만드는 과정을 여러 번 반복하고 거기에서 맑은 액젓을 걸러내는 것이다. 그렇다고 동남아시아에 육젓이 없었던 것은 아니다. 동남아시아에서 육젓은 채소 등을 찍어먹는 양념장으로서의 역할을 하였고 액젓은 간장과 같은 조미료서의 역할을 하였다.

젓갈에 관한 기록은 중국의 문헌『제민요술』에 기록되어 있다. '옛날 한무제가 동쪽 오랑캐를 쫓아 산동반도 끝 황해 바닷가에 이르렀는데, 어디선가 코에 와 닿는 냄새가 있어 찾아가보니 어부들이 소금에 버무린 어장을 땅에 묻어 삭으면 꺼내먹는 것을 알았다. 오랑캐를 쫓다가 얻은 음식이라 젓갈을

'축이'라 하였다. 조기, 청상아리, 숭어창자, 위, 알주머니를 씻고, 소금을 뿌려 항아리에 밀봉한 후 햇볕이 쬐는 곳에 둔다. 여름은 20일, 가을은 50일, 겨울은 100일이 지나야 잘 익는다.'고 기록 되어 있다. 우리나라는 농경 이전부터 어패류가 주요 식량원이었으므로 술이나 소금이 있었던 시기에 젓갈도 있었을 것으로 추정된다.

우리나라의 젓갈에 대한 최초의 문헌적 기록은 『삼국사기』로 신문왕 3년 왕비의 폐백품목에 해(젓갈)라는 기록이 처음 나온다. 『고려사』에는 찬품으로 생선해, 토끼해 등이 기록되어 있어 어패류의 젓갈 뿐 아니라 수조육류로도 젓갈을 담갔음을 알 수 있다. 조선시대의 『산림경제』, 『증보산림경제』, 『규합총서』, 『임원십육지』 등에 어육장이라 하여 수조육과 어패류로 담근 여러 가지 젓갈 가공법이 수록되어 있다. 또한 조선 중기부터 조기젓, 새우젓 등의 젓갈류가 상품화되어 전국으로 유통되고 있었다고 한다.

조선시대에 젓갈 담그는 법은 어패류를 소금에만 절인 것, 간장에 절인 것, 소금과 익힌 곡류에 담근 것, 소금과 누룩에 담근 것, 소금과 엿기름과 찰밥이나 쌀밥, 조밥 등과 담근 것 등이 있다. 젓갈과 식해에 관한 내용이 많은 문헌에 기록되어 있는 것은 곡류를 주식으로 하는 우리나라에서 밥반찬으로 젓갈이 적합하였고 조미료로의 용도, 의례용도, 술안주, 민간요법 등에 사용되었기 때문인 것 같다. 이효지 교수는 문헌에 수록된 젓갈의 종류는 147종으로 젓 100가지, 식해 40가지, 어육장 7가지라고 하였다.

2) 젓갈의 종류

(1) 젓(젓갈)

젓은 어패류의 살, 내장, 알 등을 20% 정도의 농도가 되도록 소금에 절여 상온에서 일정기간동안 보관하여 자체 내의 자기분해효소와 미생물에 의한 발효작용으로 생긴 유리 아미노산과 핵산분해물질 등에 의해 특유한 감칠맛을 내는 가공식품이다, 젓갈은 독특한 감칠맛으로 반찬, 조미료, 김치 담글 때, 찌개 간 맞출 때, 나물 무칠 때 등 다양하게 사용된다. 젓갈에는 새우젓, 황석어젓, 갈치젓, 조기젓, 멸치젓, 조개젓, 명란젓, 오징어젓, 어리굴젓 등 그 종류가 100여종에 이른다.

[표 3-1] 젓갈의 종류

구분	종류
어 류	멸치젓, 까나리젓, 가자미젓, 고등어젓, 갈치젓, 꽁치젓, 대구젓, 도루묵젓, 도미젓, 동태젓, 민어젓, 뱅어젓, 밴댕이젓, 자리젓, 전어젓, 정어리젓, 준치젓, 황석어젓, 조기젓
갑각류	갈게젓, 게장, 게젓, 고개미젓, 곤쟁이젓, 꽃게젓, 농발게젓, 대하젓, 돌게젓, 바다게젓, 방게젓, 백하젓, 새우젓, 참게젓, 털게젓, 토하젓
연체류	오징어젓, 꼴뚜기젓, 한치젓, 낙지젓, 굴젓, 어리굴젓, 조개젓, 대합젓, 동죽젓, 모시조개젓, 바지락젓, 백합젓, 소라젓, 오분자기젓
어패류의 내장, 아가미	창란젓(명태, 대구내장), 대구아가미젓, 명태아가미젓, 해삼창자젓, 게우젓(전복내장), 갈치속젓(내장), 고등어내장젓, 민어아가미젓, 전어밤젓(전어간), 조기속젓, 조기아가미젓
어패류의 알	명란젓, 게알젓, 성게알젓, 복어알젓, 고등어알젓, 대구알젓, 새우알젓, 숭어알젓, 연어알젓, 장대알젓, 조기알젓

우리나라 젓갈의 특징은 발효된 해산물 그대로를 먹는 육젓이 발달했다는 것이다. 또 우리나라의 젓갈 대부분이 새우젓인데 새우젓이 전체의 60%를 차지한다. 보리새우젓과 추(가을)젓, 오젓(5월에 잡은 새우로 담근 젓)은 김장용으로 쓰이고, 육젓(6월에 잡은 새우로 담근 젓)은 가장 맛있는 새우로 만든 것으로 밥반찬으로 많이 사용한다. 전북 담양에서는 전통적으로 민물새우인 토하로 토하젓을 담근다. 액젓은 육젓보다 더 오랜 발효기간(6~24개월)을 통해 원료의 육질이 효소적 분해로 액상이 된 것을 걸러내어 만든다.

(2) 식해

식해는 어패류에 엿기름과 소금 외에 조밥이나 쌀밥 등의 전분질 식품, 고춧가루, 파, 마늘 등을 넣어 발효를 시킨 음식으로 젓보다 자연발효로 생긴

[표 3-2] 식해의 종류

구분	종류
어 류	가자미식해, 갈치식해, 광어식해, 노가리식해, 대구식해, 도다리식해, 도루묵식해, 멸치식해, 명태식해, 뱅어식해, 우럭식해, 전어식해, 전갱이식해, 조기식해, 쥐치식해
연체류	고동식해, 낙지식해, 대합식해, 마른 오징어식해, 문어식해, 오징어식해, 한치식해
어란 및 아가미	명태아가미식해, 명태창자식해, 명란식해

젓산에 의해 부패를 방지한 저장식품이다. 식해는 젓갈보다 낮은 10% 정도의 소금농도로 전분질 식품을 넣어 숙성하므로 숙성기간이 짧아 1~2주일 안에 만들어진다. 저장성이 떨어져 냉장고에서 1개월 이상 저장하기 어렵다.

3) 젓갈의 지역별 분류

우리나라의 젓갈은 각 지역의 특성에 따라 다양한 모습으로 발달하였다. 소금 생산량이 부족한 동해안에서는 식해가 발달하였고, 소금이 풍부한 서해안에서는 젓이 발달하였다. 해안 쪽 내륙지방은 참게장이 발달했으며, 참게는 섬진강의 가을철 게가 가장 맛있다고 한다. 참게장을 맛있게 만들기 위해서는 참게를 하루 이틀정도 굶겼다가 쇠고기를 먹인 참게로 장을 담그면 가장 맛있는 참게장을 만들 수 있다고 한다.

[그림 3-19] 각종 젓갈

소금이 넉넉지 않았던 동해안은 식해문화가 발달하였는데, 소금 대신에 젓갈에 곡물을 넣었기 때문이다. 대표적인 젓갈은 가자미식해인데 참가자미를 소금에 절인 후 좁쌀 밥과 무채, 고춧가루, 파, 마늘, 생강, 엿기름가루를 섞어 삭혀 만든다. 함경도 지방 식해의 특징은 반드시 조밥을 사용한다는 것이다. 다른 지방에서는 쌀이나 찹쌀로 밥을 하여 섞는다.

제주도는 성게알젓과 전복 내장젓이 발달하였다. 성게알젓은 짜지 않게 간을 하고 익으면 바로 먹는 젓갈이고, 전복 내장젓은 전복 중에서도 내장만 골라서 담근 젓갈로, 알뜰함의 지혜가 엿보인다.

4) 젓갈의 영양

젓갈은 제사상에도 올리고, 조미료로도 사용되며 반찬으로도 사용되었다. 김치에 많이 사용하는 젓갈은 새우젓, 조기젓, 황석어젓, 멸치젓 등이고 나물무칠 때나 무생채 할 때는 멸치젓을, 달걀찜이나 찌개 간을 맞출 때는 새우젓을 사용한다.

젓갈은 가장 저렴하게 동물성 단백질을 섭취할 수 있는 식품이다. 단백질과 무기질이 많은 식품이기 때문에 곡류 위주의 채식 문화였던 고려시대에는 젓갈을 통해 육류를 섭취하기도 했다. 젓갈은 지질과 단백질이 많이 들어있고 유리 아미노산과 무기질이 풍부하다. 효소를 함유하고 있어 소화흡수가 잘되며 식욕을 돋구어준다.

5) 젓갈의 문제점

우리의 발효식품인 젓갈은 염도가 높다는 문제점이 있다. 우리나라 사람들의 염분 섭취량은 기준보다 훨씬 높다. 염분에 함유된 나트륨은 주요한 체액성분 중 하나이고, 효소를 활성화시키며, 산과 염기의 평형을 유지시키는 등의 항상성을 유지하는 역할을 하지만 염분을 많이 섭취하면 위암 및 고혈압, 동맥경화 등 심혈관질환과 신장질환에 걸릴 확률이 높아진다.

우리나라 젓갈의 염도는 20% 정도로 매우 높은 편이다. 따라서 우리나라의 젓갈 염분농도를 낮추기 위한 방안으로 소금저장법이 아닌 물엿저장법 등이 개발되고 있다. 물엿 또한 소금과 같이 식품의 저장성을 높이는데, 이는 물엿이 식품의 유리수의 비율을 낮춰줌으로써 미생물 생육을 억제시키기 때문이다. 이러한 물엿을 성질을 이용한 물엿저장법은 젓갈의 맛은 유지하면서 염도를 낮출 수 있는 방법이며, 이외에도 에틸알코올, 젖산, 솔비톨, 키토산 등을 첨가하여 염도를 낮추는 다양한 저염 젓갈에 관한 개발과 연구가 진행되고 있다.

4. 술

술은 과일이나 익힌 곡물을 발효시켜 만든 발효식품으로 세계 여러 나라 사람들이 즐기는 기호음료이다. 인류의 식문화 중에서 술의 문화는 국적과 민족성이 뚜렷하다고 볼 수 있다. 각 민족의 전통주는 그 나라마다 맛과 멋을 지니고 있어, 특색 있는 술문화로 정착·발전하였다. 몇몇 국가들의 대표적인 전통주의 예를 들어 보면 러시아의 보드카(Vodka), 멕시코의 데킬라(Dequila), 영국의 위스키(Whisky), 독일의 맥주(Beer), 프랑스의 포도주(Wine), 일본의 사케(Sake) 등이다.

술은 어느 지역, 어느 시대를 막론하고 인간사회에서 사람과 함께하고 있으며, 현대인에게 있어서는 중요한 기호식품의 하나이다. 술은 알코올(ethanol)성분이 1% 이상 들어 있는 음료를 말하며, 제조방법에 따라 양조주, 증류주, 재제주로 분류한다.

1) 알코올의 대사과정

알코올은 체내에서 연소되어 열량 공급원이 된다. 단백질과 탄수화물은 1g에 4kcal, 지방은 1g에 9kcal의 에너지를 발산하는데 비해 알코올은 1g에 약 7kcal의 에너지를 낸다. 알코올은 위와 소장에서 체내로 흡수되며 90%가 간에서 물과 탄산가스로 분해된다.

알코올의 흡수는 공복 시에 빠르게 흡수되며, 단백질이나 지방성 식품과 함께 섭취했을 때 흡수가 느리다. 체내에서 알코올이 흡수되면 1단계로 알코올탈수소효소(alcohol dehydrogenase)에 의해 분해되어 아세트알데하이드(acetaldehyde)가 되는데, acetaldehyde는 독성이 강한 물질로 혈중 아세트알데하이드의 농도가 높으면 얼굴이 붉어지게 되고 두통이나 구토 등의 원인

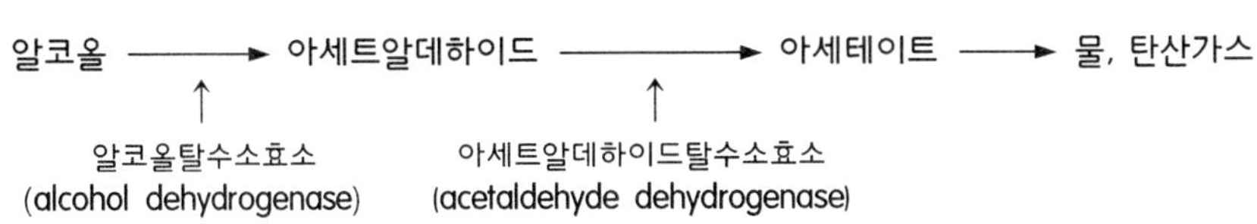

[그림 3-20] 알코올의 대사과정

이 되기도 한다.

alcohol dehydrogenase는 여성이 남성보다 활성이 떨어져 위에서 많은 량의 알코올을 대사하지 못하므로 비슷한 음주 시 여성이 간경화 등 알코올 관련 질환에 걸리기 쉬운 것으로 알려져 있다. 2단계로 acetaldehyde는 아세트알데하이드 탈수소효소(acetaldehyde dehydrogenase)에 의해 아세테이트(acetate)로 분해되어 다른 분자 합성에 쓰이거나, 탄산가스와 물로 대사되어 에너지를 생성한다.

2) 술의 역사

술은 인류의 역사와 더불어 발전·변천하여 온 음료로, 인류가 사냥과 채집으로 생활하고 있던 시대부터 술이 있었던 것으로 추정된다. 과실은 조금이라도 상처가 나면 과즙이 스며 나오고 과일 껍질에 붙어 있는 천연효모가 쉽게 번식하여 알코올 발효가 일어나 술이 된다. 따라서 과실주는 인류가 먹은 최초의 술이었을 것이라고 생각된다. 또한 우연한 기회에 먹다 남은 꿀물이나 꿀이 공기 중의 천연효모에 의해 자연 발효 되어 벌꿀주가 만들어졌으며, 유목시대에는 가축의 이용과 함께 가축의 젖으로 유주가 만들어졌다. 곡물주는 농경시대에 곡물의 생산과 함께 곡물과 누룩을 이용하여 빚어지기 시작하였다.

우리나라의 경우 술의 기원이 언제부터인가는 정확히 알 수 없으나, 삼국시대 이전으로 보고 있다. 부족국가 시대인 부여, 예, 마한, 진한과 고구려 등에서 제천의식에 '음식가무'하였다는 기록이 있어 술을 마셨음을 알 수 있다.

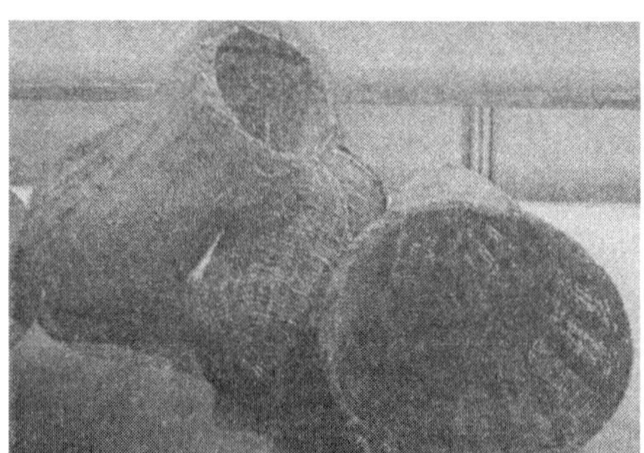

[그림 3-21] 용수

우리나라 술 가운데서 그 역사가 가장 오래 된 것은 탁주이고, 탁주에 용수를 넣어서 거른 맑은 술이 청주이다. 약주는 조선시대 선조 때 서울 약현(藥峴) 집에서 빚은 청주가 좋다는 평판이 나돌게 되자 그 집 술을 '약주'라 부르게 된데서 유래되었다고 한다. 『임원십육지』에 의하면 서유구의 아호가 약봉이었고 살던 곳이 지금의 서울 중림동 부근인 약현인데 그의 부인이 청주를 잘 빚었다고 한다.

소주의 역사는 고려 충렬왕 3년(1277년)에 원나라에서 전래되었으며, 우리 민족과 오랫동안 함께 지내온 술이다. 증류주인 소주는 고려 후기에 원나라에서 증류문화가 유입되어 전래 곡물주에 증류법을 접목시켜 증류주를 개발하였다. 소주는 처음에는 약용으로만 썼으나 이조 때에 이르러 일반인도 마시게 되었다고 한다. 고급 청주인 약주는 구한말에서 일제 초기까지는 주로 서울 부근의 중부지방의 상류층에서 마셨는데, 인삼이나 그 밖의 여러 가지 초근목피를 넣어 빚어서 품질이 좋은 술을 빚었다.

탁주는 주로 서울 이남에서 농주나 서민들의 음료로 즐겼고, 소주는 주로 서울 이북에서 사철 소비하였으며 중부 이남에서는 여름철에 많이 음용하였다. 조선시대 남부지방에서는 탁주를, 북부지방에서는 소주를 많이 마셨고 중부지방의 중류층 이상 에서는 약주를 마셨다. 탁주, 약주, 소주를 즐겨 마시는 가운데 새롭게 만들어진 술이 한방주와 과실주 등의 혼합주이다. 우리나라의 전통 약·탁주는 알코올이 6~16% 정도 되게 대대로 내려오는 가내수공업적인 제조방법을 사용하여 빚는다.

최근 우리 조상들이 즐기던 옛술의 우수성에 대한 재조명으로, 유명한 전통주나 향토주의 제조가 시도되고 있다. 경주 법주, 한산 소곡주, 김천 과화주, 전주 이강주, 선산 약주 등 지역명을 상표로 한 상품들이 많이 제조되어 시판되고 있다.

(1) 고대

고대의 술은 천연적으로 만들어진 과실주, 벌꿀주였으며, 아프리카 탐험기 등에서는 술에 취한 멧돼지나 코끼리 이야기가 등장한다. 유목 시대에는 유목민들이 양유나 마유 등의 알코올 발효로 만들어진 유주가 있었다고 한다.

(2) 부족국가 시대

우리나라는 일찍부터 발효식품의 나라로 술빚기의 역사가 길고 좋은 맛의 술을 즐겨마셨다. 주몽의 아버지 해모수가 유화에게 술을 마시게 하여 함께 잔 후 주몽을 가졌다는 『제왕운기』의 이야기로 보아 부족국가 시대에 술이 있었으나 무슨 술인지에 대해서는 기록이 없어서 알 수가 없다. 또한 『삼국지』위지동이전에 의하면 고구려, 부여, 마한, 진한, 옥저 예 등의 부족국가시대에 무천, 동맹, 영고와 같은 제천의식 때 밤낮으로 술을 마시고 춤추고 노래하며 즐겼다고 했으나 이 역시 술의 원료와 술의 종류, 만드는 법 등 그 성격은 알 수가 없다. 『삼국지』위지동이전에서 "고구려 사람은 발효식품을 잘 만든다."고 한 기록으로 보아 농경의 시작과 함께 원초형이지만 술빚기, 장담그기가 실시되었고, 곡물을 이용하여 곡물주를 빚게 되었다. 이때의 술은 곡물로 빚은 탁주류이고 원료로는 기장이나 쌀 등이 쓰였을 것이라고 생각된다. 『삼국사기』에는 고구려 대무신왕 11년(28)에 '지주(旨酒)'라고만 기록되어 있어 맛있는 술, 좋은 술이 있었고 즐겨 마셨을 것이라고 생각된다.

(3) 삼국시대

일본문헌인 『고사기』의 기록에 보면 백제의 인번(수수보리, 수수코리)이란 사람이 일본으로 건너가 누룩으로 술 빚는 법을 가르치고 일본의 주신(酒神)이 되었다고 한다. 양조기술이 이웃 일본으로까지 전수되어 일본 술의 발달에 기여하였다. 수수보리가 빚어준 술을 마신 일본왕은 '수수보리가 빚어준 술에 내가 취했네! 마음을 달래주는 술, 웃음을 주는 술에 내가 취했네!' 라고 노래를 불렀다고 한다. 일본 문헌인 『연희식』에는 '술 여덟말을 빚는데 쌀 한 섬, 누룩 너말, 물 아홉말을 쓴다.'고 한 기록으로 미루어 보아 수수보리가 전한 술은 누룩을 이용한 술이었을 것으로 생각된다.

고구려의 양조기술은 중국으로 건너가 곡아주의 유래를 남겼으며, 신라주가 당나라 시인들에게 인기가 많았다고 한다. 『지봉유설』에 의하면 당나라 시인인 이상은의 시에 '한잔 신라주의 기운이 새벽바람에 쉽게 사라질까 두렵구나'라는 시문으로 보아 신라주의 인기가 높았음을 알 수 있다. 또한 『삼국사기』에는 신라 신문왕 왕비 폐백품목에 술이 있었음을 기록하고 있다. 따라서 삼국시대에는 술의 제조방법에 대한 기록은 없으나 중국에서도 우리나라 술의 명성이 높았고, 일본에 전래되었음을 알 수 있다.

(4) 고려시대

고려시대에는 양곡의 증산으로 멥쌀을 이용한 청주, 법주, 탁주를 제조하였다. 『고려사』의 '사원의 양주를 금한다.'라는 기록으로 보아 고려시대에는 절에서 양조업을 경영하였던 것 같다. 이러한 환경에서 술이 크게 발전할 수 있었다. 서긍은 『고려도경』에서 '고려 사람들은 술 마시기를 좋아한다. 그러나 좋은 술 빚기는 쉬운 일이 아니다.'라고 소개하고 있다. 또한 『고려도경』에는 고려시대에는 궁중의 '양온서'라는 부서에서 국가의식에 사용할 술을 빚었고, 왕이 마실 청주와 법주를 빚어 질항아리에 넣어 명주(비단)로 봉해서 저장하였다고 한다. 법주는 왕이 마시거나 관에서 쓰기 위해 빚는 술로 『고려사』에 종묘 제사에 법주를 쓴다고 기록되어 있다.

고려시대에는 술의 종류가 많아 계급이나 용도에 따라 달리 쓰이고 있었는데 서민들은 맛이 박하고 빛깔이 짙은 술을 마셨는데, 박주 또는 백주라 불리는 탁주였다. 이 탁주는 미곡으로 빚었으며 고려시대에는 찹쌀이 없어 멥쌀에 누룩을 넣어 술을 빚는다는 기록이 『고려도경』에 기록되어 있다. 『고려도경』에는 "잔치 때 마시는 술은 맛이 달고 빛깔이 짙으며 별로 취하지 않는다."라고 고려의 술을 평하고 있다.

그러다가 원나라에서 소주가 들어오게 되었다. 『본초강목』 에는 '소주는 예로부터의 양조법이 아니며, 원나라시대부터 시작되었다. 농주를 지게미에 타서 시루에 넣고 불을 때어 증기가 올라가게 한 뒤 그 이슬을 받는다. 그것은 맑음이 물과 같고 맛이 진하고 강렬하여 이것을 노주(露酒)라고도 한다.'라고 기록되어 소주가 증류주인 것을 설명하고 있다. 소주는 『목은집』에는 '아라길주'로 나오고, 이규보의 시에는 여러 번 증류한 '감홍로'가 나온다. 고려시대에 원나라로부터 증류주법이 도입되었고, 고려시대에 소주가 크게 유행한 것이다.

『동국이상국집』에는 '발효된 밑술을 압착하여 맑은 청주를 얻는데 겨우 4~5병을 얻을 뿐이다.'라고 하여 밑술을 압착하여 청주를 얻었음을 알 수 있으나, 용수를 박아 떠내었는지 주머니에 넣어 압착하였는지는 기록이 없어

알 수 없다. 또한 『동문선』의 시 속에는 '들합에는 막걸리(탁주) 채워있네'라고 하여 서민들이 탁주를 마셨음을 알 수 있다. 특수주로는 포도주가 있었는데 유럽의 포도주가 원나라를 거쳐 우리나라에 들어왔으며, 고려시대 시(詩) 속에 자주 등장한다. 당시의 포도주는 누룩, 밥, 포도즙으로 빚었다고 추측할 뿐 이 땅의 전통주로 뿌리 내리지는 못하였다.

고려후기 학자인 안축의 시문집인 『근제집』에는 '화주에서 온 사람이 포도주를 가져왔다.'라고 기록하고 있어 고려시대에 포도주가 있었음을 알 수 있다. 이처럼 고려의 술은 기호식품일 뿐 아니라 제사, 향연, 손님접대 등에도 필수 식품이었다. 고려말 한림학자들의 공동작품인 고려가요 『한림별곡』 에는 황금술, 잣술, 솔술, 예주, 댓잎술, 배술, 오가피술 등의 술 이름이 기록되어 있는 것으로 보아 상류층 학자들의 번화했던 생활 일면을 엿볼 수 있다. 고려시대의 병과류의 하나인 상화떡은 밀가루에 술을 넣어 반죽해서 부풀린 다음 속을 넣어 찐 떡으로 술을 사용한 음식이다.

[표 3-3] 고려시대의 술

포도주	쌀로 빚은 술에 포도를 넣어 빚는 술
도소주	원단(설날)에 마시는 약술로써 백출, 대황, 질경 등의 한약재를 넣어 빚은 청주
계향어주 (桂香御酒)	계실(계수나무열매)을 넣은 향기로운 술로써 송나라로부터 전래된 술
유주(乳酒)	고려 충렬왕의 왕비가 몽고술인 마유주를 고려에 전했다고 한다.
감 주	감향주와 향감주가 있다. 단양주이다.
이화주 (梨花酒)	멥쌀가루로 만든 떡과 쌀누룩으로 빚은 고려시대 대표적인 탁주이다. 술이 익으면 흰빛의 죽같이 되어 물을 타서 마셨다.
부의주 (浮蟻酒)	술이 익으면 밥알이 위로 동동 뜨는 데 그 모양이 개미와 비슷하다고 하여 부의주(浮蟻酒)라 한다.
창포주 (菖蒲酒)	단오날에 마시는 술이며, 창포향이 나쁜 병을 쫓는다고 하여 액막이 술이라고도 한다. 찹쌀청주를 넣은 술독 안에 창포뿌리를 넣은 주머니를 술이 닿지 않도록 매달아 밀봉했다 마시는 술이다. 햇볕이 내려 쬐는 오시(午時)에 웅황주(雄黃酒)와 함께 마셔야 효력이 있다고 하여 단오날은 대낮부터 창포 술을 마신다.
국화주	국화에 생지황, 구기자, 나무껍질을 넣고 찹쌀로 빚은 술이며, 국화주를 마시면 병에 걸리지 않고 장수한다하여 중양절(음력 9월9일)에 마시던 술이다.

(5) 조선시대

조선시대는 양조기법이 다양했고, 술의 종류도 이화주, 국화주, 연엽주, 백화주, 송순주, 송절주, 죽엽주 등 다양하였으며 지금까지 전해오는 유명 전통주들이 정착한 시대이다. 조선시대는 불교의 쇠퇴와 더불어 차문화도 서서히 퇴보되면서부터 일반 민가에서는 누룩을 이용한 가양주 제조법이 발달 하였다. 조선시대에는 술의 제조법을 기록한 문헌이 많아 술 빚기에 관해 체계를 세울 수 있게 되었는데, 술을 분류하면 발효주, 증류주, 혼합주(발효주 + 증류주), 제재주(약재, 꽃향기, 색소 감미료)로 나눌 수 있다.

발효주의 대표적인 술은 막걸리로, 고두밥에다 누룩을 섞어 빚었는데, 빛이 탁하고 텁텁한 맛을 내는 것이 특징이다. 막걸리는 탁주라고도 하는데 알코올 성분(6%)이 적고 텁텁한 맛이 있어 농사일을 끝낸 농민들이 농주(農酒)로 즐겨 마셨다. 맑은 술은 조선 시대에는 보통 약주라고도 불리웠으며, 만드는 법은 빚은 술(탁주)이 다 익었을 때 용수를 박아 맑은 술을 떠내는데 지역이나 가정에 따라 빚는 방법이 달랐다. 맑은 술을 청주라고도 하고 또 인삼을 비롯한 여러 가지 식물의 뿌리나 잎을 넣어 빚기도 하였는데, 첨가되는 재료의 종류에 따라 여러 가지 이름으로 불리었다.

소주는 고려시대부터 만들어진 술로 조선 시대에 와서 한층 더 성행하였다. 소주는 양조주를 다시 증류하여 20~25도의 알코올 함량을 가진 술로, 고려 후기에 정착된 증류주들이 조선조에는 급속도로 신장되었다. 제재주는 소주에 약재를 첨가하여 만든 술이다. 제재주에는 소주에 홍국과 약재를 넣어 만든 감홍주, 구기자나무의 열매를 넣어 만든 구기주, 매실을 넣어 만든 매실주, 배즙과 생강즙을 넣어 만든 이강주 등이 있다. 조선시대 가정에는 반주, 빈객, 제례에 대비하여 각 가정마다 항상 그 가정의 특징적인 가양주를 빚어 상비하였다. 가양주의 풍속은 양조의 전매제로 20세기에 와서 가양주 만드는 것이 금지되기 전에는 봄, 가을, 겨울에는 약주류, 여름철에는 약소주류를 빚었으며 가정에서 빚는 가양주의 종류는 40여종이 훨씬 넘었다고 한다.

(6) 일제시대

일제는 1907년 조세령을 공포하여 주세를 징수하여 주세령의 강제 집행이 시작되었다. 따라서 우리의 전래주는 잠적하기 시작하였다. 1917년에는 자가 양조가 금지되어 가양주의 제조가 금지되었다. 1930년대에는 집에서 담그는 술의 제조는 완전히 사라지고 주류 제조업인 양조업이 산업의 한 분야로 시작되어 양조장에서의 술 제조로 바뀌었다.

따라서 각 가정마다 특색 있게 빚었던 술빚기의 비법이 사라지고 일본 청주가 범람하게 된다.

(7) 해방 후

1960년대는 식량부족 상태이어서 해마다 양곡을 도입하여야 되었다. 따라서 쌀을 원료로 하던 막걸리와 약주 사용이 금지됨으로써 밀가루, 옥수수 등 외국도입 양곡을 섞어 술을 빚게 되었다.

1965년에는 양곡관리법으로 증류식소주가 금지되고 희석식 소주로 바뀌었다. 증류식 소주는 누룩을 사용하여 만든 술을 증류한 술로 희석식소주보다 맛과 향이 강하다. 희석식 소주는 주정(95% 알코올)을 20~35도로 희석한 소주이다. 1970년대에는 외래주가 유입되어 포도주, 위스키, 럼, 브랜디, 진, 보드카 등이 국내에서 생산되기 시작하였다.

1980년대 이후에는 전통주가 재현되기 시작하였고, 1985년 문화재관리국에서 전통 민속주를 선정하게 되면서 우리나라의 민속주가 다시 살아나게 되었다. 1990년대부터는 쌀막걸리와 쌀약주를 만들기 시작하였고 1995년에는 개인도 술을 제조할 수 있게 되어 우리 전통주를 복원할 수 있게 되었다.

보드카 럼 데킬라

[그림 3-22] 각종 외래주

3) 세시풍속과 절기주

우리나라는 농업국이며, 장양을 잘해 곡물을 이용한 술빚기가 일찍부터 발달하였다. 술을 빚고 마시는 관습은 세시 풍속으로 쇠어오던 명절과 계절에 따른 시식마다 술을 빚어 세시를 즐겼다. 이를 시절의 미각을 찾고자하여 빚었던 술이라고 하여 시양주(時釀酒)라고도 하였다. 따라서 매년의 세시마다 민속으로 마시던 술은 이처럼 계절과 세시에 따른 민속상의 의미가 있다. 질병을 쫓고 건강을 위한다는 술이므로 각 가정에서는 술이 잘 빚어져 제 맛을 낼 때 상서롭게 여겼다. 따라서 우리 조상은 사계절과 열두달을 중심으로 각 계절과 명절에 해당하는 의미를 부여하며 이웃과 함께 생활을 즐겨온 풍류를 아는 민족이었다. 우리의 선조들은 세시풍속이라 하여 절기마다 절기주를 빚어 계절의 풍요로움과 자연의 아름다움을 구가하였다. 세시와 관련한 절기주를 계절별로 살펴보면 다음과 같다.

(1) 봄철의 술

① 청명주(淸明酒)

24절기 중 청명일(음력 2월 하순)에 마시는 술이라 청명주라고 하였다. 청명주는 청주로 발효하여 빚었으며, 엿기름을 사용하여 당화시켜 단맛이 내므로 많은 사람들이 즐겨 마셨다. 청명주는 청명일 20여 일전에 빚어 사용하였다. 또한 청명일과 한식과 같은 날이거나 하루 전에 들게 되어 청명주는 한식일의 제주용으로도 쓰였다.

② 두견주

두견주는 두견화주라고도 하며, 진달래꽃을 넣어 빚는 가향주로 음력 3월3일인 중삼절식, 즉 삼짇날에 마시는 술을 말한다. 『규합총서』에는 찹쌀과 누룩가루로 술을 빚어 술이 끓어오를 때 진달래꽃을 따서 꽃술이 들어가지 않게 다듬어 명주 주머니에 넣어 1개월 이상 그대로 담가두라고 진달래술 담그는 방법을 설명하고 있다.

청명주

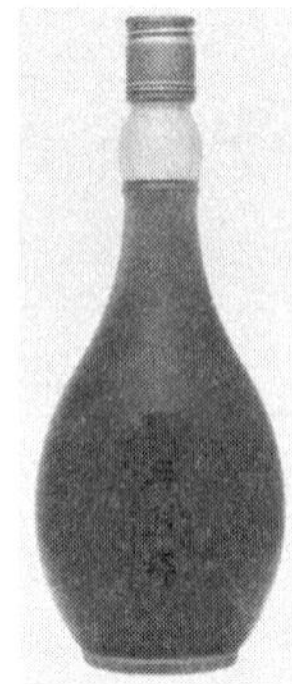

두견주

[그림 3-23] 청명주와 두견주

③ 농주(農酒)

농사철에 농사일이 바쁠 때, 식사와 함께 나왔던 술을 농주라고 한다. 농주는 지역별로는 강원도의 옥수수, 제주도의 좁쌀을 원료로 한 오메기술이 있으며, 기타 지역에서는 누룩과 쌀로 술을 빚어 식사와 함께 내었다. 오메기술은 차좁쌀로 빚은 제주 전통의 청주인데, 차조가루를 끓는 물에 반죽하여 찐 오메기떡에 누룩과 물을 넣어 발효시켜서 만든 좁쌀 막걸리를 2번 밑술하여 위에 뜬 맑은 술만 떠낸 술이다.

④ 창포주

창포주는 음력 5월 5일 단오날에 마시는 술을 말한다. 단오는 설날, 추석과 함께 우리나라 3대 명절로 지켜왔는데, 이는 단오가 만물의 생기가 가장 왕성한 시기이기 때문이다. 단오에는 창포물에 머리를 감고 창포주를 마셨는데 이는 창포 향이 모든 나쁜 병을 쫓는다고 하여 액막이 술이라고 하였다. 창포주는 찹쌀청주를 넣은 술독 안에 창포뿌리를 넣은 주머니를 술이 닿지 않게 매달아 밀봉했다 마시는 술이다.

(2) 여름철의 술

① 유두주(流頭酒)

음력 6월 15일 유두일에 옛 선비들이 술과 음식을 마련하여 계곡이나 정자를 찾아가서 시를 읊으며 하루를 즐기는 연회를 유두연이라고 하며, 이 날 마시는 술을 유두주라고 하였다. 유두일에는 수박이나 참외 등을 따서 떡을 빚어 사당에 올리고 나서야 술과 음식을 먹었다.

② **백중주(百中酒)**

음력 7월 15일 백중일에 마시던 술을 백중주라고 한다. 백중일은 불가에서는 승려들이 부처님 앞에 공양을 드리는 날이다. 과일이 풍성한 시기로 밤에 조상의 제사를 지내는 날로 망혼일이라고도 한다.

③ **신도주(新稻酒)**

추석날(한가위)인 음력 8월 15일은 햇곡식으로 떡을 하고 술을 빚어 차례를 지내고 이웃과 서로 나누어 먹으며 조상의 묘에 성묘를 하는 날이다. 이때 빚었던 술은 그해 처음 수확한 찹쌀과 누룩을 원료로 한 신도주(찹쌀술)인데, 차례상에 송편과 함께 올린다. 감미가 있으며, 누구나 쉽게 만들 수 있어서 많은 사람이 즐겨마시던 술이었다.

[그림 3-24] 신도주

(3) 가을철의 술

① **국화주**

음력 9월 9일은 중구절 또는 중양일(重陽日)로, 이날 마시는 술이 국화주이다. 중양절에는 사람들이 산이나 계곡을 찾아가서 국화전과 함께 술을 마셨는데, 이 술은 국화를 이용해 만든 국화향이 가득한 술이다. 국화주는 국화에 생지황, 구기자, 나무껍질을 넣고 찹쌀로 빚은 술로, 국화주를 마시면 병에 걸리지 않고 장수한다 하여 중양절에 마셨다. 『동국세시기』에 의하면 서울풍속에 중양절에 남산과 북악산에 올라가 국화주를 마시고 국화전을 먹으며 즐기는 풍습이 있었다고 한다.

② 시제주

시제란 음력 10월 보름날을 전후하여 4대 조상까지 모시는 사당에 모시지 못한 5대조 이상의 조상에 대하여 산소에서 한 번에 지내는 제사를 말한다. 이날 올리는 술은 쌀과 누룩을 주원료로 하여 빚은 술로 시제주라 한다. 시제는 반병(飯餠)과 주찬을 준비하여 가족과 친척들이 함께 집단으로 지냈다.

(4) 겨울철의 술

① 도소주

도소주는 원단인 새해 첫날, 정월 초하루에 설날 차례에 올리던 술로 차례가 끝나면 온 가족이 둘러 앉아 데우지 않고 냉주로 마시던 술로 세주의 대표적인 술이다. 세주는 설에 마시는 술인데 도소주를 가리킬 정도로 고려시대부터 도소주를 마시는 풍속이 전해져 왔다. 도소주는 육계, 산초, 백출, 도라지 등의 한약재를 넣어 빚은 청주이다. 정월 초하룻날 새벽에 도소주를 마시면 일년 내내 질병이 없어진다는 속신이 있으며, 술을 차게 해서 마시는 것은 봄을 맞이한다는 의미가 담겨있다.

② 이명주(耳明酒)

이명주는 정월 대보름인 음력 1월 15일 아침에 마시는 술로, '귀가 밝아진다.'고 하여 찬술을 한잔씩 마시는데 이를 귀밝이술이라고도 한다. 『동국세시기』에 의하면 이날 찬술을 마시면 정신이 맑아지고 일년 동안 잔병이 나지 않으며 한해 동안 기쁜 소식을 듣게 된다고 한다. 특별한 제조법이 있는 것은 아니고 '설이나 보름날 먹기 위해 미리 빚어두었던 술을 차게하여 이날 아침에 마신다.'라고 기록되어 있다.

[그림 3-25] 이명주

③ **노비주(奴婢酒)**

노비주는 농사준비를 앞두고 농사일을 할 일꾼들을 격려하는 의미로 하루를 즐겁게 해주기 위하여 주인이 마련한 날로 노비일(奴婢日), 또는 머슴날이라고 하였다. 음력 2월 1일로 이날 음식과 함께 마시던 술을 노비주라고 한다.

④ **납일주(臘日酒)**

섣달 납일은 동지 뒤의 3번째 술일(戌日)을 말하며, 이 날은 종묘사직에 제사를 드리거나 관청에서 음식과 술을 만들어 서로 나누어 먹고 마셨는데 이때 마시던 술을 납일주라고 한다.

4) 술의 분류

술은 우리나라의 주세법에 의하면 알코올 성분 1도 이상의 음료를 말한다. 술의 종류는 사용한 원료별로 분류하면 수많은 종류의 술이 있으며, 제조방법이 따라 발효주, 증류주, 혼성주로 분류되며 다음과 같다.

양조주(발효주)의 특징은 알코올 함량이 낮고, 고형분 함량이 높다. 양조주는 알코올 발효액을 그대로 또는 여과시켜서 마시는 술로, 알코올 농도가 2~16도이다. 알코올 도수가 낮아서 냉장보관을 하지 않으면 변질될 우려가 있다. 양조주에는 제조형식에 따라 단발효주와 복발효주가 있다. 단발효주는 당류를 직접 원료로 하고 효모를 사용하여 알코올 발효 시킨 포도주, 사과주 등의 술을 말한다. 복발효주는 전분을 원료로 하여 두단계를 거치는데 제1단

[표 3-4] 제조방법에 따른 술의 분류

분류	제조법	종 류	주요 원료
양조주	알코올 발효한 발효액을 그대로 또는 여과	-단발효주 : 포도주, 사과주 -복발효주 단행복발효주 : 맥주 병행복발효주 : 막걸리, 전통주	포도, 사과 보리 쌀
증류주	양조주를 증류	-단발효주 : 브랜디 -복발효주 단행복발효주 : 위스키 병행복발효주 : 소주	과실 보리, 옥수수 쌀, 보리, 고구마
혼성주	양조주, 증류주에 착색료, 향료, 약초, 감미료, 조미료 등을 혼합	리큐르, 합성과일주	과실, 초목의 뿌리, 줄기, 잎, 종자, 멥쌀, 찹쌀

계는 전분이 효소에 의해 당화되는 과정이고, 제2단계는 당화된 당류가 알코올 발효를 일으키는 과정을 말한다. 따라서 곡류를 사용하여 만드는 발효주인 막걸리, 청주, 약주, 맥주 등은 복발효주에 속한다.

복발효주에는 제조공정에서 당화와 알코올 발효를 완전히 독립시켜 2단계로 행하는 방법으로 제조한 술인 단행복발효주와 당화와 알코올발효를 단일 공정으로 동시에 병행하여 제조한 술인 병행복발효주로 분류되는데 동양에서는 오래 전부터 단일공정으로 동시에 당화와 발효과정을 진행하는 병행복발효주를 만들어왔다.

증류주는 양조주를 증류하여 얻은 술로서 알코올농도(25~40%)가 높고, 고형분의 함량이 낮으며 독특한 향기를 지닌 것이 많다. 알코올 도수가 높아 저장성이 있으며 소주, 위스키, 브랜디, 보드카 등이 증류주이다.

혼성주는 혼합주라고도 하며 양조주 또는 증류주에 꽃, 잎, 과실, 향료, 당류, 초근목피, 과즙 또는 색소 등을 첨가하여 만드는 합성적인 알코올 음료이다. 일반적으로 알코올 함량이 높으며 고형분의 함량도 높다.

5) 술과 건강

적당히 술을 마시면 혈액순환이 원활해지고 입맛을 돋우며 소화를 촉진시킨다. 또한 머릿속의 대뇌피질을 자극해 정신적 긴장에서 벗어나고 스트레스를 해소시켜 준다. 적당량의 알코올은 신경전달물질인 도파민의 분비를 촉진시켜 기분이 좋아지고 긴장을 완화시켜 즐거움을 주고 사교생활에 도움을 줄 수 있다. 또한 알맞은 양의 술은 노화를 막고 젊음을 유지시켜 주고, 중추신경의 기능을 억제시켜 뇌세포의 간장을 완화시킴으로써 잠이 잘 오게 한다. 사람의 뇌세포는 하루 동안 여러 가지 자극을 받는다. 머리 아픈 일이 있다거나 과로로 신경을 많이 쓰면 곤두선 신경이 가라앉지 않아 잠이 잘 오지 않을 때 한·두잔의 술은 효과적이다. 그러나 술은 잘 마시면 약이요, 잘못 마시면 독이라고 하듯이 많이 마시면 여러 가지 건강과 영양 상 문제를 일으킨다. 따라서 남성은 두잔 이내, 여성은 1잔 이내의 음주가 적당하다고 한다.

(1) 영양상의 문제점

술에는 알코올 외에 다른 영양소는 거의 들어 있지 않다. 따라서 술의 섭취량이 높아지면 다른 식품의 섭취를 줄이므로 미량 영양소가 부족하여 건강상 문제를 일으킨다. 또한 알코올은 다른 영양소의 흡수 및 대사에 영향을 미친다.

알코올은 배뇨를 촉진하는 작용이 있어 무기질과 수용성 비타민이 소변과 함께 배설되어 영양 결핍을 가중시킨다. 만성적 음주는 비타민 A의 저장량을 고갈시키고, 비타민 D의 손실을 증가시킨다. 과량의 음주는 수용성 비타민의 배설을 증가시키거나 비타민 대사에 관여하는 효소의 기능을 저하시킨다. 따라서 술을 많이 마시면 비타민 B_1, B_2, folate, 비타민 C등의 결핍증이 많이 일어나며 알코올 중독자들에게서 나타나는 현상이다. 알코올은 비타민 B_6와 비타민 B_{12}의 흡수도 억제하는 것으로 알려져 있다. 또한 무기질의 흡수 및 대사에도 영향을 미치는데, 만성적 과음은 Ca의 흡수를 방해하고, 급성 음주는 Ca의 배설을 촉진시킨다. Mg, Zn, Fe의 결핍도 초래하는데 이는 이들 무기질의 소변으로의 배설량이 증가하기 때문이다.

(2) 건강상의 문제점

① 비만과의 관계

알코올은 소화과정을 거치지 않고 단순 확산에 의해 빠르게 위와 소장에서 흡수되는데 소장상부에서 가장 빨리 흡수된다. 탄수화물이나 단백질이 1g당

4kcal인 것에 비하여 알코올은 1g당 7kcal의 높은 열량을 내는 에너지원이기 때문에 술을 많이 마시면 열량섭취가 높아져 비만의 원인이 된다. 또한 술과 함께 고열량의 안주를 먹게 되는 경우가 많아 열량섭취량은 더 높아지게 된다. 따라서 야채와 과일은 열량이 낮고 비타민과 무기질의 급원으로 가장 좋은 술안주이다.

② 암과의 관계

알코올 중독자의 사망원인 중 가장 큰 비중을 차지하고 있는 것이 암이다. 그러나 알코올 자체가 발암성이 있는 것은 아니고 다른 물질의 발암을 촉진시키는 작용으로 암의 위험을 증가시킨다. 특히 간암의 발생빈도가 높은데 이는 간이 알코올 대사가 일어나는 중요 부위이기 때문이다. 간은 알코올을 대사하기 위하여 효소를 분비하며 알코올이 완전히 대사될 때까지 지방산의 분해를 억제하고, 지방합성을 촉진시키므로 간에 지방이 축적되어 지방간의 원인이 된다. 또한 간 조직을 손상시켜 간경화로 이어지게 한다. 알코올 중독자는 혀, 구강, 인후, 식도, 성대 등에서 암의 발생 가능성이 정상인보다 열배 이상 높다고 한다. 또한 술을 마시면서 담배를 피우는 것은 암 발생의 상승작용을 한다. 알코올은 이러한 발암물질들을 잘 용해하는 성질이 있어 기관지나 위장의 점막에 발암물질이 흡수될 가능성을 높여주기 때문이라고 알려져 있다.

③ 심혈관계 질환과의 관계

알코올은 혈관을 수축시키고, 혈압을 상승시키는 작용으로 고혈압을 유발시킨다. 또한 관상동맥질환, 심장질환 등의 위험 인자가 된다.

④ 위장질환과의 관계

알코올은 위를 자극하여 많은 량의 위산을 분비하게 한다. 따라서 알코올은 위염을 일으키기도 하고, 이미 발병한 위염이나 궤양을 악화시킬 수 있다. 또한 식도나 위장출혈의 원인이 되기도 하며, 여러 가지 위장질환을 유발하기도 한다.

6) 음주예법

술을 마실 때의 예의를 주도(酒道), 또는 주례(酒禮)라고 한다. 음주예법이란 술을 마시는 사람들이 지켜나가야 할 예의범절을 말한다.

술은 귀한 것으로 신에게 바치던 제물로 쓰였다. 신에게 바치는 술은 신과 인간을 연결하여 친숙하게 하는 역할을 하였으며, 제천의식이 끝난 뒤 사람들은 함께 모여서 술을 마시고 노래를 부르고 춤을 추었다. 또한 술은 조상에게 제사를 지낼 때 없어서는 안 될 제주로 사용되었으며, 제사가 끝난 다음에는 제사에 참여했던 사람들이 모두 같이 모여 음복을 하는 절차가 있다. 음복은 노소를 막론하고 한 자리에서 술을 마실 수 있었으며, 이때의 술은 사람과 사람을 연결하는 다리 역할을 하였다.

(1) 향음주례

우리 선조들은 술을 귀히 여겼다. 술은 신이나 조상에게 제사를 지낼 때 반드시 올리는 신성한 음식이었다. 그러나 일부 사람들이 과음하여 질펀하게 마시고 가산을 탕진하고 건강을 해치는 경우가 있어, 세종대왕 때 술을 마실 때의 절차와 예절인 향음주례를 정하여 술 마시는 예절을 중히 여겼다.

이에 따르면 술 권하는 사람은 자신은 술을 마시지 않고 상대방에게 일방적으로 술을 권하지 아니하고, 주인은 술잔 하나로 술을 돌려가며 손님들에게 술을 권해야 하는데 이는 술좌석의 분위기가 하나로 화합한다는 의미 이다.

향음주례의 전통으로 오늘날까지 남아있는 우리의 음주예법은 다음과 같다. 술과 음식을 너무 질펀하게 마련하지 아니하며 안주는 자기 접시에다 덜어다 먹고 술잔은 돌리되 반드시 깨끗한 물에 잔을 씻어 술을 채운 다음 권하여 존경심과 친밀감을 나타내어야 한다.

술좌석에서 잔이 한 바퀴 도는 것을 한 순배라고 하는데, 술은 대개 석 잔은 훈훈하고, 다섯 잔은 기분 좋고, 일곱 잔은 흡족하고, 아홉 잔은 지나치므로 입곱 잔 이상은 권하여 돌리지 아니 하였다.

(2) 술 마실 때의 예의

중국문헌인 『예기』에 의하면 어른 앞에서 술을 마실 때는 술잔이 오면 곧 일어나고 그대로 절을 하면서 받아야 하고, 어른이 마시라고 말씀하시면 나이어린 사람은 뒤로 돌아서 마셔야 한다고 술 마실 때의 예의를 설명하고 있다. 술좌석에서 상대방에게 술잔을 받았을 때에는 고맙다는 표시를 하고 받은 잔은 그대로 상에 내려놓는 것이 아니라 한 모금 이상 마신 뒤에 내려놓는 것이 상대방에 대한 예의이다. 또한 어른이나 윗사람으로 부터 받은 술은 고개를 조금 돌려서 비우는 것이 예의이다.

(3) 술 따를 때의 예의

우리나라의 전통적인 풍습은 어른이나 윗분에게 먼저 술잔을 드리고, 그 술잔에 술을 따르는 것이 예의이다. 술잔을 드리고 술을 따를 때의 예의는 반드시 두 손으로 따르고 받아야 한다. 술을 두 손으로 따르는 것은 다른 나라에는 없는 우리나라의 예절이며 이는 상대방을 공경하는 예의에서 나온 것이다. 따라서 서로 허물없이 지내는 사이나, 부부사이거나, 나이가 연하이어도 두 손으로 따른다. 또한 술을 따를 때 소맷자락이 넓은 한복을 입었을 때는 왼손으로 소맷자락을 겨드랑이 쪽으로 끌어올리듯이 하고 술을 따라야 한다. 한복이 아닌 소맷자락이 넓지 않은 옷을 입었을 때는 왼손으로 술병을 받쳐들고 따르는 것이 바른 자세라고 한다. 술을 잡은 오른손의 손바닥이 위로 향하게 하여 술을 따르는 것과 왼손으로 따르는 것은 실례이므로 삼가야 한다.

4장

사회환경과 식생활 문화

식생활문화는 여러 가지 요인의 영향을 받아 형성되나 기본적인 영향요인으로는 자연환경적 요인, 사회문화적 요인, 기술의 발달 요인을 들 수 있다. 자연환경 요인은 기후나 지형, 토양, 수질 등으로 식생활 문화 형성에 많은 영향을 미쳤으나. 사회문화적 요인인 종교, 역사, 의례나 풍속 등의 생활 규범과 가치관, 사회구조, 경제수준 등도 식생활 문화의 형성에 많은 영향을 미쳤다. 특히 식생활 문화의 변천과 형성에는 각 시대의 사회환경이 크게 반영되어 왔다.

따라서 식생활문화는 식품의 산출, 조리 가공방법, 상차림의 규범, 의례와 음식의 관행, 용구와 식기, 식품의 금기, 풍습 등에 따라 형성되었으며 식품 산출 및 조리가공에 기본적 역할을 하는 자연배경과 종교, 역사, 풍속 등 시대적 배경인 사회 환경이 가장 직접적인 영향을 미쳤으며, 특히 역대의 정치·문화·경제 등 사회 환경은 식생활 문화의 변천과 발달에 크게 반영되어 왔다고 본다.

1. 부족사회 환경

청동기 시대에 이 땅에 고조선이 성립하였다. 청동기 시대를 대표하는 토기는 무문토기이고, B.C. 2세기경부터 위만(違滿)과 한무제(漢武帝)에 의해 철기문화가 들어왔으며 철제농구가 많아졌다. 청동기 시대의 유물로는 조, 기장, 수수, 보리, 벼, 콩, 팥이 발굴되었고, 원삼국시대에는 밀의 유물도 발굴되었다. 채소로는 박이 낙랑고분에서 출토되었고, 중국 문헌에는 아욱, 오이, 참외, 순무, 토란 등이 있고, 가난한 사람은 명아주나 콩잎을 먹었다고 한다. 과일로는 우리나라에 밤과 대추가 많이 생산되고, 복숭아, 오얏, 잣 등도 있었으며, 중국 문헌에 의하면 매실, 살구, 앵두, 배, 모과, 감, 포도, 석류, 호두, 개암 등이 있었다고 한다.

1) 식생활

부여, 고구려, 옥저, 예, 한 등 부족국가를 이루고 있던 연맹왕국 시대에는 농업이 주업이었다. 각 부족은 자기 부족 지역의 풍토에 맞추어 마, 기장, 조, 보리, 콩의 오곡과 벼농사를 실시하고 잣, 마, 밤 등을 재배하였다. 각 부족의 명물로 부여에는 명마(名馬)가 있었고 양축(養畜)을 잘했으며, 한(韓)에는 소, 돼지, 세미계(細尾鷄 : 꼬리 긴 닭)를 들고 있다. 또한 예에는 과하마(果下馬 : 과일 밑을 걸어갈 정도로 작은말)가 있었고, 고구려에는 부경(桴京)이라는 작은 창고가 집집마다 있어서 산출이 많은 곡물을 저장하였음을 알 수 있다. 이 시기는 농업이 주업으로 곡물요리를 개발하여 시루와 연석 등을 사용한 찐 떡과 발형토기에 끓인 죽, 호형토기에 담은 술과 장 등의 발효식품이 있었고, 우리나라는 삼면이 바다로 근해어업으로 인한 다양한 종류의 어패류가 있었으며, 여기에 소금을 사용하여 절인 많은 종류의 젓갈이 있었을 것으로 추정된다.

발형토기

호형토기

[그림 4-1] 발형토기와 호형토기

2) 제천의식(祭天儀式)

각 부족국가는 농사가 잘 되기를 바라는 기풍과 기복, 추수감사의 의미로 신에게 제사를 드렸다. 고구려는 10월에 동맹이라는 제천을, 부여는 정월에 영고라는 제천을 드렸고, 예는 10월에 무천이라는 제를, 한은 5월과 10월에 제를 지냈는데 제를 지낸 후 남녀가 모여 모두 함께 '음식가무(飮食歌舞)'하며 밤을 새웠다고 한다. 이 행사는 개인 본위가 아닌 부족 전체가 드리는 공동체적 의식이 표출된 것이었으며, 이때의 음식차림은 공동체 양식이었을 것으로 생각 된다.

아직도 고사행의나 무속행의 등에서 시루에 찐 떡과 돼지머리와 술을 동이에 담아 올려놓고 제를 지내는 것은 고대 제천의식의 음식차림에서 유래되었다고 볼 수 있다. 따라서 우리의 음식과 상차림의 근원적 양식은 부족사회 환경에서 형성된 공동체적 식생활 양식의 유형이라고 할 수 있다.

3) 맥적(貊炙)

부족국가 시대에 불고기의 원조인 맥적이 등장 하였다. 맥적은 맥족들이 해먹던 음식이고, 고기에 부추와 마늘 등의 훈채를 넣고 발효식품인 장으로 조미하여 구워먹는 한국식 고기구이의 원형이라고 볼 수 있다. 맥적은 여러 가지 육류를 큼직하게 썰어 훈채를 곁들여 장으로 양념하여 구워먹은 음식으로 오늘날의 너비아니구이로 발달하였다. 고기음식은 농업과 관련된 제천의식과 무속신앙, 부락의 안녕을 기원하는 부락제 등을 행할 때 제물로 올렸던 것과 연결시킬 수 있다.

이러한 풍습은 우리 선조들이 고대 생활에서 수렵을 숭상하고 가축을 잘 사육하면서 살던 생활에서 비롯된 유습으로, 농업을 시작한 후에도 가축 기르기를 중요시 하였다. 부족국가의 하나인 부여에서는 관직명으로 마가(馬加), 우가(牛加), 저가(豬加), 구가(狗加) 등을 붙이고 있다. 이것은 생산수단인 유목이 짐승별로 분업화했던 취락 단위가 차츰 중앙 집권화할 필요를 느끼면서 그대로 관직명이 된 것으로, 유목에서 농경으로 옮겨가는 과도기의 취락 단위였음을 말해 주는 것이다. 이 같은 환경에서 고기요리의 솜씨가 일찍부터 출중하였다.

맥적은 주재료인 고기(소, 돼지, 개 등)에 훈채(마늘, 부추, 파)를 넣어 장으로 양념하고 꼬챙이에 끼워 불에 구운 고기음식이다. 이 때 훈채는 냄새를 가진 채소로 맛의 향상뿐만 아니라 부패방지와 누린내 방지 등의 역할을 하였다.

맥적에 관한 문헌적 자료를 살펴보면, B.C. 5세기경 관혼상제에 관한 것을 기술한 중국의 『의례(儀禮)』에는 '맥적은 장이 없다(貊炙曰無醬).'라고 기록되어 있다. 이는 우리나라 고기음식은 미리 조미한 것으로 장을 따로 내놓지 않았기 때문이다. 중국에서 고기요리를 먹을 때 굽거나 삶아서 장에 찍어 먹는 것과 달랐기 때문인 것으로 사료된다. B.C. 1세기경 전한의 세성이 쓴 『예기(禮記)』에는 적(炙)은 꼬챙이에 꽂아 불 위에서 굽는 것이라고 설명하고 있다. A,D. 4세기경 진나라 간보가 저술한 소설책인 『수신기(搜神記)』에는 '맥적이란 이민족의 음식으로 중국 사람들이 즐겨 잔치상에 빠지지 않는다.'라고 기록되어 있어 맥적은 우리나라뿐만 아니라 중국에까지 최상의 호찬으로 각광 받았던 것 같다.

이러한 고기음식은 식용으로 쓸 수 있는 고기급원의 제한으로 고기음식이 상용음식으로 보편화 되지 못하고 행사음식으로 주로 쓰였다. 그러나 고기요리의 솜씨는 급원의 제한성에서 오는 부위별 요리법 발달과 습열조리법의 발달, 양념배합의 우수성 등 조리솜씨를 증진시켜 오늘날의 특미로 발달하여 왔다.

2. 중농정책환경

삼국시대는 본격적인 농업국으로 발전하며 철기문화를 흡수하여 생산기술의 혁신을 가져왔으며, 중국을 통하여 불교가 전래되었다. 고구려・백제・신라 삼국은 농업을 기본산업으로 하였으며, 철기문화가 뿌리내림에 따라 철제 농기구가 보급되었고, 소를 이용하여 경작했으며, 관개농경으로 농산물의 생산량이 늘어나 강력한 국가체제가 성립되었다. 이러한 환경에서 농업이 본격화 되었다. 특히 벼농사의 적합한 토지를 가진 백제는 쌀농사가 증진되어 조세를 미곡으로 납입하였다.

삼국시대에는 벼의 생산량이 많아지고 보리, 조, 기장, 메밀 등의 곡류와 상추, 가지, 무, 박, 마, 복숭아, 개암 등의 채소와 과일류를 재배하였고, 삼면이 바다인 관계로 생선, 조개류, 해초 등의 해산물도 많이 확보하였다.

1) 삼국의 농경

백제는 서해안이 비옥한 평야를 차지하고 벼농사가 가장 활발하였으며, 벼농사와 쌀밥이 가장 먼저 전파되었다. 북쪽에 위치한 고구려는 한랭하여 기후와 풍토에 따라 주로 조농사가 많았으며 조세를 조로 내었다. 신라는 보리농사를 주로 하면서 벼농사도 하였는데 후기에 이르러서는 농업기술의 향상과 함께 벼농사 지역을 영토로 점령하여 미곡이 증산되었다.

2) 주・부식 분리형 일상식의 기본 구조 확립

삼국시대에는 중국에서 철기문화 들어온 시기로 철솥이 발달하게 되고 중농정책으로 곡물이 증산됨에 따라 곡물을 중심으로 하는 쌀밥, 보리밥, 조밥 등이 주식이 되고 수조육류, 어패류, 해조류, 채소류를 이용한 반찬이 부식이 되어 주부식 분리형으로 정착되었다. 따라서 삼국시대 후기에 주・부식의 분리형의 일상식 양식(日常食 樣式)의 구조가 확립되었다.

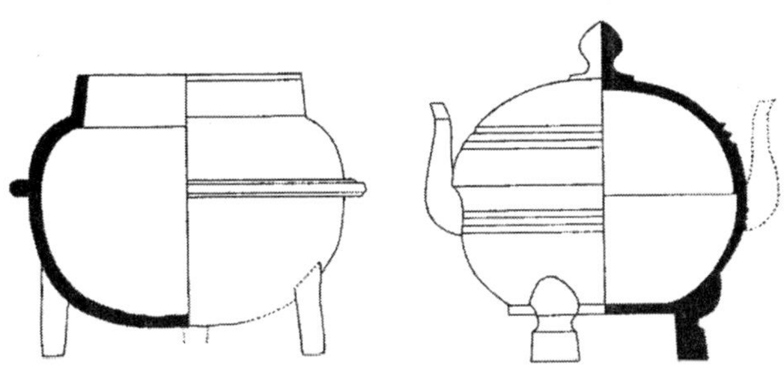

[그림 4-2] 고분에서 발굴된 솥의 모형도

3. 숭불환경

고려는 불교를 국교로 하고. 토지제도를 개혁하여 농업을 장려하여 식량생산에 힘을 기울였다. 그리고 불교가 융성함에 따라 숭불사상의 환경에서 육식을 절제하였으며, 채소음식의 발달로 침채형 김치의 체계가 잡혀 우리나라 김치의 전통이 확립되었다. 농업기술 발전과 함께 채소의 재배도 향상되어 침채류 외에도 쌈 싸기 등이 성행하였으며 사찰음식이 발달하였다.

또한 고려 초기부터는 어양(漁梁)어업이 발달하였는데 고려의 숭불사상과 어양세 등이 어업을 저해하는 면도 있었으나, 비교적 조개류와 해조류는 많이 식용으로 하였다. 수조육류는 고려 초기에는 불교의 영향으로 식용을 극히 삼가고 있었으나, 후기에 몽고의 지배하에 들어서부터 고기 음식의 섭취가 다시 증대되고, 고기요리 솜씨도 복원하여 발전하였다.

1) 병과류의 발달

고려는 권농정책 및 개간사업을 적극 추진하여 농업이 성하였으며 양곡이 증산되었다. 이러한 환경에서 곡물음식이 발달하였는데 곡물음식 중에 보편적이고 토착성이 깊은 떡의 조리법이 고도화 하였다. 또한 불교와 함께 들어온 차문화로 차와 함께 먹는 밤다식, 깨다식, 콩다식 등의 다식류와 같은 과정류가 발달하였다.

다식

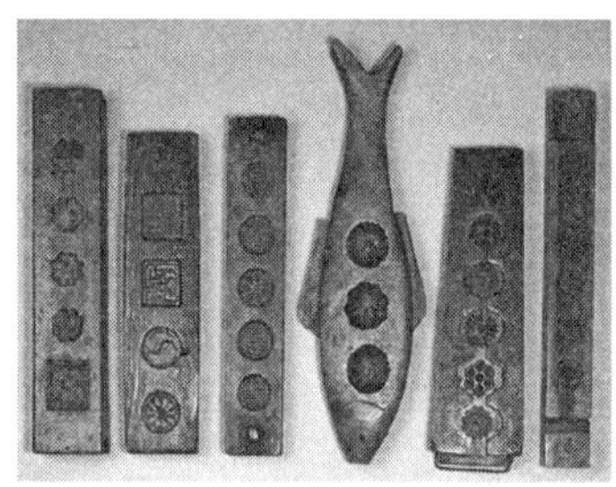
다식판

[그림 4-3] 다식과 다식판

2) 차문화의 발달

우리나라에 차가 전래된 것은 신라 27대 선덕여왕(632-647)때이고, 신라 42대 흥덕왕 3년(823)에는 김대렴이 당나라에 사신으로 가서 茶씨를 가져와 지리산에 파종하였고, 지리산에서 번식하여 21개소의 茶所에서 나라에 차를 바쳤다고 한다. 숭불환경에서 음다(飮茶)풍습은 최고의 극성을 이루었다. 따라서 국가 행사인 팔관회, 연등회 등에서 차를 마셨으며, 고려시대에는 왕공(王公), 귀족, 사원 등에서 음다풍속이 성행하였고, 차를 올리는 의식인 진다례(進茶禮)가 발달하였다. 또한 차와 함께 먹는 다식이 발달하였는데, 다식은 차와 함께 먹는 과정류로 깨다식, 밤다식, 흑임자다식, 송화다식 등이 있다. 이러한 차문화 환경에서 차를 마시는 다기(茶器)와 다과상(茶菓상)차림이라는 특별음식상 양식이 새로이 형성되었다. 이 외에도 다정(茶亭), 다촌(茶村), 다방(茶房), 다도(茶道) 등이 생겼다.

고려시대는 이와 같이 미곡 증산과 숭불환경에서 茶문화와 병과류(甁菓)가 발달하게 된다. 또한 고려시대는 대외 무역이 활발하여 외국상인들이 머물 객관을 개설하게 되므로 객관요식업이 발달하였는데, 이는 또한 음식개발의 계기가 되었다고 볼 수 있다.

4. 유교환경

조선시대는 유교를 국교로 하면서 지금까지의 식생활에 변화를 가져왔는데 신분차별과 절차의 형식화를 중요시하게 되었다. 조선시대는 사대부에 의해 지배되던 사회로 유교적 학문의 수련이 요구되고 유교가 국가 통치 이념이자 생활 규범이었으므로 식생활에 있어서도 상차림의 격식, 식사예절, 식사내용 등에 있어 유교적인 색채가 깊게 반영되어 있다. 또한 농사와 관련된 과학의 발달로 측우기, 풍양관측기(풍향, 풍속) 등이 발명되어 농사에 도움을 주게 되었고, 농업의 체험을 모은 우리 농서를 발간하여 중국의 것에 의존하던 것에서 탈피하여 농사생활 및 농업기술의 향상에 기여하였다.

1) 음다(飮茶)의 쇠퇴

조선시대는 유교가 국교로 되면서 배불숭유 정책을 시행하였다. 이에 따라 불교의 공불음식이었던 유밀과의 사용이 금지되고 불교의 상징인 차의 음용을 기피하였다. 따라서 고려시대에 극성을 이루었던 음다 풍속이 쇠퇴하면서 차 대신 숭늉을 마시게 되었고 숭늉의 맛에서 아쉬움을 느껴 막걸리를 상용하게 되면서 음주문화가 발달하였다.

2) 식생활 규범 정착

조선시대에는 직계 중심의 가부장권 대가족 제도가 엄격하여져서 대가족의 유대와 결속 및 가문의 번영이 중요시되었다. 이러한 대가족제도의 형성은 경노사상, 남존여비 사상 등과 함께 가정을 중심으로 한 음식문화가 격조 있게 발달하면서 한국음식의 전통을 정비하고 반상차림, 물림상제도 등 식생활의 생활규범이 토착화 되었다. 대가족 제도에서 여러 대가 함께 살림을 하면서 여러 연령층의 식생활 관리를 하게 되었고, 통과의례 행사가 발달하였다. 각 의례 때마다 그 의례를 상징하는 음식을 준비 하였고 冠, 婚, 喪, 祭 등 생활의 규범이 만들어졌다. 또한 명절마다 명절음식을 준비하고, 계절이 바뀌면 제철에 생산되는 식품으로 시식음식을 마련하여 가족이나 이웃과 나누었으므로 세시음식이 발달하였다.

3) 식생활관련 서적 편찬

조선시대는『산림경제』,『증보산림경제』,『규합총서』,『사시찬요초』 등의 식생활과 관련된 문헌들이 편찬되었다.

또한 한방과 관련된 문헌인『동의보감』,『향약집성방』,『의방유취』 등의 의·약학 연구 문헌이 간행되어 우리나라 생약재의 이용이 신장되었다. 따라서 술이나 죽, 음청류나 떡 등 음식에 한약재료(꿀, 인삼, 계피, 잣, 생강, 오미자, 당귀, 대추 등)를 많이 사용하였으며, 약선음식이 발달하고 음식이름에 '약'자를 사용한 약반(藥飯), 약과(藥菓), 약념(藥念), 약주(藥酒) 등이 있었다.

이러한 환경에서 양생음식이 발달하여 약식동원(藥食同原)이 식생활에 보급되었다. 이는 사회환경과 식생활 문화가 밀접하게 관계되어 있음을 보여준다.

[그림 4-4] 증보산림경제(김치박물관)

5장

상차림과 식사예절

1. 일상식 상차림

상차림이란 한 상에 차려지는 주식류와 찬품을 배선하는 방법을 말한다. 우리나라의 일상식은 반상차림으로 주·부식이 구별되어 있으며, 부식의 가짓수가 많다. 반상차림은 우리의 고유한 상차림으로 주식의 종류에 따라 죽상, 면상, 만두상, 떡국상 등이 있다. 반상차림은 삼국시대말경에 한국고유의 주·부식 분리 유형의 일상식 구조를 형성하게 되면서부터 지금까지 이어져 왔으며 한국음식의 상차림이 반상차림으로 설정된 것은 조선시대이다.

연회나 잔치 때에 손님을 대접할 때는 교자상 차림으로 주식과 부식의 구분적인 구별 없이 여러 음식으로 구성되어 차린다. 간단한 접객 대접 시에는 주안상차림(술상). 면상차림(국수장국)등으로 대접하고, 혼례나 회갑연 등에는 큰상을 고이고, 제례에는 밥상과 교자상의 복합형인 제례상차림이 있다.

1) 반상(飯床)차림

(1) 반상차림의 특징

반상차림은 밥을 주식으로 차리는 상으로 밥과 반찬으로 구성되며, 밥이 주격이고 반찬은 부격 음식으로 반찬은 밥에 맞추어 선정된다. 반상차림은 밥과 반찬의 내용이 영양, 맛, 시각 등에서 상호 보완형으로 합리성과 조화성을 이루고 있다. 또한 동양철학의 음양 관계와 관련되어 있으며 하나만으로는 기능 발휘할 수 없음을 나타낸다.

반상차림은 상대적이면서도 대응적인 관계로 상위에 전부 차려져 나오는 공간전개형의 식생활 양식이다. 반상은 뚜껑이 있는 반찬(첩)의 수에 따라 3첩, 5첩, 7첩, 9첩, 12첩이라는 독특한 형식을 갖추고 있으며 첩수가 많아질수록 맛이나 색상의 배합, 음식의 냉·온, 식품의 배합 등이 조화를 이루어 더욱 다양해진다. 7첩 이상은 원반 외에 곁반을 더 놓으며, 12첩은 궁중의 수라상 차림으로 일반인은 12첩은 차리지 않고 9첩까지로 제한되었다. 우리나라의 반상차림은 과학적으로, 찬의 종류가 한 상위에 같은 식품재료와 같은 조리법이 중복되지 않게 차린다. 또한 가장 간단한 삼첩반상에도 국, 김치, 생채, 구이나 조림, 마른 반찬이나 장아찌를 올려 곡물음식, 나물음식, 숙채음식, 발효음식, 육류나 어류 등 골고루 배합될 수 있어 영양상 균형을 이루어 현대 영양학적 관점에서도 과학적이고 합리적인 상차림이다.

[표 5-1] 반상차림의 구성

<table>
<tr><th rowspan="3">첩</th><th colspan="7">기본음식
(첩수에 들어가지 않는 음식)</th><th colspan="11">찬품
(첩수에 들어가는 음식)</th></tr>
<tr><th rowspan="2">밥</th><th rowspan="2">국</th><th rowspan="2">김치</th><th rowspan="2">장류</th><th rowspan="2">찌개</th><th rowspan="2">찜</th><th rowspan="2">전골</th><th colspan="2">나물</th><th rowspan="2">구이</th><th rowspan="2">조림</th><th rowspan="2">전</th><th rowspan="2">마른찬</th><th rowspan="2">장과</th><th rowspan="2">젓갈</th><th rowspan="2">회</th><th rowspan="2">편육</th><th rowspan="2">수란</th></tr>
<tr><th>생채</th><th>숙채</th></tr>
<tr><td>3</td><td>1</td><td>1</td><td>1~2</td><td>1</td><td></td><td></td><td></td><td colspan="2">택 1</td><td colspan="2">택 1</td><td></td><td colspan="3">택 1</td><td></td><td></td><td></td></tr>
<tr><td>5</td><td>1</td><td>1</td><td>2</td><td>2</td><td>1</td><td></td><td></td><td colspan="2">택 1</td><td>1</td><td>1</td><td>1</td><td colspan="3">택 1</td><td></td><td></td><td></td></tr>
<tr><td>7</td><td>1</td><td>1</td><td>2</td><td>3</td><td>2</td><td colspan="2">택 1</td><td>1</td><td>1</td><td>1</td><td>1</td><td>1</td><td colspan="3">택 1</td><td colspan="2">택 1</td><td></td></tr>
<tr><td>9</td><td>1</td><td>1</td><td>3</td><td>3</td><td>2</td><td>1</td><td>1</td><td>1</td><td>1</td><td>1</td><td>1</td><td>1</td><td>1</td><td>1</td><td>1</td><td colspan="2">택 1</td><td></td></tr>
<tr><td>12</td><td>1</td><td>1</td><td>3</td><td>3</td><td>2</td><td>1</td><td>1</td><td>1</td><td>1</td><td>2</td><td>1</td><td>1</td><td>1</td><td>1</td><td>1</td><td>1</td><td>1</td><td>1</td></tr>
</table>

반상차림은 신분의 높고 낮음과 관계없이 누구에게나 독상차림이 원칙으로 이러한 상차림은 가부장제도와 존장주의에서 유래 되었다. 따라서 그릇과 밥상이 1인용으로 발달하였다. 가정의 어른이나 빈객 등과 옛날의 하인들에게도 조석상은 외상차림이 원칙이었다. 그러나 허물이 없는 형제·자매·모녀·조모손 사이에는 겸상을 차렸으며, 셋겸상, 넷겸상까지 있었다.

또한 음식의 놓이는 장소가 정해져 있어 차림새가 질서정연하며, 식사예법이 엄격하다. 반상에는 식사에 앞서 피로를 풀고 식욕을 돋구는 의미로 반주가 올랐다. 수질이 좋고 농업국이며 장양이 발달한 우리나라는 술문화가 발달하였다. 따라서 계절이 맞추어 가정에서 빚는 가양주를 올렸는데, 대체로 저녁밥상에 반주가 따랐다. 반주는 봄, 가을, 겨울에는 약주류를, 여름에는 약소주류를 올렸다고 한다.

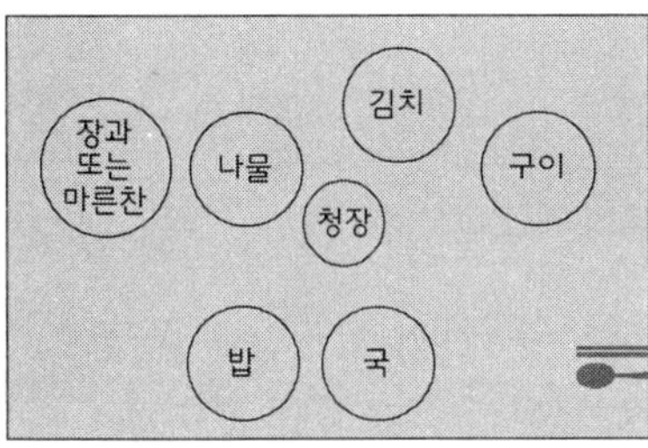

3첩반상의 예

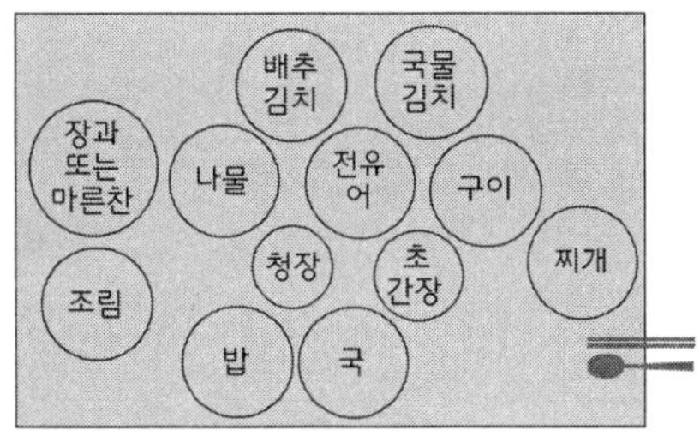

5첩반상의 예

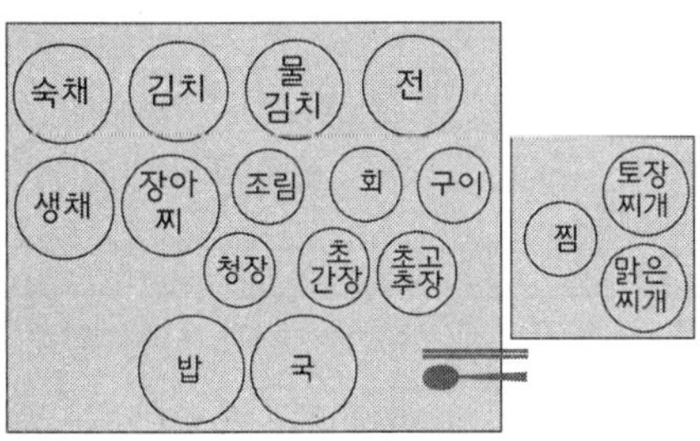

7첩반상의 예

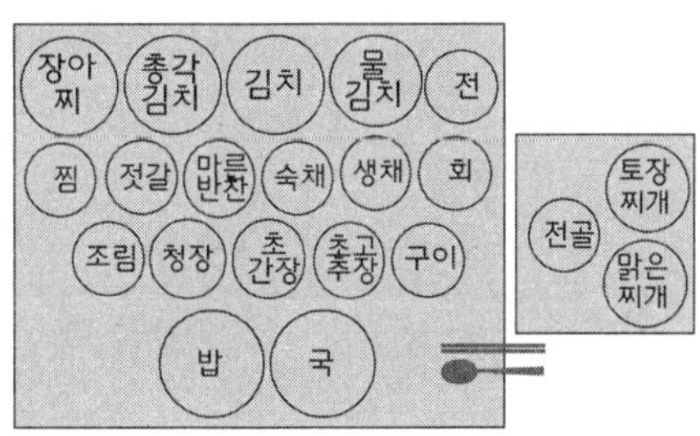

9첩반상의 예

[그림 5-1] 3첩 · 5첩 · 7첩 · 9첩 반상차림

(2) 반상기

반상기는 반상에 쓰이는 그릇을 말한다. 반상기 중에서 밥그릇, 국그릇, 수저는 가족 전원이 각자 자기 것을 가지며 밥그릇, 국그릇과 수저는 남자와 여자의 것이 다른데, 남자 것은 크고 여자 것은 작다. 반상기는 뚜껑이 있어서 위생적이며 냄새가 혼합되지 않는다. 반상기는 담는 음식에 따라 이름이 다르며 밥은 남자는 직선형의 주발에, 여자는 선이 고운 발이에 담는다. 밥 담는 그릇을 반기, 국 담는 그릇은 탕기 혹은 갱첩이라고 하고, 찌개는 조치보에, 전골은 남비에, 찜은 조반기에 담는다. 반찬을 담는 그릇은 쟁첩이라고

하며 크기가 모두 같으며 쟁첩에 담는 것만 첩수에 들어간다. 김치 담는 그릇은 보시기, 장을 담는 그릇은 종지, 숭늉을 담는 그릇은 대접이라고 한다.

상은 네모지거나 둥근 것을 사용했으며 반상기는 겨울에는 유기(놋그릇)나 은기반상기를, 여름에는 사기반상기와 자기반상기를 사용한다.

첫돌에는 아기에게 자기의 밥그릇, 국그릇, 수저를 준비해주고 성장하면서 큰 것으로 바꾸어준다. 혼례를 치룰 때에 신부는 신랑과 신부의 밥그릇, 대접, 수저를 혼수로 준비하고 평생 간수하면서 사용한다.

(3) 상차림의 원리

반상차림의 배선법은 밥은 상을 받는 분을 기준으로 맨 앞쪽 왼쪽에, 국은 오른쪽에 올리고, 수저는 상의 오른쪽에 놓는데 숟가락이 앞쪽이고 젓가락이 뒤쪽에 위치하도록 놓는다. 조치는 국 뒤쪽에 놓는데 쌍조치일 경우에는 양쪽에 올리며, 찜은 조치 뒤에 놓는다. 장종지는 밥에서 가장 가까운 곳에 놓고, 반찬은 장과 김치 사이에 배선한다. 김치는 상 맨 뒷줄에 놓되 동치미 등 국물김치는 쉽게 떠먹을 수 있게 오른쪽에 오도록 한다. 일반적으로 오른쪽은 동물성 재료로 만든 음식과 따뜻한 음식을 놓고, 왼쪽은 식물성 재료로 만든 음식과 밑 반찬류를 배선한다.

겸상으로 차릴 때는 상 중앙에 장종지와 김치보시기를 놓고 각 사람 앞으로 밥그릇과 국그릇을 올리며, 밥과 국과 김치사이에 반찬류를 올린다. 조치는 윗어른을 중심으로 국그릇과 반찬사이에 놓고, 윗어른을 중심으로 오른쪽은 동물성, 왼쪽은 식물성 재료로 만든 음식을 올린다.

(4) 상의 종류

상은 형태에 따라 둥근 모양의 원반, 가정에서 흔히 사용하는 사각 모양의 네모반(책상반), 아기 돌에 사용하는 팔각반 등이 있다. 또한 다리모양에 따라 분류하면 호랑이 다리처럼 굽이 바깥쪽을 향해 끝이 올라간 호족반과 원형으로 다리의 굽이 안을 향하게 만든 구족반 등이 있다. 상은 상을 만든 생산지에 따라서 나주반, 해주반, 통영반 등으로 분류하기도 한다.

7첩 이상의 반상일 때는 한상에 모두 놓을 수 없어 보조상의 개념인 곁반(곁상)을 놓는다. 반상차림은 외상차림이 원칙이나 환경의 변화와 함께 점차 바뀌게 되었다. 따라서 한분이나 두분의 어른 외에는 여럿이 함께 둘러 앉아 먹는 두레 상차림으로 바뀌었다. 함께 모여 둘러 앉아 먹기 편하게 만든 둥근 상을 두레반이라고 한다.

[그림 5-2] 상의 종류

(5) 상 올리기

상을 올릴 때는 상을 두 손으로 들어 허리위로 하고 머리를 약간 굽힌 정도로 나른다. 상은 반기가 어른 앞에 놓이도록 미리 방향을 맞추어서 들어야 하며 상 올릴 때의 예절은 다음과 같다.

① 손님에게 편하도록 밥, 국, 찌개, 쟁첩에 담은 찬품들과 수저 등을 알맞은 위치에 놓는다.

② 상을 올리기 전에 먼저 식시하실 준비가 되있나를 확인하고 웃어른이나 손님을 중앙에 앉으시도록 한다.

③ 음식을 차린 상을 들 때는 상드는 사람 편에 김치가 놓이고 반대편에 잡수실 분의 밥과 국그릇이 가도록 한다. 양손으로 상 옆의 중앙을 단단히 잡고 팔꿈치의 높이 정도로 든다. 방에 들어가서 잡수실 분의 두어 걸음 앞에서 상을 내려놓는다. 그리고 상을 두 손으로 밀어 먹기 편한 위치에 놓는다. 곁상을 있을 경우 상을 올리고 다시 곁상을 올린다.

④ 쟁첩과 종지의 뚜껑은 식을 염려가 없는 장, 김치부터 차례로 두 손으로 열고, 마지막에 국과 밥의 뚜껑을 열어 포개어 곁상이나 쟁반에 옮

겨 담는다.

⑤ 많이 드시도록 인사말을 드리고 옆으로 물러앉아서 식사가 끝날 때까지 시중을 들거나, 인사말을 하고 일어서서 뒷걸음으로 나온다.

⑥ 전골이 있을 때는 드시는 분이 보는 앞에서 끓여 그릇에 덜어서 상에 놓아 드린다.

⑦ 식사가 끝나면 국그릇을 내리고 대접에 숭늉을 담아 올린다.

⑧ 상을 물릴 때는 뚜껑을 하나씩 덮어 상을 두 손으로 들고 일어나서 두어 발 뒷걸음으로 나와 문 앞에서 일단 상을 내려놓고 문을 연 다음, 상을 들고 나와 다시 상을 내려놓고 문을 닫는다.

2) 죽상차림

죽이나 미음, 응이 등의 유동식을 주식으로 하고 간단한 찬과 함께 차려지는 상차림을 말한다. 이른 아침 초조반이나 간단히 차리는 상차림으로 짜고 매운 찬을 올리지 않는다. 김치류는 국물이 있는 나박김치나 동치미를 올리고, 찌개는 젓국찌개나 소금으로 간을 한 맑은 조치를 올리며, 마른 찬 두 가지 정도 함께 차린다. 죽은 대용주식, 노인식, 보양식, 환자식, 별미식, 민속식, 구황식 등으로 쓰이며, 열량이 밥의 1/3~1/4 정도인 100g당 30~50 kcal이다.

[그림 5-3] 응이상차림

3) 면상차림

국수류를 주식으로 차리는 상을 면상차림 또는 장국 상차림이라고 한다.

주로 점심이나 간단한 손님 접대 시, 경사 때 점심으로 국수를 차리는 상차림이다. 주식으로는 온면, 냉면, 떡국, 만두국 등을 올리고 반찬으로는 김치, 장류, 생채나 숙채, 전, 찜, 편류, 음청류 등을 올린다. 술 손님인 경우에는 주안상을 낸 후에 면상을 낸다.

[그림 5-4] 면상차림

4) 교자상차림

평소 한 사람씩 차리던 외상차림을 명절이나 잔치 등 많은 사람들이 식사를 할 때 차리는 상차림이다.

[그림 5-5] 교자상차림

주로 연회나 잔치, 축하연, 명절 등에 차리는 상으로 밥, 면, 떡국, 만두 중 계절에 맞는 것을 내고 탕, 신선로, 찜, 전, 편육, 적, 겨자채, 마른찬, 수란, 생과, 조과, 화채나 식혜, 김치 등을 올린다. 대체로 고급 재료를 사용하여 여러 가지 음식을 차린다. 조선시대에는 마른 찬 위주로 차리는 건교자상 차림과 식사를 위주로 차리는 식교자상 차림, 건교자상과 식교자상 차림의 혼합 형태인 얼교자상 차림으로 분류하였다.

5) 주안상차림

손님을 대접하기 위해 차리는 술상차림이다. 술과 안주로 구성되며, 각 지역이나 가정마다 빚은 가양주와 마른안주나 얼큰한 안주음식과 과일이나 한과류로 차린다. 마른 안주로는 육포나 어포, 건어, 어란 등과 전이나 편육류, 김치류와 생채류를 올리고, 얼큰한 안주 음식으로는 찜, 전골, 고추장 찌개나 매운탕 등 중 한가지나 두가지를 올린다.

6) 다과상차림

식사 외에 손님에게 차와 다과를 함께 차려내는 상이다. 간단한 손님접대 시나, 교자상이나 주안상 후에 후식상으로 따로 내기도 한다. 계절에 맞는 떡, 한과류, 음청류를 고려하여 차리는데 각색편, 강정, 유밀과, 정과, 다식, 생실과, 숙실과 등을 화채나 식혜, 수정과, 차 등의 음청류와 함께 올린다.

2. 식사예절

우리 민족은 입고 먹고 사는 데에 일정한 질서를 세우고 살아온 민족이다. 조선시대는 정치는 물론 사회 규범이 유교의 가르침을 바탕으로 이루어졌으므로 음식 먹는 예절도 엄하게 지켜왔다. 현대의 음식의 형태는 예전과 많이 달라졌으나 음식에 대한 예절의 기본 마음가짐은 같다고 할 수 있다. 식사예절은 평상시에 몸에 익숙하도록 익혀 바른 식사습관을 확립하는 것이 중요하며 우리의 기본적인 식사예절은 다음과 같다.

① 어른이 먼저 수저를 든 다음에 아랫사람이 들도록 한다.

② 숟가락과 젓가락을 한 손에 들고 사용하지 말아야 하고, 젓가락을 사용

할 때에는 숟가락을 상 위에 놓는다.

③ 숟가락이나 젓가락을 그릇에 걸치거나 얹어 놓지 말고 밥그릇이나 국그릇을 손으로 들고 먹지 않는다.

④ 숟가락으로 국이나 김칫국물을 먼저 떠 마시고 나서 밥이나 다른 음식을 먹는다. 밥과 국물이 있는 김치, 찌개, 국은 숟가락으로 먹고, 다른 찬은 젓가락으로 먹는다.

⑤ 음식을 먹을 때는 음식 타박을 하거나 먹을 때에 소리를 내지 말고 수저가 그릇에 부딪쳐서 소리가 나지 않도록 한다.

⑥ 음식을 입속에 넣은 체 말하지 않는다.

⑦ 수저로 반찬이나 밥을 뒤적거리거나 헤치는 것은 좋지 않고, 먹지 않는 것을 골라내거나 양념을 털어 내고 먹는 것은 예의에 어긋난다.

⑧ 먹는 중에 수저에 음식이 묻어서 남아 있지 않도록 하고, 밥그릇은 제일 나중에 숭늉을 넣어 깨끗하게 비운다.

⑨ 여럿이 함께 먹는 음식은 각자 접시에 덜어 먹고, 초장이나 고추장 같은 장류도 접시에 덜어서 찍어 먹는다.

⑩ 음식을 먹는 도중에 뼈나 생선 가시 등 삼키지 못하는 것은 옆 사람에게 보이지 않게 종이에 싸서 버린다.

⑪ 식사 중에 기침이나 재채기가 나면, 얼굴을 옆으로 하고 손이나 손수건으로 입을 가려서 다른 사람에게 실례가 되지 않도록 한다.

⑫ 너무 서둘러서 먹거나 지나치게 늦게 먹지 않고 다른 사람들과 보조를 맞추어야 한다. 어른과 함께 식사할 때는 먼저 어른이 수저를 내려놓은 다음에 내려놓아야 한다.

⑬ 음식을 다 먹은 후에는 수저를 처음 위치에 가지런히 놓고, 사용한 냅킨은 적당히 접어서 상위에 놓는다.

⑭ 이쑤시개를 사용할 때에는 한 손으로 가리고 사용하고, 사용한 후에는 남에게 보이지 않게 처리한다.

3. 궁중의 상차림

조선왕조의 궁중음식은 일상식과 의례식으로 분류할 수 있으며 일상식은 12첩 반상차림인 수라상 차림이다. 의례식은 영접식, 가례식, 연회식(연향식),

제례식 등으로 나누며 각각 일정한 격식과 형식 속에 존재하였다. 영접식은 외국사신을 대접하기 위하여 차리는 상차림이고, 가례식은 궁중의 경사스러운 의례로 궁중의 혼례, 왕의 즉위, 왕세자나 왕세손의 책봉 등에 차리는 상차림을 말한다. 연회식은 궁중에 연회가 있을 때 차리는 상으로 궁중의 경사인 왕이나 왕비, 대비 등의 회갑, 탄신일, 등의 특별기념일에 차리는 상이다. 제례식은 궁중의 제사에 차렸던 상으로 조선왕조의 제사의 종류는 속절제, 정기제, 대사, 중사, 소사, 임시제, 상제 등 일곱가지로 나누어 드렸다.

궁중 음식은 음식재료인 식품의 배합이나 조리방법, 상차림 등을 훌륭하게 발달시킨 음식으로 청색, 적색, 황색, 백색, 흑색 등 골고루 들어있으며 오미를 균형있게 조화하여 조리한 음식이다. 오늘날의 메뉴인 찬품단자는 음식발기라고도 하며 음식에 사용되는 모든 품목과 수량을 기록하고, 한상에 차리거나 한 끼에 올리는 음식을 모두 기록한 식단표를 말한다.

1) 수라상 차림(궁중의 일상식)

궁중의 일상식은 수라상 차림으로 왕이 평소에 받으시던 진지상을 말한다. 수라상 차림은 반드시 외상차림으로 겸상은 차리지 않는 것이 원칙이다. 궁중에서는 하루에 상을 다섯번 차리며 수라상은 12첩 반상차림으로 차림과 식사예법이 매우 까다롭다.

(1) 초조반

궁중에서는 아침 7시 전에 초조반을 올리는데 아침 수라 전이므로 죽, 응이, 미음 등의 죽수라와 수란, 포, 마른찬, 나박김치나 동치미 등의 김치를 올린다. 수라를 담는 그릇은 추석에서 다음해 단오 때까지는 은기(銀器)나 유기(鍮器)반상기를 사용하고, 단오 때부터 추석 전까지는 사기 반상기를 사용하였으며, 수저는 1년 내내 반드시 은수저를 사용하였다.

(2) 아침수라

아침수라는 10시경에 올리는데 12첩 반상차림이다. 기본음식으로 흰수라와 팥수라, 미역국과 곰탕, 세 가지 김치와 장 세 가지, 쌍 조치, 찜 또는 선,

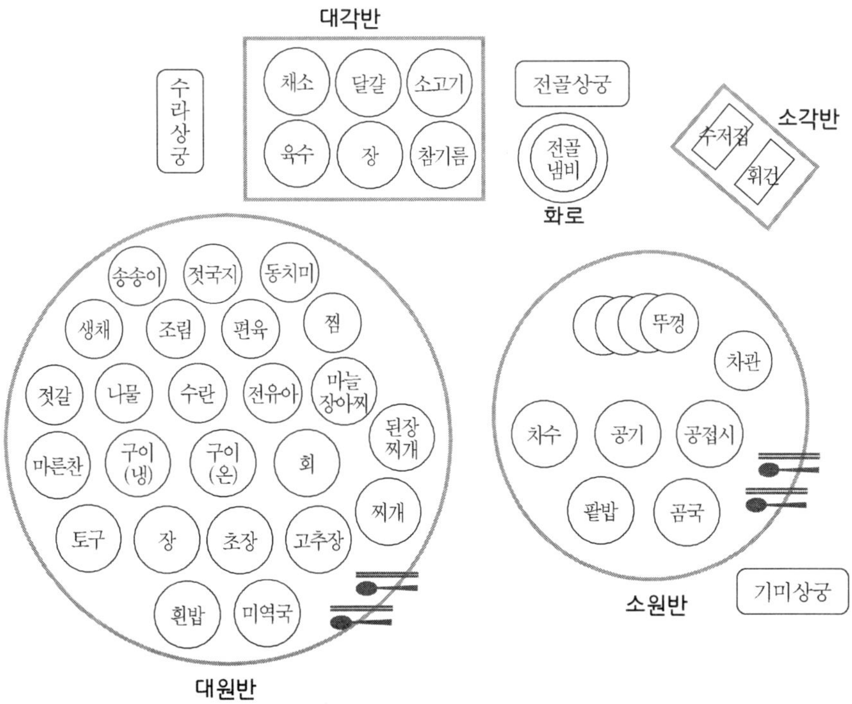

[그림 5-6] 수라상

전골 등과 숙채, 생채, 더운구이, 적, 전유어, 조림, 마른 찬, 회, 편육, 장아찌나 장과, 젓갈 등 12가지 찬으로 구성된다.

수라상은 대원반과 곁반인 소원반, 대각반(사각반)의 세 개의 상이 차려진다. 작은 사각반에는 수저집과 휘건을 놓는다. 왕이 받는 상에는 그릇 뚜껑의 꼭지가 없고 , 왕비가 받는 상은 그릇 뚜껑에 꼭지가 있다. 왕의 수라를 담당하는 상궁을 수라상궁이라고 하며, 왕이 수라를 드시기 전 바로 옆에서 대기하고 있던 상궁이 먼저 음식의 맛을 보는데 이는 음식의 독의 유무를 검사하는 것으로 이러한 상궁을 기미상궁이라고 한다.

(3) 낮것상

궁중의 점심은 낮것이라고 하며 2시경에 올리는데 간단한 죽이나 응이 등을 올리거나 떡, 과자, 차 등으로 차려진 다과상으로 가볍게 차려진다. 특별한 탄신일이나 명절에는 국수, 만두 등으로 차려진 면상을 차렸다.

(4) 저녁수라

저녁수라는 5시경으로 아침수라와 같이 12첩 반상으로 차려지는데, 아침과 다른 재료와 조리법을 사용해 같은 것이 상에 오르지 않도록 한다.

(5) 야참

밤에는 야참을 올리는데 밤 9시경으로 면, 약식, 식혜, 타락죽, 과일 등을 올린다.

2) 궁중 음식상의 문화적 의미

(1) 친분관계 상징

음식은 다른 사람과 함께 친교하는 수단으로 친분관계를 상징하며, 음식을 상대방에게 줄 때 이런 의미가 더욱 커진다고 한다. 연회 때 어상에 올랐던 진연음식은 퇴선 후 종친과 신하 등에게 몇 가지씩을 그대로 싸서 종친이나 고관들의 집으로 보내어진다. 궁중에 연회가 있을 때면 상에 높이 쌓아올렸던, 즉 고였던 고배 음식은 하사품으로 하사하였다. 이는 음식을 매개로 한 친분관계 확인 및 충성의 의미가 있다고 본다.

(2) 권위 상징

음식은 힘과 권위를 상징한다고 한다. 궁중음식은 이를 잘 표현하고 있다. 연회식에는 상위에 음식을 높이 고이는데 이는 왕의 권위나 권력을 상징한 것으로 보인다. 또한 궁중음식은 일반 반가의 음식과 차별화하여 12첩 반상 차림으로 차렸다. 아무리 높은 양반층이라고 해도 차릴 수 있는 상이 9첩 이하이므로 12첩은 궁중에서만 차리는 상차림으로 이는 왕의 권위를 상징하고 차별화를 시도하였다. 조선시대 말기로 내려오며 궁중에서 내빈들의 연회상을 차릴 때 한사람 한사람 외상차림이던 상차림이 교자상차림으로 바뀌게 되는데 이는 조선왕조의 힘이 약화된 것과 관련이 있다고 보여진다.

6장

의례식 상차림(통과의례)

한국의 상차림은 일상식 상차림과 의례식 상차림으로 구분한다. 일상식은 보통 때 매일 먹는 음식으로 반상차림이고, 의례상차림은 각 의례마다 그 의례의 의미를 상징하는 특별한 음식상을 차렸다. 통과의례란 민속학에서 쓰는 말로 사람이 태어나서 한 평생을 사는 동안 치르게 되는 여러 가지 크고 작은 고비를 지날 때마다 치르는 의식 또는 의례를 말한다. 우리나라에서 시행하고 있는 통과의례에는 출생, 삼칠일, 백일, 돌, 관례, 혼례, 회갑, 고희, 상례, 제례 등이며, 모든 사람들이 누구나 한번 씩 거치는 통과의례이다. 모든 의례에는 각각 규범화된 의식이 있으며 빠짐없이 식품이나 음식을 차렸다. 의례음식에는 떡, 과일, 유과류, 전, 적 등을 차리나 가장 대표적인 음식은 떡이다.

의례상차림에는 축의의 상차림과 제의의 상차림이 있으며, 축의의 상차림에는 기복(祈福)과 반복(頒福), 발화(祓禍)의 의미가 내재되어 있다. 기복은 복을 기원한다는 의미이고, 반복은 축복받은 것을 나눈다는 의미이며, 발화는 화를 면하게 한다는 의미이다. 우리 조상들이 지켜왔던 통과의례에 관련된 풍습은 오랜 시간을 지나며 여러 세대를 거쳐 지켜 내려와 오늘에 이르렀으며 통과의례의 풍습과 각 의례마다의 음식은 다음과 같다.

1. 출생(出生)

1) 태교

아이를 임신한 임산부는 임신기간 동안 태아를 위하여 생각, 행동, 음식 등에 각별한 주의를 하는데 이를 태교라고 한다. 임산부는 특히 먹는 것을 가려서 먹었는데 태아에게 좋은 음식을 먹고, 임신 중 먹지 말아야할 금기식품은 먹지 않았다. 또한 임산부는 태아를 위하여 모든 행동을 바르게 하고 정상적인 아기로 순산할 수 있도록 기원하였다. 태교 중에는 혐오식품이나 흠집있는 과일 등 모양이 이상하거나 정상이 아닌 것들은 태아에게 영향을 미친다고 하여 섭취를 금하였다. 『규합총서』에 의하면 임신 중에 피해야 할 식품으로 말고기, 개고기, 토끼고기, 비늘 없는 물고기, 방게, 닭고기, 오리고기, 새고기, 술, 자라고기, 생강술, 의이, 엿기름, 메기, 양고기, 비름나물, 버섯 등을 임산부의 금기식품으로 기록하고 있다.

2) 출산

(1) 출산시의 풍속

아기가 태어나면 태를 자른 후 따뜻한 물에 부드러운 천이나 풀솜을 적셔 온몸을 닦아주었다. 그러고 나서 감초 달인물이나 들기름. 미나리즙, 인삼 달인 물을 세 번 입에 넣어주거나 들기름을 풀솜에 무쳐 입안을 닦아주었는데 이는 잡병을 예방하는 의미이다. 아기를 낳은 후 3일이 되면 엄마의 젖을 먹이는데 젖이 많을 때는 짜서 냇물이나, 굴뚝밑, 장독, 우물가 등 귀한 곳에 버렸다.

아기가 태어나면 금(禁)줄을 치는데 삼칠일까지 대문에 걸어 두었다. 금줄은 아무도 들어오지 말라는 뜻으로 아들을 출산하면 숯과 빨간 고추를 매달고, 딸을 출산하면 숯과 솔잎을 짚으로 된 새끼줄에 끼워서 걸어서 타인의 출입을 금하였다. 이는 저항력이 약한 아기와 산모를 외부로부터 보호하고 신의 가호아래 두려는 의미이다. 아기의 이름은 바로 짓지 않고 100일 이전에 지었는데 이는 유아 사망률이 높았기 때문이다.

(2) 삼신상(三神床)차림

아기가 태어나면 삼신상을 차린다. 삼신상차림은 산신상(産神床) 차림이라고도 하는데 이는 해산을 주관하는 포태신인 삼신에게 아기의 탄생과 순산을 감사하는 제이다. 삼신상 차림은 각각 흰쌀밥 세 그릇과 소미역국 세 그릇을 장만하여 산신께 바치고 산모와 아기의 건강이 회복되기를 축원하는 풍속이다. 이 의식이 끝나면 삼신상에 올렸던 쌀밥과 미역국은 산모가 첫국밥으로 먹었다. 우리나라 풍속에는 아기를 출산한 산모는 반드시 흰밥과 미역국을 먹었다. 이는 미역이 혈액 순환과 젖이 잘나오게 한다고 하여 삼칠일 까지 21일 간 계속 먹었다.

① 산미

산모의 밥을 짓는 쌀은 아기 낳는 산월 전에 시어머니가 미리 산모를 위하여 마련해 두었던 쌀인데 일일이 뉘와 돌, 싸래기 등을 가려 옹근 쌀만 골라서 깨끗한 곳에 보관하였다가 산미로 사용하였으며, 산모만 이 쌀로 밥을 지어 먹였다. 산모가 먹을 밥은 쌀을 아홉 번 일어서 질거나 되지 않게 고슬고슬하게 지었다.

② 산곽

산모가 먹을 해산미역은 넓고 길게 붙은 것으로 고르고, 값을 깍지 않고 사오는 것이 풍속이었다. 미역은 길이가 긴 미역으로 장곽이라고 하여 꺽지 않고 둘둘 말아 운반하여 두었다가 미역국을 끓였다. 장곽을 사용하는 이유는 장수기원의 뜻에서 형성된 관례이다.

③ 삼신상차림의 특징

삼신상 차림이 다른 신에게 올리는 상차림과 다른 삼신상 차림의 특징을 보면 술을 올리지 않고 밥과 미역국만 올린 다는 것이다. 그리고 신에게 올리는 상차림엔 고기가 있는데 삼신상 차림에는 고기를 올리지 않는다. 또한 대부분의 제사음식 등은 나누어 먹는데 삼신상 차림은 산모 혼자만 먹는다는 것이 다른점이다.

[그림 6-1] 삼신상 차림

(3) 산모의 금기음식

산모의 음식은 일상식과 달리 자극성 인 것, 단단한 것, 찬 것 등을 피하여 산모의 치아나 잇몸이 상하지 않도록 하였으며, 일반적으로 흰쌀밥과 미역국을 올렸다. 아기 낳은 후 3일 까지는 고기를 넣지 않고 간장과 참기름만으로 미역국을 끓인 소미역국으로 하였다. 아기를 낳으면 치아가 들떠있다 하여 찬물이나 무, 사과 등 찬 것과 단단한 것은 피하였다. 또한 차고 매운 김치나 깍두기 등도 피했으며, 비린내가 나는 음식이나 상가음식도 먹지 않았다.

2. 삼칠일(三七일)

삼칠일은 세 이례 의례라고도 하며 아기가 태어난지 21일 째 되는 날을 말한다. 초 이례는 아기가 태어 난 지 7일 되는 날이고, 두 이례는 아기가 태어난지 14일 되는 날이다. 세 이례는 삼칠일로 아기가 태어 난 지 3주일째인 21일이 되는 날로 대문에 쳐두었던 금줄을 걷고 모든 금기를 풀었다. 초 이례와 두 이례 새벽에는 삼신에게 흰밥과 미역국을 올리고 잠시 후에 산모가 먹었다. 세 이례 되는 날에는 산모가 흰밥과 미역국을 먹은 후에 금줄을 내리고 일가친척의 방문을 받았는데 삼칠일 의례는 우리 조상들은 7이란 숫자가 길하다고 여기는 속신에서 지켜진 의례로 보여진다.

1) 삼칠일의 축하음식 및 특징

삼칠일의 축하음식으로 흰쌀밥, 고기 넣은 미역국과 백설기(흰무리)를 준비하는데, 백설기는 백색무오와 신성의 의미가 들어있다. 삼칠일까지는 아직까지 신의 가호 환경 하에 속해 있다 하여 삼칠일의 축하음식을 대문밖에 내보내지 않고 집안에서만 가족과 가까운 친지 사이만 모여 축의를 나누는 것이 원칙이었다. 또한 백설기에는 칼을 대어 자르지 않고 손으로 떼어 먹었다.

2) 삼칠일의 금기식품

삼칠일까지 산모는 부정한 집에 드나들면 안 되고, 부정한 음식을 먹어서도 안 되었다. 이는 산모와 아기가 부정을 타지 않아야 산모와 아기가 건강할 수 있다고 하였기 때문이다. 삼칠일까지의 금기 식품으로는 닭고기, 개고기, 돼지고기 등의 육식을 금했으며, 상가음식은 부정한 음식이라 하여 금했다. 또한 이때까지 단단한 것이나 물렁한 것 등을 먹지 않았다.

3. 백일(百日)

아기가 태어나고 100일 째 되는 날을 백일 또는 백날이라고 한다. 100이란 숫자는 큰 수, 많은 수, 완전 수를 나타내며 이날에 아기를 위한 잔치를 차리는 것은 아기를 낳은 것을 널리 알리는 뜻이다. 또한 백집에 떡을 돌려야 수명 장수 한다는 풍습이 있어 친척과 이웃에게 떡을 돌렸다. 백일 떡 중 수수팥경단은 아기의 모든 액운을 막는다고 하여 꼭 해주었다. 이날을 축하하기 위해서 잔치를 베푸는데 이를 백일잔치라고 한다.

1) 백일의 풍습

백일은 아기 본위의 축하 행사로『조선상식』에는 '신생아 본위의 경축하는 시기가 이른바 백일'이라고 기록하고 있다. 이날 만드는 떡을 백일 떡이라고 하는데 백 집에 돌려야 백수 한다는 속설이 있어서 친척과 이웃집에 떡을 돌렸다. 백일 떡을 받은 집은 그릇을 씻지 않고 떡만 비우고 고물이 있는 체로 돌려주는 것이 아기에게 좋다고 하여 그대로 돌려주는데 빈 그릇을 돌려주지 않고 답례로 쌀이나 실, 또는 돈을 담아 주었다. 실과 돈은 아기의 장수와 부귀를 기원한다는 의미이다. 백일에 백일 떡인 백설기를 찌는 풍속은 궁중에서도 있었던 것으로 대궐 밖에 사는 종친들에게도 나누어 주어 먹게 하였다.

백일에는 떡을 돌리는 것 이외에 집안에서 간단히 차려먹었는데, 이는 귀신의 시샘을 피한다는 의미이다. 요즈음 백일잔치를 거창하게 하는 것은 전에 없던 풍습이다.

2) 백일음식

백일 날에는 백일 떡과 흰밥, 고기 미역국, 푸른색의 나물을 중심으로 여러 가지 음식을 장만하여 백일상을 차려 친지와 마을 사람들이 모여 축하하였다. 백일 떡에는 여러 가지 떡을 하는데, 대표적인 백일 떡은 백설기(백설병), 오색송편, 수수팥경단, 인절미이다. 백설기는 아기의 장수를 뜻하고, 출생의 정결과 신성의 의미가 내포되어 있다. 수수팥경단은 속은 차수수로 하고, 겉은 팥고물을 묻힌 떡으로 떡의 붉은색이 부정을 막고 화를 피한다는 발화의 뜻이 포함되어 있다. 인절미는 찹쌀을 사용해 만든 친 떡으로 단단하고, 차지기 때문에 건강하고 잘 자라라는 뜻이 들어있다. 오색송편은 보통 때 만드는 송편보다 작게 만든 모양으로 예쁘게 빚어 만드는데 속을 넣은 것과 넣지 않은 것이 있다. 송편 속을 넣은 것은 속이 차라는 의미가 들어있고, 속이 비게 만든 것은 송편 속이 넓은 것처럼 넓으라는 뜻이다. 오색송편은 축하의 떡으로 책례 때도 책례음식으로 쓰인다. 오색송편의 다섯 가지 색은 오행(五行), 오덕(五德), 오미(五味)와 같이 만물의 조화를 의미한다. 백일 음식은 이렇듯 백일장이 어린이에게 질병이나 액 등 부정한 것이 범접 하지 못하게 하는 풍속에서 나온 것이다. 이러한 음식은 모두 곡물로 만든 음식으로 농업국의 유래를 알 수 있다.

[그림 6-2] 백설기

4. 돌

돌은 아기가 세상에 태어난 지 만 1년 되는 첫 생일날로 돌, 또는 첫돌, 초도일(初度日), 쉬일(晬日), 주년(周年), 쉬(晬)라고도 한다. 이날은 돌상을 차리고 손님을 초대하여 돌 행사를 했다. 돌잔치는 생활이 어려운 집안에서도 꼭 치루는 통과의례로 일가친척들이 모여 아기의 성장을 기념하고 아기의 복록과 장수를 기원하는 행사로 도시와 농촌은 물론 현재까지도 전국에서 행해지고 있는 풍습이다.

1) 돌날의 풍습

돌날을 기념하는 것은 아기의 첫 생일이므로, 돌을 맞는 아이는 성별과 관계없이 '돌장이'라 하여 그 날의 주인공이 되었다. 돌날이 되기 전 부모들은 아이의 무병성장을 바라는 치성을 드렸으며 돌복을 마련하여 아기에게 입혔는데 이를 성장(盛裝)시킨다고 한다. 돌복으로 남자아이는 색동저고리와 풍차바지에 복건을 씌웠다. 여자아이는 홍색 치마에 색동저고리를 입히고, 금박찍은 조바위를 씌우고, 타래버선을 신겨 곱게 단장시켜서 돌상앞에 무명을 필로 접어놓고 그 위에 아이를 앉게 하였다. 이수광의 『지봉유설』에 의하면 '돌장이에게 새 옷 입히는 풍속이 일반화'라고 하여 조선시대에 돌복을 입히는 풍속이 일상화되었음을 말하고 있다.

돌떡은 백일 떡과 마찬가지로 친척과 이웃에게 돌떡을 돌려 나누어 먹었으며, 떡을 받으면 답례로 실이나 의복, 반지, 돈, 수저, 밥그릇, 국그릇 등을 선물하여 축하하였다.

돌날 부모들은 아기에게 처음으로 밥그릇과 국그릇 및 수저를 미리 준비했다 돌상을 차릴 때 사용하여 처음으로 아기의 그릇이 생기는데, 이는 앞으로 세상을 살아갈 동안 영위해 나갈 식생활의 기본수단이라는 의미로 매우 뜻깊은 일이라고 할 수 있다.

2) 돌상차림과 돌잡이

첫 생일을 축하하는 상차림을 돌상차림이라고 한다. 생활이 어려운 집에서도 꼭 치루는 통과의례로 돌이 된 아기를 축하해주기 위한 상으로 떡과 과일이 주가 되었다. 돌상에는 백설기, 수수경단, 인절미, 오색송편, 무지개떡, 개피떡 등의 떡과 과일 등을 차린다. 또한 돌상에는 흰밥과 미역국 외에 나물, 구이, 자반, 조치 등을 올리고 아기의 장수를 기원하였다. 돌상에는 아이의 돌잡이를 하기 위하여 쌀, 국수, 흰 타래실, 청색 홍색 실, 무명실, 돈, 붓이나 벼루, 책, 활과 화살(남아), 대추, 색실이나 실패, 바느질 자(여아) 등을 올렸는데, 아이가 처음 잡은 것으로 아기의 미래를 점치는 돌잡이를 하였다. 아기가 제일 먼저 쌀을 잡으면 무병장수하고 부자가 될 것이라고 했고, 국수와 실은 명이 길어 장수를 할 것이라고 하였고, 붓이나 벼루, 책 등은 자라서 공부를 잘하여 학문에 통달할 것이라고 하였다. 활이나 화살을 잡으면 용맹하여 무인이 된다는 의미로, 돈을 집으면 부자가 된다고 하였고 여자아이가 실패나 자를 집으면 바느질을 잘할 것이라고 하였다. 대추를 잡으면 자손이 번창하고, 청색 홍색실을 잡으면 금술이 좋을 것 이라고 하였다. 이런 풍속은 어른들이 이런 돌잡이 같은 행사를 보며 아이의 장수와 부귀를 기원하는 의미가 담겨져 있다고 보여진다. 돌상은 원반이나 팔모반으로 아기가 넘어져도 다치지 않게 모서리가 없는 것을 사용하였다. 이와 같이 돌잡이 행사가 끝나면 친족, 친지 등 손님에게 대접을 하였다.

[그림 6-3] 돌상차림

5. 생일(生日)

아이 생일에는 흰밥과 미역국을 마련하고 밤설기나 콩설기, 수수팥경단을 만드는데 백설기와 수수팥경단은 꼭 마련하였다. 수수팥경단은 붉은 색으로 벽화의 의미가 들어있어 열 살 때까지 매년의 생일 마다 꼭 해주어야 하는 것이 관행이었다.

윗사람의 생일은 생신이라고 하고 임금님의 생일은 탄일 또는 탄신일이라고 하며, 손아랫사람인 경우에는 생일이라고 한다. 생일날에는 생일상을 차리고 가족과 친지로부터 축하를 받는데 이는 반가나 서민들이나 모두 행하는 중요한 식생활 풍속이었다. 생일상은 아침은 밥으로 대접하고 점심은 국수로 차렸는데 가난한 집에서도 생일날 아침에는 잡곡밥이 아닌 흰쌀밥과 미역국을 먹었다. 생일날에 국수를 먹는 이유는 장수기원의 뜻이다.

6. 책례(冊禮)

책례는 어린이가 서당에 다니면서 한 단계의 책을 뗄 때마다 행하던 의례이다. 책례의례는 '책거리'라고도 하며 책을 한권 끝냈다는 축하와 격려의 의미와 선생님께 감사하는 의미로 떡을 만들어 이웃과 나누며 축하하였다. 책례음식은 오색송편으로 책례떡이라고도 한다.

7. 관례(冠禮)

관례는 전통사회의 성인의례로 아이에서 어른이 되었다는 성인식을 말하며, 오늘날의 '성년의 날'과 같은 의미를 가지고 있는 의식이다. 남자는 긴 머리를 틀어 올려 상투를 만들고 갓을 쓰며 의대를 갖추어 입는 절차로 관을 쓴다하여 관례라고 한다. 여자는 땋았던 긴 머리를 올려서 비녀를 꽂는데 이러한 의식을 계례(笄禮)라고 한다. 관례는 성년이 된 자녀에게 어른 대접을 받게 해주려는 생각에서 행하는 통과의례이며, 출생 이후 어른이 되었다는 것을 지역사회의 어른들에게 처음으로 인정받는 의식 절차이다.

1) 관례조건

현대의 성년의 날은 20세의 5월 첫째주 월요일로 정하고 있다. 과거 우리나라의 관례는 정신적이나 육체적으로 어른이 된 시기에 관례를 행하는 것이 원칙으로 15~20세 사이에 행하였으며, 혼례를 올리기 전에 행하여야 하므로 조선 말기에는 조혼이 성행하여 10세 전후에 행하기도 하였다. 관례를 올리려면 부모 상제가 아니어야 하며 결혼 결정 후 사주를 보내고 하기도 하였다. 이러한 관례는 갑오경장에 단발령을 내리므로 길게 땋았던 머리를 자르므로 사라지게 된 의례이다.

2) 관례 음식

관례절차 끝나면 사당에 고하고 어른들에게 인사를 드린 후 잔치를 베풀어 축하하며 음식을 대접하였다. 잔치 상에는 술, 술안주, 떡, 조과, 생과, 식혜, 수정과, 국수 등을 차렸다.

3) 관례일

관을 쓰는 것은 인도(人道)의 처음이라 하여 중요하게 여겼다. 관례일은 정월의 길일을 택하여 친척과 손님을 청하고 아버지의 친구 분 들 중에서 학식이 있고 예를 잘 아는 분을 모셔 소정의 의식에 따라 관례를 행하였다. 관례일 사흘 전에 사당에 술과 포를 올리고 관례를 행한다고 고하였다.

관례

계례

[그림 6-4] 관례와 계례

8. 혼례(婚禮)

혼례는 신랑과 신부가 부부가 되는 일생에서 가장 중요한 날로, 한 남녀가 하나로 합쳐서 부부가 되는 것을 축하하는 의례이다. 옛사람들은 혼인을 '인륜도덕의 시원(始原)이며, 만물의 근원'이라고 했다. 조선조 이재가 편찬한

『사례편람』에 의하면 혼례의 절차를 의혼, 납채, 납폐, 친영의 네 가지로 나누어 설명하고 있다.

의혼이란 혼인의 의사를 묻는 절차이다. 신랑 측에서는 청혼의 편지를 보내고, 신부 집에서는 허혼의 편지를 보내므로 이루어지며, 양가가 합의에 이르기까지의 과정으로, 신랑 집과 신부 집이 서로 혼사에 관하여 의논하는 절차를 말한다.

납채란 혼인 날자를 정하는 절차이다. 신랑의 사주를 신부 집으로 보내고, 신부 집에서는 택일(연길) 즉, 혼인 날자를 정하여 보내는 절차이다.

납폐란 신랑집에서 신부집에 대하여 혼인을 허락해준데 대한 감사의 뜻으로 예물을 보내는 절차이다. 신랑집에서 신부집에 함을 보내는데 신부용 혼수 즉 채단과 혼서지 및 물목을 함께 넣어 함진아비가 가지고 가는 절차이다. 채단은 보통 청색과 홍색 비단 치마감을 말한다. 혼일 전날 함을 보내는 것이 일반적인 통례이다.

마지막 절차인 친영은 혼례를 치루는 절차로 요즈음의 결혼식이다. 신랑이 신부 집에 가서 혼례를 치루고 신부를 맞아오는, 혼례 중 가장 중요한 절차이다. 친영은 전안례, 교배례, 합근례가 있는데 요즈음에는 친영만을 전통 혼례로 행하는 경우도 있다.

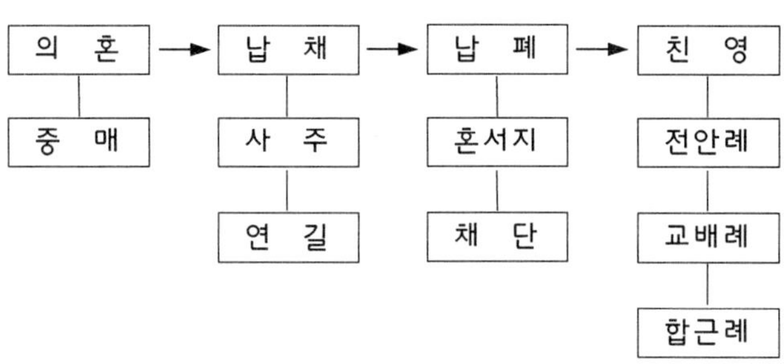

[그림 6-5] 전통혼례의 절차

1) 혼례절차

(1) 초행

신랑이 신부 집에 혼례를 올리러 가는 것을 초행이라고 한다. 신랑은 혼례

날 아침 일찍 일어나 사당에 고하고, 아버지께 인사를 드린 후 사모관대를 하고 신부 집에 장가들러 가는데 이를 초행이라고 한다. 초행길에는 상객을 모시고 가는데 보호자로 아버지나 할아버지, 백부나 형 등이 가마를 타고 따라간다. 이 때 신랑은 말을 타고, 상객은 가마를 타고, 소동은 앞에서 초롱을 들고 간다. 혼례는 양(남자)과 음(여자)의 만남이라하여 해가 저무는 시간에 올렸다.

(2) 소례(전안례)

혼례 또는 초례는 전안례, 교배례, 합근례를 합하여 말하는 것으로 전안례, 교배례, 합근례의 순서로 행해진다. 전안례를 소례, 교배례와 합근례를 대례라고도 하며 소례와 대례를 합하여 초례 또는 혼례라고 한다. 그래서 혼례를 치루는 것을 '초례 치른다.'라고 하며 혼례 치루는 곳을 초례청이라고 한다. 전안례는 신랑이 신부 집에 도착하여 신부 어머니께 목기러기(목안)를 받치는 예로, 신랑이 백년해로의 서약의 징표로 목기러기를 홍색 보자기에 싸서 신부 어머니가 드리면 받아서 치마에 싸가지고 안방으로 들어간다.

(3) 대례

① 교배례(交拜禮)

전안례가 끝나면 신랑과 신부가 초례청에서 첫 상견을 한다. 상견이 끝나면 절을 주고 받는 의례를 교배례라고 하는데, 이는 서로 백년해로를 서약하는 것이다. 이 때, 신랑은 사모관대하고, 관복을 입고, 목화 신고 신부는 원삼을 입고, 족두리를 쓰고, 수모 두 사람의 도움을 받으며 절을 한다.

신부가 먼저 두 번 절을 하고 신랑이 답례로 한 번 절을 한다. 이 때 신랑은 무릎을 꿇고 앉아서 절을 받고, 신부도 앉아서 받는다. 신부가 다시 신랑에게 두 번 절을 하고, 신랑이 답례로 한 번 절 하므로 신부는 네 번 절을 해 사배라고 한다.

② 합근례(合巹禮)

합근례는 근배례, 또는 합배례라고 하는데 잔을 주고받는 의례를 말한다. 합근례는 술잔과 표주박에 각각 술을 부어 마시는 의례인데, 먼저 술잔으로 마시는 술은 부부로서의 인연을 의미하고, 표주박으로 마시는 술은 부부의 화합을 의미한다. 신랑과 신부는 각각 도와주는 시반과 수모가 술잔에 따라 준 술을 마시는데 신부는 수모가 입에 살짝 갖다 대기만 한다. 표주박에 따른 술은 상대방이 마신다. 신부의 수모가 신랑에게 표주박을 주면 신랑은 신부에게 읍하고 표주박을 들어 술을 마신다. 신랑이 따른 표주박의 술도 신부는 마시는 흉내만 낸다.

반으로 쪼개진 표주박은 그 짝이 이 세상에 하나 밖에 없으며, 둘이 합쳐져야 온전한 하나를 이룬다는 뜻에서 유래된 것이다. 혼례가 끝난 후 신랑과 신부에게 큰상으로 축하해 준다.

[그림 6-6] 혼례

(4) 신행(新行)

신행은 혼례를 치른 후, 날을 받아 신부가 정식으로 시댁에 들어가는 절차로 '우귀'라고도 한다. 초례를 치른 후 사흘간 신부 집에서 자고 나흘째 되는 날 시댁으로 들어가는 절차로 신부가 처음 시댁으로 가는 의례이다. 이 때 신부는 가마를 타고 가며, 시중을 들 수모가 따라갔다. 시부모님을 비롯한 시댁의 여러 가족들에게 드리는 인사인 현구고례는 우귀일이나 다음날 아침에 행하였다.

(5) 현구고례(見舅姑禮)

신부가 시부모님과 시댁 친척들에게 인사를 드리는 예를 현구례 또는 현구고례라고 하며 신부가 이 예를 올리기 위해 시부모님께 드릴 음식을 준비해

가지고 가는데 이를 폐백이라고 하고 이 절차를 '폐백드린다.'라고 한다. 현구고례는 혼례식을 마친 신부가 정식으로 시부모님께 첫 인사를 올리는 의식으로 대청에 자리를 마련하고 병풍을 치고 시아버지는 동쪽에, 시어머니는 서쪽에 앉는다. 신부는 두 사람의 수모의 도움을 받으며 시부모님께 각각 네 번 큰절을 올리고 반절을 한다. 시부모는 신부의 치마에 대추를 던져주며 '아들과 딸을 많이 낳고 행복하게 잘 살아라' 는 등의 덕담을 해준다. 대추는 부귀와 다남(多男)을 의미하며, 신부가 받은 대추는 모두 치마폭에 받아 밤에 혼자 다 먹어야 하며, 아무리 많은 량이라도 다른 사람과 나누어 먹어서는 안되었다. 현구고례는 다른 신랑의 직계존속에게는 사 배를 행하고, 나머지 친척들에게는 한 번 절한다. 이는 신부가 시댁 가족의 구성원이 되었다는 의미이다.

(6) 근친(謹親, 後禮, 再行)

신부가 시댁에서 살다가 얼마 후에 신랑과 함께 농사지은 쌀로 빚어 만든 떡과 술을 만들어 신부집으로 가는 예를 근친이라고 한다. 이는 새색시가 정식으로 시부모의 허락을 받고 시댁에서 마련한 예물 가지고 친정 부모를 뵈러가는 의식으로 근친까지를 혼례라고 한다.

2) 혼례음식

혼례와 같은 통과의례는 음식문화 발달의 동기가 되었다. 혼례음식은 납폐의례의 음식, 혼례상 차림, 현구고례의 음식, 큰상 차림 등을 말하며 각각의 의식에 따라 음식 양식이 다르다.

(1) 납폐의례의 음식

납폐의례는 예물을 보내는 절차로 함진아비가 함을 지고 가는 행의를 말한다. 납폐일에는 신랑과 신부 집에서 봉치떡을 준비한다. 봉치떡은 찹쌀 3되와 팥 1되로 찹쌀 시루떡 2켜만을 시루에 찐 떡이다. 봉치떡은 떡을 안칠 때 중앙에 대추 7개를 둥글게 모아서 찐 떡으로 찹쌀 3되는 '많다'는 의미이고, 떡이 두 켜인 것은 부부의 금슬을 의미하며, 대추 7개는 아들을 일곱 명 낳으라는 자손번창의 의미가 들어있다. 또한 붉은 색의 팥은 액을 파하기 위한 벽화의 의미가 들어있다. 이렇듯 한국음식에는 색과 함께 수에 대한 기복관이 담겨있다.

신부 집에서는 함이 들어올 시간에 맞추어 대청마루에 상을 놓고 상위에 홍색 보자기를 깐 다음 봉치떡 시루를 올려놓는다. 함진아비로부터 혼수함을 정중히 받아서 떡시루 위에 얹어 놓고 북향재배한 후에 함을 연다.

『사례편람』에는 혼사예물을 보내는데 있어서 적어도 두가지는 하되, 열가지를 넘어서는 안된다고 하였으며, 재물을 앞세우지 말고 마음에서 우러나오는 정성으로 하라고 하였다.

[그림 6-7] 봉치떡

(2) 혼례상 차림

혼례상을 교배상 또는 초례상, 대례상이라고도 하며 형식과 절차가 특이했다. 혼례상은 대청이나 뜰에 병풍을 남북으로 치고 상은 동서로 차렸다. 혼례상은 다리가 높은 붉은 색칠을 한 고족상을 사용했으며, 차리는 음식 등은 지역에 따라 달랐으며 다음과 같다.

소나무 가지와 대나무 가지를 꽂은 꽃병 한 쌍을 올려놓는데 이는 송죽 같은 절개를 지키라는 의미이다. 청색과 홍색의 촛불 한 쌍과 백미나 찹쌀 2그릇과 대추, 밤 등을 올렸다. 이는 부부의 금슬과 장수와 다남을 의미한다. 청색과 홍색 보자기에 싼 닭 한 쌍을 양쪽으로 올리고, 콩, 팥, 과일 등을 놓기도 하였다. 달떡을 21개씩 2접시를 올려놓기도 하는데 이는 밝게 비추이고 둥글게 채우며 살라는 의미이다.

(3) 축하연의 큰상차림

혼례를 올린 후 신랑과 신부에게 여러 가지 음식을 높이 고여 차린 큰상으로 축하해 주었는데 이를 큰상차림이라고 한다. 큰상차림은 음식을 높이 고여 고배상 또는 망상이라고도 한다. 큰상에는 생과류, 조과류, 견과류, 전유어류, 편육류, 적류, 편, 포, 정과 등이다. 음식을 고이는 높이는 30~60cm 정도로 원통형으로 색을 맞추어 고여 올려 2~3열로 배열한다. 큰상차림은 한국의 상차림 중에 가장 성대하고 화려하다. 큰상에 고였던 음식을 헐어 신랑 집이나 신부 집으로 보내던 풍습을 '상수'라고 하고, 이 음식을 동네에 돌리는 것을 '봉송'이라고 한다. 이렇듯 혼례음식을 여러 사람이 나누는 것에는 복은 나눌수록 커진다는 반복의 의미가 담겨져 있다.

(4) 현구고례의 음식

현구고례의 음식은 폐백음식이라고 하며 신부가 현구고례의 예를 행하기 위하여 마련한 음식이다. 지역과 가풍에 따라 마련하는 음식이 다소 다르나, 대부분 대추와 편포, 술, 닭, 마른안주 등을 준비한다. 개성의 폐백음식은 닭과 약과를 쓴다. 폐백음식은 결실을 상징하고, 귀한 안주음식을 기본으로 양식화한 것이다. 술은 일반적으로 청주를 준비했으며 가장 많이 준비하는 대표적인 폐백음식의 만드는 법은 다음과 같다.

① 편포

쇠고기를 살코기 부분으로 3근, 5근 혹은 7근의 홀수로 준비하여 곱게 다져 양념을 하여 두께 3~4cm, 길이 20~25cm, 넓이 10cm 정도 되게 두 개를 타원형으로 반을 지어 햇볕에 건조시킨다. 반 쯤 말랐을 때 모양을 매만진 다음 잣가루를 위에 뿌린다. '근봉'이라고 쓴 종이 띠를 만들어 편포의 허리에 두른 다음 원반에 담는다.

편포 대신 육포를 만들기도 하는데 육포는 쇠고기를 얇게 저며 양념한 다음 말려서 육포를 만든 후 이를 여러 개 포개어서 사용하기도 한다.

② 대추

대추는 다산을 의미한다. 대추는 굵고 붉은 것으로 벌레 먹지 않은 것을 골라서 깨끗하게 씻어 정종을 뿌려 하룻밤 따뜻한 곳에 두면 대추가 잘 불궈져서 커지고 윤기가 난다. 이렇게 손질한 대추의 꼭지를 떼고 아래위로 손질한 실백을 꽂는다. 이렇게 준비한 대추를 붉은색으로 꿰는데 이 때 실을 자르면 안 되므로 긴 실로 한 줄로 꼬아 둥근 그릇에 돌려가면서 높이 고여 담는다.

폐백음식은 붉은 보자기에 싸는데 보자기를 묶지 않고 보자기의 네 귀퉁이를 한 번에 모아서 근봉이라고 쓴 종이간지에 밀어 넣은 후 네 귀퉁이를 하나씩 뒤집어 가다듬었다. 이는 폐백음식이 축하와 결연이 담긴 음식이므로 얽매이지 말고 풀기 쉽게 하자는 뜻에서 비롯되었다.

[그림 6-8] 폐백음식

9. 회갑례

1) 회갑연

회갑은 사람이 태어나서 만 60세 되는 생일날로 환갑, 주갑, 화갑이라고도 하는데, 이 때 장수를 축하하기 위하여 베푸는 축하연을 회갑연 또는 수연이라고 한다. 회갑연은 자녀들이 부모님의 장수를 축하하기 위해 일가친척과 부모님의 친지분 등을 초대하여 술과 음식을 대접하는 것이 예로 되어 있었다.

2) 회갑상차림

회갑상은 자식들이 부모의 회갑을 맞이하여 그 은혜를 감사하며 장수를 기원하는 뜻에서 차려드리는 상이다. 회갑에는 큰상차림으로 축하하는데 한국의 상차림 중 가장 성대하고 화려한 상차림으로 혼례, 회갑, 회혼례 등에도 축하하기 위하여 차리는 상차림이다. 높이 고여 차리므로 고배상, 바라만 본다 하여 망상이라고도 한다.

회갑

회갑상

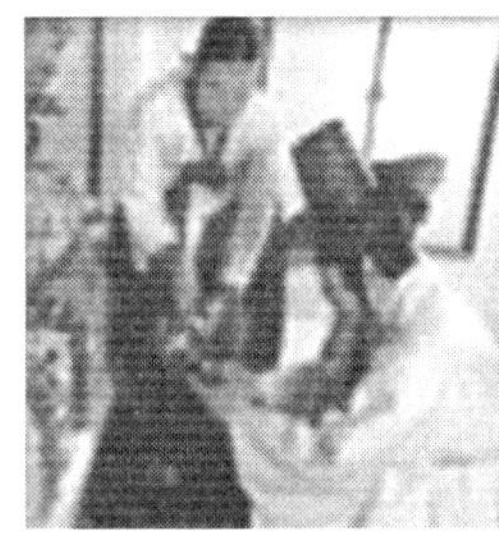
헌수

[그림 6-9] 수연례

회갑상 차림은 계절, 지역, 가문에 따라 차이가 있지만 강정, 유밀과, 숙실과, 다식, 편, 편육, 전유어, 적, 초, 포, 정과, 과일 등을 고루 차린다. 음식을 30~60cm 정도의 높이로 원통형으로 고이는데 원통형의 주변에다 축, 수, 복 등의 한문 글자를 넣어 조화시키면서 고여 올린다. 색상을 맞추어 두 줄이나 세 줄로 배열한다.

일반적으로 첫줄에는 사과, 배, 감 등의 생과류와 다식, 유과, 당속 등의 한과류를 올린다. 또한 밤, 은행, 호도, 대추 등의 건과류와 약과, 매잣과 등의 유과류와 다식을 올린다. 색떡, 백편, 찰편, 주악, 승검초떡 등의 편과 도라지정과, 연근정과, 단근정과 등의 각종 전과를 올린다. 두번째 줄에는 적, 포, 전, 편육, 신선로, 김치 등을 올리고 세번째 줄에는 잡채, 찜, 냉채와 식혜나 화채 등 음청류를 올린다.

큰상차림의 양식이 정착된 시기는 조선시대이며, 이때는 상의 음식을 고이는 일을 전문적으로 하는 숙수가 있었다고 한다.

회갑을 맞은 분에게 자녀들이 큰상을 차려 술잔을 올리고 절을 하면서 축수하는 의례를 헌수라고 한다. 헌수는 장남, 차남 순으로 올리고, 이어서 장녀, 차녀 등의 순으로 한다. 그 다음으로는 손자, 조카 등의 순으로 절을 한다.

3) 회갑연 이외의 장수연

(1) 육순

우리나라 나이로 60세가 되는 해 생일을 육순이라고 한다. 이날은 가까운 친척과 친지 등을 초대하여 자녀들이 부모의 만수무강을 기원하는 잔치를 베푸는데 이를 육순잔치라고 한다.

(2) 진갑

진갑은 우리나라 나이로 62세가 되는 생일로 회갑 바로 다음해가 된다. 육순 잔치 때와 같이 간단한 음식을 차려 손님을 대접하고 부모님을 기쁘게 해드리는데 이날 베푸는 잔치를 진갑잔치라고 한다.

(3) 칠순

칠순은 우리나라 나이로 70세가 되는 생일을 말한다. 흔히 칠순을 고희라고 하는데 이는 중국 당나라 시인 두보의 시에 '인생 칠십 고래희'라는 문구에서 유래되었다. 옛날에는 70세가 되도록 사는 예가 드물었으므로 자녀들이 그 해의 생일에 잔치를 베풀고 부모님의 장수를 축하하였다. 칠순 잔치를 희연이라고도 한다.

(4) 희수

77세 되는 해 생일을 희수라고 한다. 이날 간단히 잔치를 하는데 이를 희수연이라고 한다. 77세를 희수라 하는 이유는 '희(喜)'자를 초서로 쓰면 '㐂' 자가 되는데 파자하면 七十七이 되기 때문이다.

(5) 팔순

팔순은 우리나라 나이로 80세 되는 해 생일을 말한다. 이 날에도 간단하게 잔치를 베푸는데 이를 팔순 잔치라고 한다.

(6) 미수

미수는 우리나라 나이로 88세가 되는 해 생일에 장수를 축하하며 축수하는데, 이 잔치를 미수연이라고 한다. 88세를 미수라고 하는 이유는 '미(米)'자를 파자할 경우 八十八이 되기 때문이다.

(7) 백수

우리나라 나이로 99세가 되는 해 생일을 백수라고 한다. 이날 잔치를 하는데 이를 백수연이라고 한다. 99세를 백수라고 하는 이유는 '백(百)'자를 일(一)을 제거하면 백(白)자가 되기 때문이다.

(8) 회혼례

회혼례는 결혼을 하고 60년이 되는 부부가 60년의 해로를 축하하는 의례이다. 혼인하고 60년을 해로하는 일은 드문 일이었으므로 이것을 기념하는 예를 회혼례라 하고, 이날 베푸는 잔치를 회혼잔치 또는 회혼연이라고 한다.

이날은 혼인 60주년을 맞은 부부가 자손들 앞에서 신랑 신부 때처럼 혼례복을 입고 축하를 받으며 가족, 친척, 친지 등을 초대하여 성대한 잔치를 베풀고 자손들은 헌수하며 부모의 회혼을 축하드린다.

10. 상례(喪禮)

상례는 사람이 운명하여 망인이 되면 그에 대한 이별절차로 땅에 묻힌 다음 탈상 때까지의 의식을 말한다. 옛날부터 우리 관습에 관혼상제의 사례 중 가장 절차가 복잡하고 정중하였다. 상례란 한 생애를 마친 고인을 정중하게 모셔 유덕을 기르고 명복을 비는 의례절차 이므로 절차가 까다롭고 엄숙하

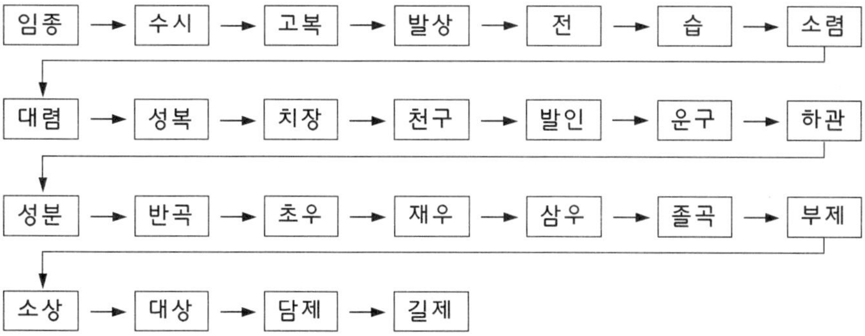

[그림 6-10] 전통상례의 절차

다. 요즈음에 와서는 현대식 장례와 종교식 장례로 간단한 의식으로 치루어 지고 있다.

1) 전통상례 절차

(1) 초종(初終)

고인이 임종하시고 발상 후에 전을 올리는 절차까지를 초종이라고 하며, 초종의 절차는 다음과 같다.

① 임종(臨終)

운명이라고도 하는데, 사람이 숨을 거둘 때를 말한다. 깨끗한 곳으로 모셔 이불이나 요를 새 것으로 바꾸고, 옷도 깨끗한 옷으로 갈아입힌 후 임종을 모신다. 자손들은 임종을 지켜본다.

② 수시(收屍)

임종하시면 눈을 감기고 깨끗한 솜으로 입과 귀와 코를 막고 머리를 높이어 몸을 반듯하게 하는 것을 수시 또는 정제수시라고 한다. 몸과 수족을 반듯하게 펴고 남자는 왼손을 위로, 여자는 오른손을 위로하여 두 손을 한데 모은다. 백지로 얼굴을 덮은 후 홑이불을 덮는다.

③ 고복(皐復)

고복은 초혼(招魂)을 말한다. 돌아가신 분의 평상시에 입던 옷으로 웃옷(상의)을 가지고 동쪽 지붕(용마루)에 올라가 오른손으로 옷의 허리를 잡고서 돌아가신 분의 주소와 이름을 외운 다음 북쪽을 향해 옷을 휘두르면서 복! 복! 복! 하며 세 번 부르는 의식을 말한다. 이는 돌아기신분의 혼이 북쪽으로 가고 있다하여 다시 돌아오라고 부르는 의식으로 이렇게 해도 살아나지 못하여야 돌아가신 것으로 인정하여 곡을 하는 것이라 했다.

④ 발상(發喪)

발상이란 초상난 것을 발표하는 절차이다. 상주(喪主)와 주부(主婦)를 정하는데 아버지가 돌아가시면 큰아들이 상주가 되고 큰아들이 없을 때는 장손이 상주가 된다. 주부는 돌아가신 분의 아내인데, 아내가 없을 때는 상주의 아내가 주부가 된다.

⑤ 전(奠)

전은 발상 후에 올리는데 돌아가신 분을 살아계실 때와 똑같이 섬긴다는 뜻으로 제물을 올리는 것이다. 전을 올린 후 관을 만들고 친지나 친척들에게 부고를 보낸다.

(2) 습(襲)

습은 시신을 닦고 수의를 입혀드린 다음 염포로 묶는 절차로 염습, 또는 습렴이라고 한다. 향물(향나무 삶은 물)이나 쑥물(쑥 삶은 물)로 얼굴, 손 등 시신을 깨끗이 씻기고 수건으로 닦아드리며, 머리를 빗질하고 손톱과 발톱을 깍아 드린다. 그 다음 수의를 입혀드리고 반함을 한다.

- 조발낭(爪髮囊) : 베로 만든 주머니로 고인의 손톱, 발톱, 머리카락을 넣는 주머니로 관속에 넣는다.
- 반함(飯含) : 멥쌀을 불려서 버드나무로 만든 수저로 입에 세 번 떠 넣어 드리는 의식으로 저승에서 배고프지 말라는 의식이다.

(3) 소렴(小殮)

소렴이란 시신을 옷과 이불로 싸는 절차이다. 옷은 좋은 것으로 골라서 입혀드리고 이불은 겹으로 한다. 이불로 싸고 맬끈으로 묶는다.

(4) 대렴(大殮)

입관 의식으로, 시신을 관에 넣는 절차이다. 관을 들여다가 방 서쪽에 놓고 입관한다. 이때 조발낭을 관 귀퉁이에 넣어 드린다.

(5) 성복(成服)

대렴이 끝난 이튿날 하는 의식으로 입관을 끝내고 상복으로 갈아입는 절차로 성복 후 조상하며 곡한다.

- 성복제 : 초종 중 가장 큰 제례절차로 메, 탕, 면, 포, 혜, 편, 과일, 적, 제주, 전, 나물, 김치 등을 올린다.
- 문상(問喪)을 받음

(6) 치장(治葬)

치장은 묘자리를 정하는 의식으로 땅을 고르고, 장사 지낼 날자를 잡는다. 날자가 정해지면 산소에서 산역(山役)을 시작하고 토지신에게 사토제(祉土祭)를 지낸다.

(7) 천구(遷柩)

영구를 상여로 옮기는 의식을 천구라고 하며, 발인 전날에 행한다. 이때는 친척들이 모두 와서 예에 참여하고, 영구를 들어 모시면 상주 이하는 모두 곡하면서 그 뒤를 따른다.

(8) 발인(發靷)

영구가 장지를 향해 떠나는 것을 발인이라고 한다. 발인에 앞서 발인제를 지낸다.

· 발인제 : 발인에 앞서 집에서 마지막으로 드리는 제로 제주, 과일, 포, 적, 혜, 편 등을 올린다.

(9) 운구(運柩)

영구를 운반하여 집에서 장지까지 가는 것을 운구라고 한다. 운구 중에는 상주 이하 모두 곡하면서 따랐다. 상여로 운구할 때 묘소에 가는 도중에 노제를 지내기도 하였다.

(10) 하관(下官)

산역 시 만들어 놓은 묘자리에 관을 넣는 절차를 말한다. 하관 할 때 상주들은 곡을 그치고, 영구가 광중으로 떨어지거나 영구가 비뚤어지지 않는 가등 하관하는 것을 살펴보았다. 하관이 끝나면 관을 깨끗이 닦는다.

(11) 성분(成墳)

흙과 석회로 광중을 채우고 봉분을 만드는 절차를 말한다. 성분 했을 때는 제물을 올리고 묘 앞에서 제사를 지내는데 이를 성분제(成墳祭)라고 한다.

(12) 성분이후의 제의(祭儀)

① 반곡(反哭)

장례가 끝난 뒤 상주 이하 모두가 요여를 모시고 귀가하면서 곡하는 것을 반곡이라고 한다. 반곡은 혼이 돌아오라는 의식이다.

② 우제(虞祭)

우제는 초우, 재우, 삼우의 총칭이며, 초우, 재우, 삼우는 다음과 같이 지내는 제사이다.

· 초우 : 장례를 지낸 날 드리는 제사로 집에 돌아오자마자 지낸다.

· 재우 : 초우가 지난 후 유일에 지내는 제사

· 삼우 : 재우를 지낸 뒤 강일에 지내는 제사

③ **졸곡(卒哭)**

삼우가 끝난 후 3개월이 지나서 강일이 되면 드리는 제사이다. 곡을 그친다는 의미로 졸곡 후에는 수시로 곡하지 않고 조석곡만 했다.

④ **부제(祔祭)**

졸곡을 지내고 그 다음날 지내는 제사로 새 신주를 조상 신주 곁에 모실 때 지낸다. 이 제사도 졸곡 때와 같이 차리는데 사당에서 지낸다.

⑤ **소상(小祥)**

초상 치른 후 만 1년이 되는 날 지내는 제사이다. 새벽 자시에 제사를 드린다.

⑤ **대상(大祥)**

대상은 초상 후 만 2년이 되는 날 드리는 제사이다. 이 제사 후 상복을 벗으며 젓갈, 간장, 포 같은 것을 먹는다.

⑥ **담제(禫祭)**

대상이 지나고 두달이 되는 달에 지내는 제사이다. 이 제사가 지나면 비로소 술을 마시고, 고기를 먹는데 술을 마시기전에 먼저 식혜를 마시고, 고기를 먹기 전에 먼저 건육을 먹는다고 한다. 담제는 탈상을 의미한다.

⑦ **길제(吉祭)**

길제는 담제를 지낸 이튿날 날짜를 정해서 지내는데 담제를 지낸 달 중에서 정일이나 해일로 정하여 지낸다. 이 때 입는 길복은 삼년상을 다 마친 다음에 입는 평복을 말한다.

2) 상례에 따르는 음식

(1) 전(奠)

사람이 운명하였을 때 장례를 치르기 전에 영좌 앞에 간단한 술과 과일을 차려놓는 예식을 말하며, 전은 발상한 날로부터 시작하여 초우를 마치고 상식을 올릴 때 거두어 내린다.

(2) 사자밥

사자밥은 고복 후에 대문 밖이나 뜰아래 차리는데 저승사자를 위한 상차림이다. 사자밥은 돌아가신 분을 편하게 모셔가 달라는 의미이며 발인 할 때 치우는 것이 풍습이었다. 사자밥 차림은 밥상에 짚신 세 켤레, 밥 세 그릇, 술 석잔, 명태 세 마리, 백지 1권, 동전 몇닢을 노자돈으로 얹어놓고 촛불을 켜서 차려놓는다. 사자밥의 특징은 반찬을 올리지 않는다는 것이다.

[그림 6-11] 사자밥

(3) 조석상식(朝夕上食)

초우를 마친 후 전을 내리고 아침, 저녁으로 상식을 올린다. 상식은 보통 식사처럼 올리는 것으로 메(밥), 탕(국), 찬(반찬), 다(숭늉)를 올린다. 살아계실 때 쓰시던 반상기에 평소 드시던 것과 같이 진지와 찬을 올리는데 이는 생시와 같이 섬긴다는 의미이며 만 2년간 조석상식을 올렸다.

11. 제례(祭禮)

제례는 조상이 돌아가신 날을 기념하는 의식으로, 조상의 은덕을 추모하여 지내는 의례이다. 제사 문화의 기원은 삼국시대 중국의 영향을 받아 왕가에서 시작되었으며, 조선시대 유교사회에서 전통이 확립되어 정착한 것으로 보인다. 이 날은 멀리 있는 일가친척들이 함께 모여 한 조상의 자손임을 확인하며 정성스럽게 준비한 제례음식으로 제사를 모시고 제사음식을 함께 먹고 나누며 조상의 은공을 기린다.

제례는 살아있는 사람이 돌아가신 분의 영혼과 만나는 의례로 돌아가신 분을 대접하는 것을 음식상 차리는 것으로 나타내어 빈한한 가정도 반드시 지냈던 의례이다.

1) 제례의 종류

제례에는 사시제, 기제, 속절제, 시제, 시조제, 도제, 차례, 묘제, 이제 등이 있으며 제례상을 차려 고인을 기린다. 보통 제례에 사용하는 제기는 굽이 있는 것을 사용하고, 상은 검은 칠상을 사용하며, 수저는 시접에 담고 상에 내려놓지 않는다. 제사는 일반적으로 제주의 집에서 지내는데 장자나 장손이 제주로 제사를 주관한다. 대표적인 제례의 종류는 다음과 같다.

(1) 사시제(四時祭)

사시제는 철을 따라 1년에 네번 드리는 제사로 매중월(2월, 5월, 8월, 11월)에 정일이나 해일을 가리어 지내는 제사이다. 『사례편람』에는 시제야말로 제사 중에서 가장 중요한 것이라고 되어 있다. 요즈음에는 시제를 거의 지내지 않는다.

(2) 기제(忌祭)

고인이 돌아가신 날(기일)에 매년 한번 씩 드리는 제사이다. 기제를 드려야 하는 봉사(奉祀)의 대상은 과거에는 『주자가례』에 따라 4대조 까지였으나 요즈음에는 2대조까지 기제사를 지낸다. 기제사는 고인이 돌아가신 날인 당일 자시에 지내는 것이 원칙이나 요즈음은 해가 진 뒤 적당한 시간에 지낸다.

(3) 차례(茶禮)

차례는 음력으로 매월 초하룻날과 보름날, 그리고 명절이나 조상의 생신날에 간단하게 지내는 제사로 보통 아침이나 낮에 지낸다. 요즈음에는 정월초

하루의 연시제와 추석날의 절사가 이에 해당한다. 제수와 절차는 기제에 따르나 축문이 없고 술을 한 잔만 올린다.

① **연시제**(年始祭)

정월 초하룻날 아침에 드리는 제사로 그해 첫날에 드리는 제사라 연시제라고 한다. 봉사 대상은 4대조 까지 이지만 요즈음은 2대조 까지만 한다. 차례 드리는 방법은 봉사 대상이 되는 여러 분을 한꺼번에 모시며, 지방은 합사하는 경우 한 종이에 나란히 쓴다. 제수를 올릴 때 메는 떡국으로 대신한다.

② **추석절 제사**

음력 8월 보름에 지내는 제사이다. 차례를 드리는 봉사 대상은 모두 직계 조상으로 하며, 제수는 새로 익은 햇곡식과 햇과일을 올린다.

(4) 속절제(俗節祭)

속절제는 명절에 드리는 제사이다. 한식, 단오, 유두 같은 명절에 드리는 제사이다. 한식은 청명 다음날로 예로부터 조상께 제사를 지내고 성묘를 가는 것이 관습이었다.

(5) 묘제

묘제는 산소에 찾아가서 드리는 제사이다. 제찬은 기제사와 마찬가지로 준

[그림 6-12] 묘제

비하고 토지신에게 따로 제수를 마련하여 제사를 지낸다. 『사례편람』에는 삼월 상순에 날을 택하여 지낸다고 되어있고, 이율곡 선생은 정월 초하루, 단오, 한식, 추석에 묘제를 지낸다고 하였으나 요즈음은 1년 중 적당한 날을 잡아서 묘제를 드린다.

2) 제수(祭需)

제례상에 올리는 음식을 제수, 제찬, 제물이라고 한다. 제수는 화려하지 않고 차분하고 정갈하다. 음식수를 홀수로 맞추며 고춧가루, 마늘, 실고추 등의 양념을 사용하지 않는다. 제수의 내용은 제주, 과일, 포, 해, 편, 면식, 메와 갱, 나물, 간납(전류), 주적, 어육, 장, 김치, 숙수 등이다.

제사음식은 탕과 적의 수는 일치 시키는데, 보통 홀수로 탕 한가지와 적 한 가지를 올리는 일탕일적과 육탕, 어탕, 소탕과 육적, 어적, 소적(두부) 올리는 삼탕삼적, 삼탕삼적의 삼탕에 잡탕, 봉탕을 더 올리고 삼적 외에 채소적과 봉적을 올린 오탕오적이 있다.

제사음식은 신에게 드리는 음식으로 만드는 과정에서 정갈하여야 하고, 정성스럽게 만들어야 한다. 과거에는 입에 창호지를 붙이고, 머리에 쓰개를 쓰고, 부정한 것을 보지 않으며 만들었다고 한다.

제찬을 담는 그릇을 제기(祭器)라고 하며, 제찬은 굽이 있는 접시(6~7cm)를 사용하며 소복하게 담으며, 제사에 올리는 제수는 다음과 같다.

(1) 제주(祭酒)

제사에 올리는 술로 보통 청주를 쓴다.

(2) 메(飯)와 갱(羹)

흰쌀밥과 국을 올리는데 제사상에는 아무리 가난한 집에서도 잡곡밥은 올리지 않는다. 흰쌀밥을 주발에 가득 담아 올린다. 정월 초하루인 연시제에는 떡국으로, 추석 제사에는 송편으로 대신한다. 갱은 쇠고기, 무, 다시마, 두부 적을 넣고 끓인 국으로 국물과 함께 탕기에 담는다.

(3) 탕(湯)

보통 삼탕을 준비하는데 육탕, 어탕, 소탕을 삼탕이라고 하다. 육탕은 고기와 무로 끓인 것이고, 어탕은 생선을 넣어 끓인 것이고, 소탕은 두부를 넣고 끓인 탕이다. 담을 때는 건지만 건져 담는다.

(4) 편

편은 떡을 말한다. 떡은 미식(米食)이라고도 하며 백편, 찰편 등 켜 고여 얹은 떡을 올리고 붉은 팥고물은 쓰지 않는다.

(5) 적(炙)

적은 삼적을 준비하는데 어적, 육적, 소적이다. 육적은 쇠고기를 저며서 잔칼질을 한 양념하여 꼬챙이에 꿰어 석쇠에 구워낸 것이고, 어적은 조기나 민어 등 흰살 생선을 내장을 제거하고 깨끗이 손질한 후 통째로 소금으로 간하여 석쇠에 구워내어 사용한다. 두부적인 소적은 두부를 도톰하게 저며서 노릇노릇하게 기름에 지져 낸다.

(6) 숙채

나물을 말하며, 3채, 5채, 7채를 준비하는데 보통 삼채를 올린다. 삼색나물이라 하여 백색의 나물은 도라지나 무나물을 하고, 청색 나물은 시금치나 배추, 호박나물을 만들고, 갈색 나물은 고사리를 사용한다.

(7) 간납(肝納)

전을 말하며, 보통 육전, 어전, 소전을 준비한다. 육전은 쇠고기나 간, 처녑을 밀가루와 달걀을 입혀서 기름에 지져낸 것이고, 어전은 민어, 동태 등 흰살생선의 포를 떠서 밀가루와 달걀을 씌워 지져낸다. 소전은 두부전, 버섯전 등으로 고기나 채소 등을 사용하여 길이를 같게 하여 적을 끼워 기름에 지져낸다.

(8) 과일

생과와 조과를 총칭하며 2~6품을 올린다. 털이 있는 과일은 쓰지 않는데 복숭아는 털이 있고 하품이라 하여 제사상에 올리지 않는다. 보통 세 가지나 다섯 가지를 색을 맞추어 올린다. 생과일은 제기에 담기 쉽게 위와 아래를 약간 씩 도려낸 후 괴어 올린다.

(9) 포(脯)

육포, 어포, 건어 등을 큼직하게 다루어 포개 담는다. 어포는 보통 북어포를 많이 쓰고 마른 문어, 대구포 등을 올리기도 한다. 육포는 도톰하게 썰어서 올린다.

(10) 해(醢)

해는 밥과 고기로 한 것으로 식혜와 젓갈을 말한다. 식혜는 밥만을 소복이 담아 올리고, 젓갈은 생선젓을 올리는데 정식제례 때 쓴다.

(11) 김치

김치는 보통 국물김치를 준비한다. 고춧가루와 젓갈을 쓰지 않고 나박김치를 담거나 동치미를 올린다.

(12) 과정류

약과, 산자, 강정 등의 유과류와 녹말다식, 송화다식, 흑임자다식 등의 다식을 올린다.

(13) 경수

숙수(熟水) 또는 갱물이라고 하는데, 숭늉을 말한다. 숭늉이 없을 때는 냉수에 밥을 띄워서 올린다.

3) 제사상차림(陣設法)

제수의 진설법은 각 지방의 관습이나 풍속, 각 가문의 전통에 따라 차이가 있어 '가가례'라고도 한다. 제수는 음양론에 따라 제찬을 음양으로 구분하여 조화시킨다. 제주가 제례상을 바라볼 때 오른쪽을 동쪽, 왼쪽을 서쪽이라 하며, 제수를 다음과 같이 진설한다.

① 조율시이(棗栗柿梨) : 왼쪽으로부터 대추, 밤, 감, 배의 순서로 올린다.

② 홍동백서(紅東白西) : 붉은 과일 동쪽에, 흰 과일은 서쪽에 놓는다.

③ 어동육서(魚東肉西) : 생선은 동쪽에, 육류는 서쪽에 놓는다.

④ 좌포우해(左脯右醢) : 포는 왼쪽에, 젓갈이나 식혜는 오른쪽에 올린다.

⑤ 두동미서(頭東尾西) : 생선머리는 동쪽으로, 생선 꼬리는 서쪽으로 가게 놓는다.

⑥ 생동숙서(生東熟西) : 김치 동쪽에, 나물은 서쪽에 놓는다.

⑦ 건좌습우(乾左濕右) : 마른 것은 왼쪽에, 젖은 것은 오른쪽에 놓는다.

⑧ 접동잔서(楪東盞西) : 접시는 동쪽에, 잔은 서쪽이 놓는다.

⑨ 남좌여우(男左女右) : 남자는 제상의 왼쪽에, 여자는 제상의 오른쪽에 서야한다.

⑩ 우반좌갱(右飯左羹) : 메는 오른쪽에, 국은 왼쪽에 놓는다.

⑪ 병동면서(餠東麪西) : 떡은 동쪽에, 국수는 서쪽에 놓는다.

[그림 6-13] 제례상 차림

제사상의 제수의 진설은 제주 편에서 볼 때, 맨 앞줄인 첫째 줄에는 과일을, 둘째 줄에는 나물, 포, 식혜를, 셋째 줄에는 탕을, 넷째 줄에는 적, 전, 편을, 다섯째 줄에는 메와 갱을 차례로 놓는다. 원칙적으로 빈그릇과 차게 먹는 제수를 먼저 올리고, 뜨겁게 먹는 음식은 나중에 올린다. 수저는 시접에 담고 상에 내려놓지 않는다.

4) 음복(飮福)

제사에 참여한 제관들이 제사음식을 함께 나누어 먹는 절차로 제례의 한 절차이며 제사를 모신 사람과 받는 사람이 한 몸이라는 합체의례이다. 제사를 모신 음식은 조상의 혼이 먹은 음식으로 복된 음식이라 하여 음복하므로 서로 일체감을 가지며, 제사음식은 많이 먹어도 탈이 나지 않는다고 하였다.

옛날에는 제사를 모신 사람들뿐만 아니라 가까운 이웃들에게도 나누어 주고 이웃 어른들을 모셔다가 대접하기도 하였다.

7장

세시와 음식문화

농경사회는 기후와 계절이 밀접하게 연관되어 있으므로 우리나라는 옛날부터 세시풍속이 발달하였다. 세시풍속이란 해마다 일정한 시기가 오면 습관적으로 반복하여 거행하는 생활행위로, 매년 계절에 맞추어 관습적으로 되풀이되는 민속을 말한다. 세시풍속의 형성배경은 자연환경, 생업, 사회 등으로, 자연신앙과 조상숭배를 바탕에 깔고 종교, 주술적 복합행위와 놀이가 함께 어울린 철갈이 행사이다. 따라서 세시풍속은 민중의 신앙, 예술, 놀이, 음식과 밀접한 관계가 있으며 농사와 관련된 세시풍속이 많다. 세시풍속과 관련된 음식을 세시음식 하며, 절식과 시식으로 분류한다.

우리 조상은 농경민족으로 음력을 기준으로 1년을 24절기로 나누고 절기를 보며 농사에 대비하였다. 또한 절기에 따라 명절을 정하고 음식을 만들어 먹으며 그 날을 즐겼으며, 춘하추동 사계절에 나는 새로운 식품으로 음식을 만들어 먹었다. 이를 절식과 시식이라고 하며, 시식과 절식의 관행은 사계절 자연의 영향과 역사의 변천에 따라 자연스럽게 형성되어온 우리 식생활문화의 한 단면이라고 볼 수 있다. 시식음식과 절식음식은 일반적으로 일상적인 상차림의 기본 식단에 계절적인 색채가 가미되거나, 명절의 풍속이 덧붙여진 음식이 상에 오른다 따라서 우리나라의 세시음식은 농경민족으로서 자연환경과 생업인 농업 위주로 형성되었으며 쌀을 중심으로 한 떡과 술이 주를 이룬다.

우리나라의 세시풍속에 관한 대표적인 세시기로는 1700년대에 서울의 문물제도와 풍속행사를 기술한 문헌으로 실학자 유득공이 저술한 『경도잡지』가 있다. 『경도잡지』는 서울을 중심으로한 우리나라의 세시풍속을 정리하여 주므로 우리나라 세시와 식생활 풍속 연구에 도움을 주고 있다. 또한 1819년 서울의 연중행사를 기록한 김매순의 『열양세시기』와 1849년 우리나라의 연중행사와 풍속을 기록한 홍석모의 『동국세시기』가 있다. 『열양세시기』는 한양의 연중행사를 기록하고 있어 조선시대의 세시풍속과 절식을 알 수 있고 『동국세시기』보다 30년이나 먼저 쓰여 졌으나 비교적 고유한 세시풍속이 많이 기록되어 있다. 『동국세시기』는 『경도잡지』나 『열양세시기』를 보충한 문헌으로 우리나라의 세시풍속을 총 집대성하고 있으며, 현재까지 우리가 계승하고 있는 명절음식 및 풍속이 거의 기록되어 있다.

1. 절식

1) 정월

(1) 설날

설날은 정월 초하룻날로 원단(元旦), 원일(元日), 원조(元朝)라고도 하며, 한해의 시작이라는 뜻이다. '설'의 의미는 '선다', '설다', '삼가 하다' 등으로 설날은 경거망동을 삼가 한다는 뜻이다. 설날은 우리나라 명절 중 가장 으뜸으로 꼽는 일 년의 시작인 명절로 조상께 제사를 드리고, 새 옷을 입고, 어른들께 세배를 드리며 한해가 평안하기를 기원하는 날이다.

설날에는 차례상과 가족들, 세배 오는 친척들 등을 위하여 여러 가지 음식을 마련하는데 이때 준비하는 여러 가지 음식을 총칭하여 세찬이라고 하며, 이날 차리는 상을 세찬상이라고 한다.

① 떡국

떡국은 설날 음식 중 대표적인 음식으로, 멥쌀가루를 쪄서 안반 위에서 떡메로 쳐서 길게 만든 가래떡을 썰어서 끓인다. 가래떡은 길게 늘려서 엽전 모양으로 썬 것으로 이는 장수와 재복의 기원이 담겨져 있다고 한다. 설날에 세배하러 오는 사람들에게 이 떡국을 대접하였다.

최남선의 『조선상식』에 의하면 설날에 흰떡국을 끓이는 것은 흰색의 음식으로 새해를 시작하여 천지만물의 부활신생을 의미한다는 뜻이 담겨져 있다고 한다. 개성에서는 조랭이 떡국, 이북에서는 만두국을 끓이기도 한다. 조랭이 떡국은 길게 늘린 가래떡 모양이 아니고 누에고치 모양으로 만든 것인데 누에가 길하다는 표시라고 한다.

떡국

조랭이떡국

[그림 7-1] 떡국과 조랭이떡국

② 세주

설날에 쓰이는 술을 세주(歲酒)라고 한다. 세주는 대부분 가정에서 빚은 가양주를 사용하였으며, 우리나라의 대표적인 세주는 도소주이다. 도소주는 육계, 산초, 백출, 도라지 등 여러 가지 약재를 넣어 빚은 술인데, 설날에 이 술을 마시면 일년간 병이 나지 않는다는 속신이 있어서 가족들이 둘러앉아서 마셨다. 세주는 봄을 맞이한다는 뜻으로 반드시 데우지 않고 차게 하여 마셨다. 요즈음은 세주로 청주를 많이 쓴다.

③ 세찬상 차림

세찬상 차림이란 설날의 상차림이다. 떡국, 만두, 편육, 적, 찜, 각색전유어, 나박김치, 장김치 등의 김치류, 식혜, 수정과 등의 음청류, 유밀과, 유과, 다식 등의 과정류 등으로 차렸다.

(2) 입춘

입춘은 24절기 중 첫 번째 절기로 음력설 전후가 된다. 입춘절식 음식은 입춘채라고도 하는데 눈 밑에서 묻혀 자란 새싹나물 요리인 오신반(五辛盤)이다.

① 오신반

오신반(五辛盤)은 오신채, 입춘채라고도 하며 눈 밑에서 갓 돋아난 다섯 가지 새싹으로 만든 햇나물 요리이다. 움파, 개자 싹인 멧갓, 당귀 싹인 승검초, 미나리싹, 무싹으로 만든 생채요리이다. 오신반은 매운 맛으로 입맛을 돋우는 역할과 겨울철 내내 부족했던 비타민을 보충하는 역할을 하였다

(3) 상원절

상원절(上元節)은 음력 정월 보름으로 일년 중 첫 보름달이 뜨는 날로 정월 대보름이라고 한다. 농업국인 우리나라는 달이 중요한 위치를 차지하고 있었으며, 그 첫 번째가 정월대보름 이었다. 이날은 한해의 풍년을 기원하고, 달맞이를 하며 달에게 소원을 빌기도 하였다.

정월 대보름날 이른 새벽에 일어나 청주 한 잔을 데우지 않고 마시며 일년 내내 귀가 밝기를 소원하였으며, 잣, 호도, 날밤 등의 부럼을 깨물어 1년 동안 부스럼이나 종기가 나지 않기를 기원하였다.

① 오곡밥

오곡밥은 찹쌀, 차수수, 콩, 팥, 차조 등 다섯 가지 이상의 곡식을 섞어 지은 밥으로 새해에도 모든 곡식이 잘되기를 바란다는 풍년 기원의 의미가 들어있다. 오곡밥은 주로 농민들이 오곡을 전해준 농사의 신에게 풍년을 빌며 바치던 음식이다. 이날은 다른 성을 가진 세 집 이상의 밥을 얻어먹어야 그 해 운이 좋아진다고 하여 여러 집이 오곡밥을 나누어 먹었다. 이는 반복의 의미가 들어있다.

『동국세시기』에는 '백가반'이라고 하여 봄을 타서 마르고 야위는 아이가 정월 대보름날 백집의 밥을 먹으면 이런 병을 앓지 않는다고 하여, 여러 집의 오곡밥을 얻어다 먹었다.

② 약식

약식(藥食)은 약반(藥飯)이라고도 하며 찹쌀, 대추, 밤, 잣, 꿀 등을 섞어 찐 밥으로 『삼국유사』의 사금갑의 전설에서 유래 되었다고 한다. 『동국세시기』에 의하면 찹쌀, 대추, 밤, 잣, 꿀 을 섞어 찐 밥을 먹는 것이 신라의 옛

풍속이라고 하였다. 약식은 충절을 상징하는 음식으로 주로 양반들이 해먹었고 농민들은 오곡밥을 해먹었던 것 같다. 약식은 찹쌀과 꿀, 잣, 대추 등 옛날 기준으로는 사치스러운 음식이었기 때문인 것 같다.

약식의 유래는 『삼국유사』 사금갑조에 의하면 까마귀가 역모를 알려 소지왕의 목숨을 구해주어서, 왕이 보은하기위해 약식을 만들어 대접하였다고 한다. 이때는 '나반(糯飯, 찹쌀밥)'이라고 하였고, 고려시대에는 이색의 시문집인 『목은집』에 '점반(粘飯)', 즉 찰기가 있는 밥이라고 하여 만드는 법이 시문에 들어있다. 약식, 또는 약반이라고 하게 된 것은 조선시대에 약식동원의 사상과 함께 음식에 '약'자를 붙이게 되면서부터이다. 따라서 식생활 문화는 사회 환경과 밀접한 관계가 있다고 본다.

③ 진채식

진채식은 상원채 라고도 하며, 진채는 묵은 나물을 말한다. 정월 보름날은 시래기, 호박고지, 가지, 버섯, 고사리, 고비, 박고지 등을 여름에 말려두었다가 나물로 무쳐 먹었다. 이날 묵은 나물을 먹으면 그 해 여름에 더위를 타지 않는다고 하였다.

④ 부럼

정월 보름날에는 새벽에 일찍 일어나 밤, 호두, 잣, 땅콩, 은행 등의 견과류를 깨무는데, 이는 한 해 동안 질병과 부스럼을 깨물어 없앤다는 뜻이라고 한다. 부럼은 나이 수만큼 깨물고 잣으로는 잣 불을 켜서 그 해 운수를 점치기도 하였다.

[그림 7-2] 부럼

⑤ 복쌈

정월 대보름날에 김을 굽거나 취나물이나 배추잎을 삶아서 밥을 싸서 먹는데 이를 복쌈이라고 한다. 밥을 싸는 것은 복을 싼다는 의미로 복쌈을 먹으면 복이 온다고 하였다. 또한 복쌈을 그릇에 볏단 쌓듯이 높이 쌓아 놓고 먹었는데, 이는 풍년을 기원하는 의미이다.

⑥ 귀밝이술

정월 대보름날 새벽에 일어나 청주를 한 잔씩 마시면 귀가 밝아진다고 하여 마시는 술을 귀밝이술, 또는 이명주(耳明酒)라고 한다. 이 술을 데우지 않고 찬술로 마시면 정신이 맑아지고 1년 동안 귓병이 생기지 않으며, 한 해 동안 좋은 소식을 듣는다는 하였다. 제화초복(除禍招福)의 뜻이기도 하다.

2) 이월

(1) 중화절

음력 2월 초하룻날은 중화절(中和節)로 농사철의 시작을 기념하는 절식풍속이다. 농사일을 할 사람에게 위로와 격려를 주는 뜻으로 머슴날, 노비일이라고도 한다.

① 노비송편

멥쌀가루로 익반죽하여 손바닥만 하게 빚어 팥, 콩, 꿀, 대추 등을 넣고 만들어 솔잎을 깔고 찐 떡으로 나이 수대로 나누어 먹였다. 중화절에 농촌에서는 정월 보름날 마당에 세워 두었던 화간(볏가릿대)을 아침에 거둘 때 이 볏가리대에서 거둔 벼를 빻아 떡가루를 내서 송편을 빚었다고 한다.

② 콩볶기

농가에서는 이날 콩을 볶아먹으면 새와 쥐가 없어지고, 노래기도 없어져서 청결해진다고 하여 청결을 기원하는 의미에서 콩을 볶아 먹었다.

3) 삼월

(1) 삼짇날

음력 3월 3일로 다섯 중절 가운데 하나로 삼짇날, 중삼절(重三節), 답청절, 상사일 이라고도 하며, 강남 갔던 제비가 돌아온다는 날이다. 삼짇날은 원래 상사일(上巳日)이라 하여 삼월의 첫 뱀날을 명일로 여겼으나 들쑥날쑥하여 초삼일로 고정하였는데 삼이 겹쳐서 중삼절이라고 한다. 답청절(踏靑節)이라는 뜻은 이때가 새싹이 돋고, 꽃피는 봄철이므로 들판에 나가 꽃놀이를 하고 새 풀을 밟으며 봄을 즐기기 때문에 붙여진 이름이다.

① 진달래화전

두견화전이라고도 하며 산에 핀 진달래 꽃잎을 따다가 씻어놓고, 익반죽한 찹쌀반죽을 동글납작하게 만든 다음 꽃잎을 붙여서 기름 두른 번철에서 지져낸 화전이다.

[그림 7-3] 진달래 화전

② 화면

녹두녹말과 진달래꽃을 반죽하여 익힌 다음 곱게 채 썰어 분홍색의 오미자국물에 띄운 음료이다.

③ 수면

청면, 창면이라고도 한다. 녹두가루를 반죽하여 익힌 후 가늘게 썰어 오미자 국물에 잣 몇 알과 함께 띄워내는 음료이다. 녹두녹말이 투명하여 분홍색의 오미자 국물에 비쳐 아름답고 마실 때 매끄럽게 넘어간다.

④ 진달래술

두견주, 두견화주라고 하며 진달래꽃으로 빚은 술을 말한다. 진달래술은 진달래꽃을 따서 멥쌀과 찹쌀과 누룩으로 담근 술이다.

(2) 한식

한식(寒食)은 동지에서 105일 째 되는 날로 음력 2월 하순에서 3월초가 되는데 청명과 겹치거나 하루 전후가 된다.

이날은 제사를 지내고 조상의 묘소에 성묘하는 날이다. 한식은 찬 음식을 그대로 먹는다는 의미로 묵은해에 써오던 불을 못 쓰게 하여 유래된 풍속이다.

4) 사월

(1) 등석절

음력 4월 8일은 석가모니의 탄생일로 사월 초파일이라고 한다. 이 날 저녁에 여러 가지 색의 등불을 켜서 경축하므로 등석절(燈夕節), 연등절, 관등절이라고도 한다. 이날은 많은 사람들이 절을 찾아가 소원을 빌었고, 각 가정에서도 식구 수대로 등불을 만들어 매달기도 하였다.

부처님 생신의 소찬(素饌)이라하여 느티떡과 미나리강회, 볶은 콩 등을 해서 먹었다.

① 느티떡

유엽병, 느티잎 시루떡 이라고도 하며, 느티나무의 연한 새잎을 따서 쌀가루와 섞어 찐 설기 떡을 말한다. 이 때는 느티나무에 새싹이 돋을 때이므로 느티잎을 따다가 멥쌀가루를 섞어 두툼하게 설기떡을 만들었다.

[그림 7-4] 느티떡

② 미나리나물

미나리나물이나 미나리강회를 해서 먹었는데, 이는 장수를 바란다는 뜻으로 미나리를 데치거나 무쳐 먹었다.

③ 콩 볶음

검은 콩을 깨끗하게 씻어서 볶은 것으로, 길을 가다가 사람을 만나면 볶은 콩을 권하여 인연을 맺게 하였다고 한다.

5) 오월

(1) 단오

단오(端午)는 음력 5월 5일로 수릿날, 천중절, 중오절, 단양이라고도 하며, 조상에게 제사를 드렸다. 단오날에는 그네뛰기. 씨름대회 등 여러 가지 행사를 하는 풍속이 있었다. 일년 중 양기가 가장 왕성한 날이라고 하여 큰 명절로 여겼다.

① 수리취 절편

차륜병, 단오병 이라고도 하며 수리취를 데쳐서 곱게 다져서 멥쌀가루와 잘 섞어서 찐 다음 차지게 친 후 둥글넓적하게 밀어 빚어서 수레바퀴 모양의 떡살로 문양을 낸 절편이다. 단오를 수릿날이라고 하는 것은 '수리'가 우리말의 수레를 의미하기 때문이며, 수리취 절편을 차륜병이라 하는 것은 차바퀴 모양이라는 뜻이다.

수리취가 없는 지역에서는 수리취 대신 쑥을 사용하여 같은 방법으로 만들어 먹었는데 애엽고라고 한다.

② 제호탕(醍醐湯)

제호탕은 음청류의 하나로 한약재를 넣어 만든 청량음료이다. 오매말, 축사, 백단향, 초과 등의 한약재를 고운가루로 만들어 꿀과 함께 끓여 항아리에 담아 두고 시원한 냉수에 타서 마시는 여름철 음료로 더위를 타지 않고 건강하게 지낼 수 있는 음료라고 하였다. 제호탕의 '제호'는 불교용어로 '깨닫는다.'는 의미로 정신이 상쾌해진다는 뜻이다. 따라서 제호탕은 '정신이 번쩍 들 정도로 시원하다.'라고 해서 생긴 이름이라고 한다.

궁중의 내의원에서는 단오에 제호탕을 만들어 임금님께 올렸다고 한다.

[그림 7-5] 제호탕

③ 앵두편

앵두를 쪄서 살만 발라서 설탕을 넣고 졸이다가 녹말을 넣어 굳힌 것으로 자연색을 그대로 살린 아름다운 색의 과줄이다.

앵두는 사과산, 구연산 등의 유기산이 많이 들어있고, 펙틴 함량도 많아 과편에 적합한 과일이다.

④ 앵두화채

앵두화채는 앵두를 깨끗이 씻어서 씨를 발라내는데 이때 모양이 부서지지 않게 하여야 한다. 손질한 앵두를 설탕이나 꿀에 재워두고, 설탕과 물을 끓여 차게 식힌 후 재워놓은 앵두에 부어 화채를 만들어 그릇에 담고 잣을 띄워 낸다. 단오날 민가에서 즐겨 마시던 음청류이다.

6) 유월

(1) 유두

음력 6월 15일을 유두날이라고 하는데, 유두(流頭)는 동류두목욕(東流頭沐浴)의 준말이다. 이날 동쪽으로 흐르는 물에 머리를 감는데 이는 불길하고 부정한 것을 모두 떠내려 보낸다는 의미이다. 동으로 흐르는 물에 머리를 감는 것은 동쪽은 항상 깨끗하고 양기가 가장 왕성하다고 믿었기 때문이다. 유두날에는 맑은 개울에 나가서 목욕을 하고 머리를 감으며 하루를 즐기는데 이는 상서롭지 못한 것을 막고 여름에 더위를 타지 않는다고 했다.

유두일에는 액막이로 모여 술을 마시는 '유두연'이란 잔치가 베풀어지며, 수단이 유두절식 음식으로 상에 올랐다.

① 수단

멥쌀가루를 쪄서 가래떡처럼 만든 것을 둥근 모양으로 빚어서 삶아내어 찬 오미자 꿀물에 띄워 먹는 음료이다. 이 때 물에 띄우지 않은 것은 건단이라고 한다. 고려시대의 『목은집』에는 유두일에 관한 시 속에 '백설같이 흰살결에 시고 단 맛이 섞여있다.'라고 수단을 설명하고 있다.

햇보리를 가지고 만든 보리수단도 있다.

② 편수

사각 진 모양의 차게 먹는 만두로, 소는 오이, 애호박, 쇠고기, 닭고기 등을 양념하여 빚은 것이다. 쪄서 그대로 먹기도 하고 차가운 장국에 띄어서 먹기도 한다. 개성의 향토음식이다.

③ 상화병

상화병은 밀가루에 술을 넣고 반죽하여 콩, 깨, 꿀 등으로 소를 넣어 찐 떡으로 오늘날의 찐빵과 같은 모양의 떡이다.

편수

상화병

[그림 7-6] 편수와 상화병

④ 밀쌈

햇 밀로 만든 밀가루를 반죽하여 얇게 부치고, 오이, 버섯, 고기 등을 가늘게 채 썰어 볶아서 부쳐놓은 밀전병 위에 놓고 싸서 먹는다.

⑤ 유두면

햇 밀가루를 반죽하여 둥글게 구슬 같이 빚어서 오색의 물감을 들여서 세 개씩 색실로 꿰어서 차고 다니거나 문설주에 걸어두었다. 이렇게 하면 액을 피한다고 하였는데, 이 풍습이 밀국수로 바뀌었다. 유두일에는 밀가루로 면을 만들어 먹었는데 유두일에 밀국수를 먹으면 장수한다고 하였다.

(2) 삼복

하지로부터 셋째 경일을 초복, 넷째 경일을 중복, 입추로부터 첫째 경일을 말복이라 하고 이를 합하여 삼복(三伏) 또는 삼경이라 한다. 삼복은 1년 중 가장 더운 날씨로 날씨가 더워 몸을 보하는 보신음식이 삼복 절식음식이다.

① 개장국

구장이라고도 하며, 개를 삶아서 매운 양념을 하여 땀을 내어 먹으면 더위를 물리치고 보허한다고 한다. 끓이는 방법은 지역마다 조금 씩 다르나 개를 삶아서 냄새를 없애기 위해 들깨잎, 파 등의 채소를 넣고 고춧가루를 넣어 맵게 끓인다.

② 육개장

육개장은 개고기 대신 쇠고기를 푹 고아서 파를 많이 넣고 맵고 뜨겁게 끓인 국이다.

③ 삼계탕

햇병아리에 인삼, 대추, 찹쌀 등을 넣고 고은 것으로 여름철 원기를 회복하는 보양음식이다. 오골계에 인삼, 대추 등을 넣고 푹 고아서 베보자기에 걸러서 마시기도 하였다.

④ 증편, 주악

증편은 멥쌀가루에 술을 넣고 반죽하여 발효시켜 찐 떡이고, 주악은 찹쌀을 익반죽하여 소를 넣고 빚어 기름에 지진 떡으로 둘 다 쉽게 변하지 않는다.

증편

주악

[그림 7-7] 증편과 주악

7) 칠월

(1) 칠석

칠월칠석(七月七夕)이라 하여 음력 7월 7일을 말하며, 이 날은 견우와 직녀가 일 년에 한번 오작교에서 만난다는 날이다. 칠석의 절식음식은 밀전병과 밀국수이다.

① 밀전병

밀가루를 반죽하여 부추, 파 등을 썰어 넣어 넓게 부쳐 먹는다. 칠석 이후에는 밀가루 음식에서 밀 냄새가 난다고 하여 먹지 않았으므로 칠석에 밀가루 음식을 해먹었다.

② 밀국수

밀국수는 밀가루를 반죽하여 밀대로 밀어서 채를 썰어 놓고, 국물을 만들어서 밀국수를 삶아 건진 후 만들어 놓은 국물을 부어 미나리 초대와 홍백지단을 부쳐서 고명으로 얹어 먹었다.

[그림 7-8] 밀국수

(2) 백중

백중(百中)은 중원, 백종, 망혼일이라고도 하며 음력 7월15일을 말한다. 백중은 여러 가지 채소와 과일이 많이 나오는 시기라 '백가지 곡식의 씨앗'을 갖추어 놓았다는 의미이다. 망혼일이라 함은 백중일 밤에 망친의 혼을 불러 제사를 재낸다 하여 붙여진 이름이다. 이 날 불가에서는 승려들이 부처님께 공양을 드리는 날로 우란불공을 드린다고 한다.

백중에는 각종 과일류, 오이, 산채나물, 각종 부각, 묵, 다시마튀각 등을 차렸다.

8) 팔월

(1) 추석

추석(秋夕)은 음력 8월 15일로 중추절(仲秋節), 한가위, 가배일이라고도 하며 설날과 함께 우리나라 2대 명절이다. 추수의 기쁨이 넘치는 수확의 계절로 오곡백과가 풍성한 풍요의 명절이다. 제철에 나는 식품으로 제수를 마련해 조상께 차례를 올리고 성묘를 한다.

① 송편

대표적인 추석의 절식음식이다. 추수한 햅쌀을 빻아 익반죽하여 콩, 팥, 밤, 깨 등으로 소를 넣고 빚어 솔잎을 깔고 찐 떡이다. 햅쌀로 만든 송편을 오려송편이라고 하는데 '오려'는 '올벼'의 옛말이다. 즉, 일찍 수확한 벼로 만든 송편이라는 뜻이다.

송편반죽에 소나무 속껍질을 손질한 송기나 모시잎을 찧어 넣어 찐 송편을 송기송편, 모시잎 송편이라고 한다.

② 토란탕

토란탕도 추석음식의 대표적인 절식음식이다. 토란은 몸을 보한다고 하여 즐겼으며, 토란탕의 토란과 다시마는 맛이 어울리고 장의 운동을 원활하게 해준다. 토란탕은 진한 쇠고기 국물에 토란을 넣어 끓인 국으로 토란의 점질물이나 손이 가려운 것 등을 막기 위해 토란은 소금물에 살짝 삶아 찬물에 헹구어 놓았다 국물에 넣고 끓인다.

송편

토란탕

[그림 7-9] 송편과 토란탕

③ 누름적

추석에는 도라지, 버섯, 고기 등을 꼬치에 꿰어 화양적을 만들기도 하고, 옷을 입혀 지져내어 누름적을 만들기도 한다.

④ 햇과일

추석 때는 여러 가지 햇과일이 나오는 수확의 계절이므로 갖가지 햇과일을 즐겼다.

9) 구월

(1) 중구절

음력 9월 9일은 중구(重九), 중양, 중광이라고 하며, 삼월 삼짇날 왔던 제비가 다시 강남으로 돌아간다는 날이다. 9월 중 유일한 속절이며 양수가 겹쳤다 하여 중양, 중구라고 한다.

『동국세시기』에 의하면 중구절에는 남산과 북악산에 올라가 국화주와 국화전을 먹으며 즐기는 것이 서울의 풍속이라고 하여, 깊어가는 가을을 술과 음식으로 즐기는 풍습이 있었다.

① 국화전

국화전은 찹쌀가루를 익반죽하여 둥글납작하게 빚은 후 깨끗이 손질한 국화꽃을 얹어서 지져낸 화전이다.

② 감국전

감국전은 감국 잎을 따서 손질한 후 잎의 뒤 쪽에 다진 쇠고기, 으깬 두부와 같은 양념으로 만든 소를 국화잎 모양대로 붙여서 밀가루와 달걀을 씌워 부쳐낸 전이다.

국화전

감국전

[그림 7-10] 국화전과 감국전

③ 국화주

초가을에 빚은 술이 익어갈 때쯤에 술에 깨끗이 따서 손질한 국화 꽃잎을 넣었다가 며칠 후에 걸러 낸 술이다. 향기롭게 익힌 술로 국화향이 가득 서린 술이다.

④ 유자화채

유자화채는 유자와 배화채라고도 하며, 유자껍질은 속과 겉으로 분리하여 가늘게 채 썰고 배는 얇게 저며 유자와 같은 크기로 채 썰어 놓는다. 화채그릇에 채썬 유자와 배를 돌려 담고 석류알과 유자속, 잣을 한 가운데 담은 뒤 준비한 화채국물을 가만히 부어낸다.

10) 시월

(1) 상달

음력 시월은 햇곡식과 햇과일이 풍부한 시기로 상달(上月)이라고 하여, 추수하고 햇곡식으로 제사상을 차려 가내의 안녕을 관장하는 성주신에게 감사하였다. 이를 성주제라고 하는데 술과 떡과 과일을 준비하여 가내의 평안을 기원하였다.

대부분의 부족국가의 제천의식은 10월에 실시하였는데 무천, 동맹 등이 10월에 하였다. 『해동죽지』에 의하면 10월은 단군이 세상에 내려온 달로 집집마다 시루팥떡을 해놓고 복을 빌었다고 기록되어 있다.

① 시루떡

상달고사에 올리는 떡으로 팥시루떡을 하였다. 멥쌀가루와 붉은 팥으로 찌는 데 채를 썬 무나 호박고지 등을 쌀가루에 섞고 팥을 고물로 쓰면서 두툼하게 시루에 앉혀서 쪄낸다. 붉은팥의 붉은 색은 액을 피한다는 발화, 벽화의 의미가 들어있다.

② 연포탕

연포탕은 무, 두부, 다시마 등으로 끓인 일종의 맑은 두부장국이다. 두부를 가늘게 잘라 꼬챙이에 꿰어 기름에 지져 닭고기를 섞어 끓인 국이다. 연포는 부드러운 두부라는 뜻이다. 『동국세시기』에 의하면 두부가 10월에 반찬으로 가장 좋고, 가늘게 썰어 기름에 부치다 닭고기를 섞어 끓인 국을 연포탕이라 한다고 기록되어 있다.

11) 11월

(1) 동지

동지(冬至)는 음력 11월 중순 경으로 한 해 가운데 밤이 가장 길고 낮이 가장 짧은 날이다. 동지는 밤의 길이가 가장 길어, 다시 낮이 점점 길어지므로 양이 다시 소생하는 시점이라 하여 양력설로 봐서 작은 설, 또는 아세라고 부르기도 하였다. 예로부터 동지날에는 팥죽을 쑤어서 조상께 올리고 대문, 벽 등에 뿌렸는데 이는 잡귀가 집에 들어오지 못하게 한다는 의미이다.

① 팥죽

팥죽은 팥을 푹 삶아 으깨 채에 거른 후 쌀과 함께 끓이다가 찹쌀을 익반죽하여 빚은 새알심을 넣고 끓인다. 새알삼은 자기 나이대로 넣었다고 하며, 붉은 색이 귀신을 쫓는다는 민속 신앙에서 유래되었다.

팥죽의 유래는 고대 중국의 신화에 의하면 공공씨의 아들이 천연두를 앓다가 죽어 역귀가 되어 나타나므로 생전에 싫어하던 음식인 팥죽을 쑤어 들어오지 못하게 하였다고 한다.

『조선왕조실록』에 의하면 영조가 '귀신을 쫒는다며 문에다 팥죽을 뿌리는 공공씨의 이야기는 정도에 어긋난 것이니 그만두라고 했음에도 아직도 계속 되고 있으니 잘못된 풍속을 바로 잡으라'고 했다는 기록으로 보아 조선시대에도 문에다 팥죽을 뿌리고 있었던 것 같다.

② 전약

쇠족, 쇠머리, 쇠가죽을 무르게 고아 꿀, 대추, 계피가루, 생강, 정향, 후추 등의 향신료를 넣어 끓여, 굳혀 족편처럼 썰어 만든 음식으로 추위를 막기 위한 일종의 겨울철 보양식이다. 추위에 몸을 보하는 효력이 있다 하여 궁중의 내의원에서도 전약을 만들어 왕에게 진상하였다.

팥죽

전약

[그림 7-11] 팥죽과 전약

③ 냉면

고기로 냉면 육수를 만들거나, 시원한 동치미국물 등을 준비하여 국물에 말아먹는 메밀국수 냉면은 오이나 무생채, 채썬 배, 알고명 등을 얹어서 먹기도 한다.

12) 12월(섣달)

(1) 납평절식

섣달을 납월이라 하고, 동지 후 셋째 미일을 납일이라 하여 종묘와 사직에 제사를 지냈는데, 이를 납향이라 하였다. 이 제사에 사용하는 고기(참새, 산돼지, 산토끼, 꿩, 사슴고기 등)를 납육이라 하였다.

민가에서는 참새고기를 먹으면 병이 안난다하여 참새를 잡았다.

① 납평전골

납육을 사용하여 전골을 만들어 먹었다.

(2) 제석절식

선달 그믐날로 설날 하루 전날로 제석(除夕), 세제, 세원이라고도 한다. 그 해를 마지막 보내는 날로 다음날인 설날의 준비와 한 해의 끝맺음으로 분주한 날이었다. 잡귀의 출입을 막기 위해 집안 구석구석에 불을 밝히고 밤을 새우는 풍속이 있었다.

① 골동반

비빔밥을 말하며, 밥에 여러 가지 나물과 볶은 쇠고기를 넣어 고추장과 참기름에 비벼 먹는다. 선달 그믐날이므로 남아 있는 음식을 해를 넘기지 않는다고 하여 남은 나물로 비빔밥을 만들어 먹었다.

[그림 7-12] 골동반

2. 시식

우리조상들은 춘하추동 사계절에 따라 산출되는 새로운 식품으로 음식을 만들어 먹으며 제철을 즐겼는데 이를 시식이라고 한다. 시식의 관행은 사계절 자연의 영향과 역사의 변천에 따라 자연스럽게 형성되어온 우리나라 식생활문화의 한 단면으로, 일상적인 식생활에서 제철의 맛있는 식품으로 음식을 만들어 먹는 시식의 풍습이 이루어져 왔다.

이러한 관행은 정신적인 면이나 신체적인 면의 건강을 조절하는데 도움이 되었다. 식품은 제철의 것이 맛과 영양이 풍부하고, 사람의 기호나 필요영양은 계절에 따라 요구도가 달라지기 때문이다.

1) 봄철

봄철은 여러 가지 새로운 식재료가 많이 나오는 시기이므로 시식의 종류가 다양하였다. 이 때 떡집에서는 소나무 속껍질과 찹쌀로 만든 송기떡과 대추찰편, 쑥굴레 등을 만들었고, 술집에서는 과하주라 하여 소국주, 두견주, 도화주, 송순주, 사마주 등이 유명하였다.

『동국세시기』에 의하면 녹두묵은 3월에 먹는 계절음식이라고 하였다. 녹두묵은 봄이 제철로, 이 무렵 녹두를 먹으면 여름을 건강하게 날 수 있다고 하여 녹두묵 무침인 탕평채를 만들어 먹었다.

도미찜도 봄철 시식인데 맛이 너무 좋아 승기악탕이라고 부르기도 하였다. 이 외에도 봄철 시식으로 수란, 모시조개국, 어채, 어만두, 미나리강회, 미나리나물, 승검초편 등이 있다.

2) 여름철

여름철에는 다양한 과일과 채소가 산출되는 계절이며, 나라의 각 관청에서는 반빙(頒氷)을 시작한다. 여름철 시식으로는 애호박을 이용한 호박전, 호박지짐, 칼국수와 임자수탕, 편수, 밀쌈, 상치쌈과 딸기, 참외와 수박 등의 각종 과일이 있다.

찌는 듯한 더운 날씨에 시원한 음청류를 마셨는데 미수가루, 시원한 꿀물, 오미자 화채, 복숭아와 복분자 화채, 떡수단, 보리수단 등도 여름철에 즐겨 마셨던 시식이다.

무더운 계절이므로 많은 땀을 흘리게 되어 몸을 보신하기위한 영계백숙, 육개장 등도 한 여름철 시식이다.

[그림 7-13] 임자수탕

3) 가을철

오곡백과가 무르익고 추수의 계절인 가을은 술집에서는 가을에 수확한 햅쌀로 술을 빚는다. 한해의 여러 가지 곡식을 거둔 시기이므로 송편, 무시루떡, 인절미, 대추단자. 밤단자, 호박고지떡 등을 해먹는다. 영계찜은 초가을의 시식이었으며 각색떡, 추어탕, 국화전, 국화주 등이 가을철 시식음식이다. 또한 배추와 무 등으로 김장을 하고 유과나 엿 등의 과정류를 만들어 겨울에 대비하였다.

4) 겨울철

추운 겨울철에는 전골, 신선로 등의 따뜻한 음식으로 추위를 달래고, 동치미국물의 메밀국수. 냉면, 수정과, 굴밥, 김치죽, 부편, 골무병, 떡해물전골, 해물비빔밥, 나물국 등이 겨울철 시식음식이다. 특히 물냉면이나 비빔국수, 비빔밥, 동치미, 수정과는 한겨울 맛을 내는 음식이었다. 서울의 겨울철 시식에는 설렁탕이 명물이었다.

[그림 7-14] 냉면

8장

음청류 문화

음청류는 술 이외의 기호성 음료의 총칭으로 우리나라에서 일상식, 절식, 제례, 대소연회 등에 사용된 식생활에 깊이 뿌리내린 한국고유의 음식으로 우리나라의 전통음료라고도 한다. 우리나라는 풍토가 청명하고 깊은 계곡의 맑은 물과 샘물 등 양질의 감천수(甘泉水) 가 있어 음청류가 발달하였으며 약 230여종에 이른다. 음청류의 재료는 향약재, 곡물, 계절의 열매, 꽃, 잎 등 다양하며, 자연과 계절의 변화를 음식에서 느낄 수 있어 정서 순화에도 기여하였다. 만드는 방법도 다양하여 저장성을 가질 수 있는 것들이 대부분이며, 향약재의 사용으로 병을 예방할 수 있는 약식동원의 의미가 내포되어 있는 음청류도 많다. 우리나라의 음청류 중에는 차, 화채, 밀수, 식혜, 수정과 등 지금까지 전해지고 있는 것도 있고, 탕, 장, 갈수, 장수, 숙수 등 거의 잊혀진 음청류도 있으며 그 종류는 다음과 같다.

1. 음청류의 분류

1) 호칭에 따른 분류

(1) 녹차

녹차는 차나무 잎을 가공하여 더운물에 우려 마시는 차를 말하며, 차문화에 관하여는 10장에서 자세하게 다룬다.

(2) 차

차(茶)는 각종 약재, 과일, 찻잎 등의 재료를 가루 내거나, 말리거나, 또는 얇게 썰어서 꿀이나 설탕에 재웠다가 끓는 물에 타거나, 직접 물에 넣어 끓여 마시는 것으로 차나무 잎으로 만든 녹차를 제외한 모든 차를 말한다.

① 종류

차의 종류는 매우 다양하여 80여 가지에 이르며 구기자차, 결명자차, 대추차, 인삼차, 계피차, 감잎차, 국화차, 오미자차, 생강차, 유자차, 매화차 호도차, 석류차, 쌍화차, 옥수수차, 보리차, 율무차, 다시마차, 귤피차, 모과차, 둥글레차 등이 있다.

② 차에 사용되는 재료

차에는 인삼, 숙지황, 천초, 계피, 당귀, 구기자, 오매 등의 향약재와 모과, 밀감, 오미자, 석류, 사과, 배, 등의 과일류가 사용된다. 또한 밤, 호도, 은행 등의 견과류와 옥수수, 보리, 콩 등의 곡류가 사용되며, 그 이외에 꽃과 잎, 채소류, 해조류 등이 쓰인다.

③ 감미료

차에 사용되는 감미료는 꿀과 설탕이다.

④ 고명

차 위에 올리는 고명으로는 잣, 호도, 대추, 밤, 석류, 귤피, 계피가루 등이 있다.

(3) 탕

탕(湯)은 향약을 달여 마시는 음료를 말하며 30여 가지가 된다. 탕은 꽃이나 과일 말린 것을 물에 담그거나 끓여 마시는 것과 한약재를 가루 내어 끓이거나 오랫동안 졸였다가 고(膏)를 만들어 저장해 두고 물에 타서 마시는 음료이다.

탕의 종류에는 제호탕, 국화탕, 건모과탕 수문탕, 숙매탕, 행락탕, 향소탕, 회향탕, 봉수탕, 향소탕, 온조탕, 두구탕, 백탕, 생맥산, 회향탕 등이 있다.

(4) 숙수

숙수(熟水)는 향약을 물에 넣어 달여 꿀에 타서 밀봉하여 두었다가 마시는 것으로 율추숙수, 정향숙수, 양간숙수, 자소숙수, 두구숙수, 침향숙수, 향화숙수 등이 있다. 조선시대부터는 숭늉을 숙수라고 하였다.

(5) 장

장(漿)은 여러 가지 향약, 과일, 외무리 등을 꿀, 설탕, 녹말을 푼물에 침지하여 숙성시켜서 약간 시게 하여 마시거나 향약이나 과일 등을 설탕이나 꿀을 넣고 졸여서 물에 타서 마시는 음료이다.

조선시대 말부터는 문헌에 언급되지 않아 전수되지 못한 음료로 모과장, 유자장, 매장(매실장) 등이 있다.

(6) 화채

화채는 우리나라의 전통음료로 여러 종류의 과일이나 꽃을 여러 형태로 썰어서 꿀이나 설탕에 재우거나 그대로 오미자 국물이나 설탕물이나 꿀물에 띄워 마시는 음료이다.

화채에는 오미자 국물을 많이 사용하는데, 오미자는 다섯 가지 맛을 낸다고 하여 붙여진 이름이다. 오미자는 꽃잎 넝쿨과에 속하는 열매로 꽃이 지고 난 뒤 붉은색 열매를 맺는 것을 사용하는데 화채용으로는 방금 딴 것인 햇것을 사용하여야 국물 색이 곱고 신맛이 잘 우러난다.

오미자는 독특한 방향과 산뜻한 신맛을 주며, 다섯가지 맛이란 신맛, 쓴맛, 단맛, 짠맛, 매운맛을 말하며 오장을 다스리는 효과가 있다고 한다.

오미자는 한번 씻어서 먼지를 제거한 후, 끓여서 식힌 물에 하룻밤 담가두면 색이 곱게 우러나는데 체에 걸러서 사용한다.

과일 화채에 과일이 잘 뜨게 하려면 화채의 당도가 과일의 당도보다 커야 하므로 알맞은 당도를 선택하여야 한다.

① 종류

화채의 종류는 매우 다양하며 밀감화채, 앵두화채, 오미자화채, 복숭아화채, 유자화채, 딸기화채, 모과화채, 진달래화채, 수박화채, 복분자화채, 장미화채 등이 있다.

② 재료

화채에 사용되는 재료는 각종 과일류와, 녹말가루, 계피가루 등의 가루 종류와 무, 생강 등의 채소류 등이다.

③ 감미료

감미료로는 꿀, 설탕, 시럽 등이 사용된다.

④ 고명

화채 위에 띄우는 고명으로는 잣이 가장 많이 쓰이고, 그 외에는 석류알이나 체리 등이 사용된다.

[그림 8-1] 배숙

(7) 식혜

식혜는 곡물의 전분을 당화시켜서 만드는 전통음료이다. 식혜는 엿기름가루를 우려낸 물에 밥을 담가 일정시간 삭혀 만든 음료이다. 즉, 밥에 엿기름물을 부어 엿기름물 속의 효소를 이용하여 전분을 당화시켜 단맛이 나는 음료로, 당화되어 가벼워서 떠오른 밥알을 음료에 띄워서 국물과 같이 먹는다. 엿기름은 맥아라고도 하며 보리를 수분과 온도를 조절하여 발아시킨 것으로, 수용성인 전분분해효소를 많이 함유하고 있어서 식혜제조에 사용된다. 식혜에 관한 기록은 1740년에 쓰여진 『수문사설』에 처음 기록되어 있어 우리의 고유한 음청류임을 알 수 있다.

종류로는 식혜, 연엽식혜, 안동식혜, 감주 등이 있으며, 사용되는 재료는 찹쌀, 멥쌀, 차조, 수수 등의 곡류와 생강, 연잎, 무, 고추 등의 채소류가 있다. 또한 대추, 유자청, 밤, 배, 유자, 석류 등의 과일류와 엿기름 가루 등이 사용된다.

① 안동식혜 만드는 법

안동 식혜는 경상북도 안동지방에서 발달한 식혜로 무식혜라고도 한다. 곡류로 지은 밥에 엿기름 물을 넣어 삭힌 후에 무를 썬 것과 고춧물, 생강즙을 넣고 삭힌 후 차게 해서 먹는 음청류이다. 고추가 우리나라에 들어와서 음식에 사용되고, 맥아를 식혜에 이용하게 된 18세기 중엽 이후에 정립된 음청류로 보여진다. 고춧가루와 생강과 채썬 무를 넣어 발효시킴으로 매운맛과 신맛과 단맛이 어우러진 음청류이다.

(8) 수정과

수정과는 겨울철 음료로 생강, 계피, 통후추, 흑설탕을 넣고 달인 물에 곶감을 넣은 후 잣을 띄워 국물과 곶감을 같이 먹는다.

『수작의궤』에 처음으로 수정과가 기록되었으며, 『해동죽지』에는 '백제호'라고 표기되어 있다. 『임원십육지』의 기록에는 '정과를 만들 때 그 즙까지 아울러 쓰는 것을 수정과라 한다.'고 수정과를 설명하고 있다.

종류로는 수정과, 가련수정과, 잡과수정과 등이 있으며, 사용하는 재료에는 곶감, 배, 유자, 녹말가루, 계피, 꿀, 설탕, 오미자, 통후추, 잣 등이 있다.

[그림 8-2] 수정과

(9) 미수

미수 또는 미시, 미수가루는 곡물을 가루로 만든 것으로 물에 타서 음료로 마시므로 음청류의 한 종류로 분류하였다. 미수는 여러 종류의 곡류를 쪄서 말린 후 가루로 내거나, 볶아서 가루 내어 꿀물 또는 설탕물에 타서 마시는 음료이다. 미수는 곡물을 말리거나 찌거나 볶으므로 수분함량이 낮아져서 저장성이 높기 때문에 옛날에는 미수가 저장식이나 대체식량으로 또는 구황식으로 사용되었다. 미수에는 보리미수, 율무미수, 찹쌀미수, 잡곡미수 등이 있으며 요즈음에도 몸에 좋은 다양한 곡물로 만든 미수가 가정에서 만들거나, 상품으로 출시되어 많이 음용되고 있다.

(10) 수단(밀수)

수단은 곡물을 그대로 삶거나 가루 내어 흰떡 모양으로 빚어서 썬 다음 녹두 녹말가루를 씌워 삶아 내ㅛ 꿀물에 타거나 띄워서 마시는 음료이다.

종류로는 멥쌀가루를 쪄서 둥글게 빚어 익힌 떡을 꿀물에 뛰어서 먹는 떡수단과 햇보리에 녹말을 씌워 삶아서 오미자 국물에 띄운 보리수단이 있다. 겨울철 음청류인 원소병은 찹쌀가루를 색색이 물을 들여서 반죽하여 빚어 삶아 꿀물에 띄운 음료이다. 이외에도 향설고, 송화수, 옥수수 수단 등이 있으며 사용되는 재료로는 곡류, 과일류, 생강, 통후추, 계피가루, 대추, 유자, 오미자 등이 있다.

(11) 즙(汁)

즙은 채소나 과일, 향약을 가루 내거나 잘게 썰어 즙을 내서 그 즙을 그대로 마시거나 설탕이나 꿀을 넣어서 마시는 음청류를 말한다. 즙의 종류로는 연근즙, 당근즙, 다시마즙, 마즙, 밀감즙, 미나리즙, 무즙, 양파즙, 쑥갓즙, 무청즙 등이 있다.

(12) 갈수

갈수는 농축된 과일즙에 한약재를 가루 내어 혼합하여 달이거나, 한약재와 곡물이나 누룩을 꿀과 함께 달여 마시는 음료이다. 종류로는 모과갈수, 포도갈수, 오미갈수, 임금(능금)갈수, 어방갈수, 향당갈수 등이 있으며, 장과 마찬가지로 지금까지 전수되는 갈수는 없다.

2) 사용한 재료에 따른 분류

음청류를 만들 때 사용하는 주재료에 따라 분류하면 일반적으로 곡물가루, 오미자, 꿀, 향약재, 엿기름, 과일 등으로 분류할 수 있으며, 다음과 같다.

(1) 곡물가루

곡물가루를 사용하여 만든 음청류는 주로 곡물가루를 볶아서 만든 미수로 보리미수, 찹쌀미수, 콩미수, 율무미수, 잡곡미수, 수수미수, 조미수 등 다양하다.

(2) 오미자 국물

오미자를 하룻밤 물에 담구어 두었다가 우러나온 아름다운 분홍색의 그 국물을 사용하는 음료는 주로 화채류와 수단이다. 오미자 국물은 색이 아름다워 음청류에 많이 사용하였는데 화면, 보리수단, 떡수단, 원소병, 창면, 진달래화채 등이 있다.

(3) 밀수(蜜水)

밀수는 꿀물을 말한다. 우리나라 음청류에는 감미료로 꿀이 많이 사용되었는데 꿀물을 사용한 음청류는 오미자국물에 꿀을 넣는 경우가 많아 대부분 오미자국물을 사용한 음청류와 겹치는 경우가 많다. 밀수를 사용한 음청류로는 떡수단, 원소병, 보리수단, 송화밀수, 가련화채, 향설고, 배숙 등이 있다.

(4) 약재

우리나라는 약식동원의 사상으로 떡이나 술, 죽 등 음식에 향약재를 넣어 만든 양생음식이 발달하였는데, 기호식품으로 수시로 마시던 음청류에도 약재를 사용하였다. 이러한 음청류에는 수정과, 제호탕, 생강화채, 구기자차, 계피차, 결명자차, 쌍화차 등이 있다.

(5) 엿기름

현재까지도 남아있고 대포적인 우리나라의 음청류로 불리는 식혜는 밥에 엿기름물을 부어 아밀라아제의 작용으로 전분을 당화시켜 만든 음료이다. 안동식혜, 연엽식혜, 감주 등이 있다.

(6) 과일이나 과일즙

다양한 과일이나 과일즙을 가지고 만드는 화채는 그 종류도 다양하다. 앵두화채, 수박화채, 유자화채, 배화채, 밀감화채 등이 있다.

3) 계절에 따른 분류

우리나라의 음청류는 각각 사계절에 산출되는 꽃이나 잎, 열매, 과일 등을 이용하여 만들었으므로 계절별 멋과 풍류를 즐긴 음식이다. 음청류를 계절별로 분류하면, 봄철에는 진달해 화채와 화면, 수면 등을 즐겼으며 여름에는 시원한 수박화채, 복숭아화채, 앵두화채, 가련화채, 장미화채 등을 즐겨 마셨는데 화채뿐만 아니라 떡수단, 제호탕, 보리수단, 송화밀수, 찹쌀미수 등도 즐겼다.

가을철 음청류로는 배화채와 유자화채를, 겨울철 음철류로는 원소병, 수정과, 식혜 등을 음용하였다.

2. 음청류의 역사

1) 삼국시대

삼국시대에는 미수, 감주, 박하차, 밀수, 장수 등의 음청류가 있었다. 『삼국유사』에 의하면 쌀을 쪄서 말려 양식을 삼았다는 이야기가 기술되어 있다. 곡물을 쪄서 말려 가루로 만든 것이 미수이고, 미수는 저장식이나 주식대용으로 이용될 수 있었을 것이라고 생각된다.

『삼국사기』 신문왕 왕비 폐백품목에 꿀(蜜)이 쌀, 술, 시(豉), 장(醬), 포(脯) 등과 함께 기록되어 있어 이 시대에 꿀이 있어 이용되고 있었으니 꿀물인 밀수가 음청류로 이용되었을 것으로 본다. 일본문헌인 『일본서기』에는 백제에서 꿀벌집을 가져와 양봉을 시도했다는 이야기가 나오는데 삼국시대에 이미 양봉을 했던 것이고, 꿀을 식용했음을 알 수 있다. 또한 미수도 있었으니 미수를 꿀물에 타서 먹었을 것으로 보여진다.

『삼국유사』 가락국기에는 수로왕 제사에 제수로 술과 감주가 들어있다. 감주는 식혜와 같은 제조법으로 만드나, 당화가 일어난 후에 그 전액을 밥알과 같이 끓여서 밥알에 당분이 흡수되어 가라앉은 것이 식혜와의 차이점이다. 따라서 이 시대에 엿기름을 이용한 감주가 있었던 것 같다. 농업국인 우리나라는 곡물을 이용하여 미수나 감주와 같은 음청류를 개발하여 오늘날에 이른 것으로 보인다.

『삼국사기』 김유신조에서 김유신 장군이 출정길에 자기집 장수를 부하에게 떠오게 하여 마셨다는 장수는 전분질인 밥이니 미음을 유산발효시킨 시큼한 음료이었을 것으로 생각된다.

박하차는 신라사람들이 박하를 말렸다가 차로 달여 마신다는 『본초도경』의 기록으로 보아 삼국시대에 있었던 음청류인 것으로 보인다.

2) 고려시대

고려시대는 숭불환경으로 인해 음다풍속이 극성을 이루었던 시대로 차를 많이 마셨다. 이 시대의 음청류로는 밀수, 백미장, 숙수가 있었다.

이색의 시문집인 『목은집』에는 '찌는 듯 한 더위에 얼음물에 꿀을 타 마신다.'는 싯귀가 있어 전 시대에 있었던 꿀물을 음용하였음을 알 수 있다.

『고려도경』에는 '왕성 길가에 큰 독에 백미장 을 담아 길 가는 사람에게 마시게 했다.'고 하였다. 백미장은 아마 밥을 유산발효 시켜 시큼한 맛이 나는 음청류로 전 시대에 있었던 장수와 유사한 음청류일 것으로 사료된다.

서유구의 『옹희잡지』에는 숙수에 대한 기록이 나오는데 '숙수란 향약초를 달여 만든 것으로 송나라 사람이 즐긴다. 우리나라에서는 솥바닥에 붙은 밥에 물을 붓고 끓인 것을 숙수라 한다. 이름은 같고 실물은 다르다'라고 기록되어 있어 향약초를 달여 만든 숙수가 있었고, 숭늉을 숙수라고 했음을 알 수 있다.

3) 조선시대

고려시대에는 불교의 영향으로 차문화가 발달하였기 때문에 여러 종류의 음청류가 발달하지 못했던 것 같다. 조선시대에는 유교가 국교로 정해지며 음다풍속이 쇠퇴하면서 음청류가 발달하였다.

조선시대에는 녹차이외의 대용차가 발달하여 감잎차, 구기자차, 모과차, 국화차 등과 탕, 장, 갈수, 숙수, 미시, 수정과, 즙 등의 음청류가 양생음료로 발달・보급되었다. 『진찬의궤』에는 화채에 대한 첫 기록으로 화채의 재료와 분량이 기록되어 있고, 『시의전서』에는 다양한 화채의 종류와 만드는 법이 수록되어 있다. 이 시대의 음청류에 대한 문헌들을 보면 『증보산림경제』, 『임원십육지』, 『수문사설』, 『시의전서』 등이다.

9장

차 문화

차는 우리나라 음청류의 하나이나 앞장의 음청류에서 분리하여 이 장에서 다룬다. 일반적으로 넓은 의미에서의 차(茶)는 감잎차, 유자차 등 앞장에서 설명한 대용차를 포함하여 따끈하게 달여낸 기호음료 전체를 말하나 여기에서의 차는 동백나무과의 사철나무인 차나무의 잎을 가공하여 물에 우려 마시거나 풀어 마시는 녹차를 말한다. 동양에서는 주로 녹차를 마시고 유럽이나 미국에서는 홍차를 즐긴다.

한국, 일본, 중국의 차문화는 각각의 특징을 가지고 있다. 한국의 차는 맛을, 일본의 차는 색을, 중국의 차는 향을 중시하는 경향이 있다.

차와 함께 먹는 다식의 종류도 다른데 일본은 주로 과자와 같이 먹고, 중국의 다식은 견과류가 많다. 우리나라는 콩가루, 흑임자가루, 밤가루, 송화가루 등을 꿀에 반죽하여 만드는 다식을 곁들인다.

우리나라는 삼국시대부터 차를 마시기 시작하였다. 불교의 전래와 함께 우리나라에 들어온 차는 불교를 국교로 하는 고려에서 크게 발달하였고 불교의 식인 팔관제, 공덕제에 차는 필수적인 것이었다.

차의 유행은 궁중, 귀족가문, 사찰을 중심으로 성행하였으며 왕가의례에서 잔치상에 앞서 진다례가 반드시 행하여졌다. 차 마시는 풍습의 유행과 함께 떡, 정과, 다식 등 병과류도 발달되었으며 차를 관리하던 관청으로는 연회 때의 진다(進茶)를 맡아보았던 다방(茶房)이 있었다. 그러나 조선시대에 들어오면서 숭유배불 정책으로 녹차가 없어지면서 대용차를 차라고 부르게 되었다.

1. 차의 역사

차는 인류의 역사와 함께 하여온 가장 오래된 기호식품이다. 중국의 차에 대한 최초의 전문서적인 당나라 육우가 지은 『다경』에 의하면 기원전 2700년 경 중국의 전설 속의 농업과 의약의 신인 신농씨가 처음으로 차의 효용을 발견하고 차로 마셨다고 한다. 그러나 차나무는 그보다 훨씬 전부터 있었으므로 차의 음용은 그보다 앞인 5000년 전으로 추정된다. 차는 처음에는 약용으로 사용되었으나 차를 마시게 된 것은 기원 전 1세기경인 전한 시대이며, 6세기경인 당나라 시대부터 차를 마시는 습관이 생겨났으며, 점차 기호음료로 바뀌어 널리 퍼지게 되었다.

차의 원산지는 중국이며, 정확하지는 않으나 중국의 운남성과 사천성에 걸친 지역인 것으로 알려져 있다. 중국이 원산지인 차는 불교의 전파와 함께 차의 음용과 재배에 관하여 승려들에 의하여 퍼져나갔다.

1) 차의 전래

우리나라에 차가 언제 들어왔는지 정확하지는 않으나 『삼국사기』의 기록에 의하면 신라 27대 선덕여왕(632~646)때 라고 하며, 흥덕왕 3년(828) 김대렴이 당나라의 사신으로 갔다가 차 종자를 4말 가지고 와서 지리산 쌍계사와 화엄사 일대에 심게 되면서 차나무를 재배하게 되었다고 한다. 이 기록에

[그림 9-1] 시배지 비석

의하면 우리나라에서 차의 재배가 시작된 것은 828년 이후이다. 지금도 쌍계사 근처에 시배지(始培地)비석과 야생 차밭이 남아있으며, 인근에는 1000년이 넘는 최고령 차나무도 있다.

2) 삼국시대

삼국 중 고구려와 백제는 차에 대한 기록이 없고, 신라시대에는 차에 대한 기록이 많다. 이는 불교와 함께 승려와 화랑들 사이에서 차를 마시는 풍습이 성행하였기 때문인 것으로 생각된다. 중국 전한의 명의(名医) 화타가 차를 마시면 사고력이 깊어지고, 몸이 가벼워지며, 졸음을 쫒고, 눈이 밝아진다고 차의 효능을 설명해 수도하는 불교계에서 채택되었고 차는 이렇게 불교문화와 함께 들어왔고 불교와 같이 전파되었다. 따라서 우리나라도 사찰을 중심으로 스님들이 차를 많이 마셨던 것 같고, 화랑들은 정신수양과 심신단련에 유익하여 차 마시는 풍습이 성행하였던 것 같다. 신라시대의 차는 주로 불교계 속에서 발전해나가고 있었던 것 같다.

『삼국유사』에 의하면 보천과 효명 두 왕자가 오대산에서 수양할 때 아침이면 맑은 물을 길어다 문수보살께 공양했다고 한다. 또한 차는 귀한 선물로도 쓰였던 것 같다. 『삼국사기』에는 경덕왕이 월명사에게 차한봉을 하사하였다고 기록하고 있다.

3) 고려시대

고려시대는 불교가 국교가 되면서 음다풍속이 최고조를 이루었던 시대이다. 고려의 차는 왕실뿐만 아니라 귀족, 문인, 승려, 평민들 사이에도 널리 음용되었다. 국교가 불교인 고려는 국가의식인 연등회나 팔관회에서 진다의식을 행하였으며, 궁중에서 제를 올릴 때나 왕비나 세자의 책봉식을 할 때와 궁중의 혼례 때도 진다의식을 행하였으며, 외국에서 온 사신을 맞이할 때도 차를 사용하였다. 그러므로 궁중에서는 이와 같이 차와 관계되는 일을 집행하는 관청인 다방이 설치되었다. 또한 차를 재배하여 사원에 공급하는 다촌(茶村)이라는 부락도 있었다.

민간에서도 제사 때 차를 올렸으며, 평민사회에는 여행자의 휴게소인 다원(茶院)과 달인 차를 판매하는 다점(茶店)이 있었다. '다점에서의 낮잠'이라는 시가 있는 것으로 보아 서민들에게도 다점의 출입이 일반화 되었던 것 같다.

이러한 분위기 속에서 차를 마시는데 일정한 격식과 예의가 생겨서 다도(茶道)가 형성되었는데 조선시대에 차 마시는 풍습이 없어지면서 다도는 일본으로 건너가 발전하였다.

4) 조선시대

불교와 함께 전래된 음다풍습은 고려시대부터 서민사회까지 일반화 되어 있었고 조선 초기에도 계속되어 기호음료로 애음되었다. 귀족과 승려, 문인들도 차를 마셨고, 민간에서는 약으로도 쓰였다.

조선 중기로 들어오면서 조선의 차 생활은 점점 쇠퇴하기 시작하여 16세기말 임진왜란 일어나면서 어려운 정세 속에서 차 마시는 풍속이 자연히 쇠퇴하였다. 차 문화가 쇠퇴한 이유는 유교가 국교로 되면서 숭유배불 정책에 의해 모든 의식이 유교적 성향으로 바뀌게 되었고, 그동안 차의 생산을 주도하여 왔던 사원의 위축으로 차 생산이 줄어들었기 때문이다. 또한 숭늉과 곡주인 막걸리를 마시게 된 것과 차에 대한 세금이 높아서 백성들이 차나무를 불태워 버리거나 베어버리면서 차 문화가 더욱 쇠퇴되었다. 그리고 그동안 관혼상제 때 차를 올리던 풍속이 차 대신에 술을 올리게 되었고, 술과 숭늉이 서민의 음료로 자리 잡았다. 또한 인삼차, 율무차 등의 대용차와 식혜, 수정과 등의 다양한 음청류가 발달하게 되었다. 그러나 적은 량이지만 차가 만들어져 사원에서 승려들의 차 마시는 풍습은 계속되어오다가 조선후기 19세기에 이르러 다시 성행하게 되는데 이는 다산 정약용(1762~1836)과 초의선사(1786~1866)와 추사 김정희(1786~1856)에 의해서이다.

정약용은 강진에서 유배생활을 하기 전부터 차에 대한 식견을 가지고 있었고, 유배생활에서는 자신의 병을 고치기 위해 알고 있었던 차만드는 법으로 차를 만들어 마셨는데 다산이 만들었던 차는 떡차였다. 정약용에게 배움을 구하러 찾아갔던 초의선사는 유학을 배우며 차 제조법도 배웠는데 탁월하게 차를 만들어 조선차를 널리 퍼트렸다고 한다. 초의선사는 다성(茶聖)으로 불리며 조선후기에 우리나라의 차 문화를 부흥시킨 승려이다. 또한 그는 차를 연구하여 우리 차의 역사와 효용, 차를 마시는 절차와 방법 등을 쓴 '동다송'을 저술하여 우리 차의 우수성을 널리 알렸다. 당시 명필가 추사 김정희는 초의선사의 차에 매료되어 유배 시에도 초의선사에게 차를 간절히 부탁했을 정도였다고 한다.

5) 근대와 현대

개화기인 1833년 차의 재배에 관한 업무를 관장하는 농상사라는 관청이 생겨 청나라로부터 차나무와 차씨를 수입하였고, 그 후 차나무를 심도록 하고, 다화회(茶話會)라는 모임이 열리기도 하였다. 그러나 일제시대에는 차밭을 일본인이 경영하게 되고, 생산되는 차를 일본으로 가져갔다. 또한 차의 유통과정을 일본사람이 장악하게 되어 차 문화가 침체기를 맞았고, 해방 후에는 커피와 홍차 등이 들어와서 우리의 전통차가 그 가치를 잃어버리는 것 같았으나 최근에 차가 항산화성이 뛰어나다고 알려져 웰빙식품으로 떠오르면서 그 중요성이 인식되어 다시 차 문화가 대중화되고 있다.

2. 차의 분류

차는 세계적으로 차나무의 재배지역과 품종, 재배방법과 제조방법, 풍미나 색상, 찻잎의 수확시기와 형태, 발효정도 등에 따라 다양한 종류의 차가 생산되고 있으나, 가장 일반적으로 분류하는 방법은 찻잎의 발효정도에 따른 분류이다.

차는 발효정도에 따라 불발효차, 반발효차, 발효차, 후발효차로 분류한다. 이는 차나무에서 찻잎을 채취하여 차를 만드는 과정에서 발효를 어느 정도 시키느냐에 따른 분류이다. 차에 있어 발효라는 것은 미생물에 의한 발효가 아니라 찻잎에 함유된 성분인 polyphenol화합물이 산화효소인 polyphenoloxidase에 의해 산화되어 색, 맛, 향기의 변화가 일어나는 작용을 말한다. 이외에 찻잎을 채취하는 시기와 차의 형태에 따라서도 분류한다.

1) 발효정도에 따른 분류

(1) 불발효차

불발효차는 발효가 전혀 일어나지 않게 만든 차를 말하며 녹차가 이에 해당한다. 녹차는 발효가 0%로 polyphenol oxidase를 불활성화시켜 산화가 일어나지 않게 만든 차를 말한다. 따라서 녹차는 찻잎의 녹색과 성분이 변하지 않게 제조한 불발효차이다. 녹차는 제조방법에 따라 덖음차와 증제차로 분류한다.

① 덖음차(부초차)

덖음차는 찻잎을 손으로 비벼서 가마솥에 살짝 덖어서 polyphenol oxidase를 불활성화시킨 녹차를 말한다. 덖음차는 구수한 맛이 강하고 풋내가 적어서 우리의 입맛에 잘 맞는다. 덖음차는 중국에서 많이 생산되며 우리나라의 전통 녹차도 덖음차이다.

② 증제차(찐차)

증제차는 찻잎을 100℃의 수증기로 30~40초 정도 쪄서 polyphenol oxidase를 불활성화 시킨 녹차이다. 발효가 일어나지 않아 찻잎 색을 유지할 수 있으며, 덖음차 보다 담백하고 풀냄새가 강하며, 녹색이 더 선명하나. 신한 녹색으로 일본사람들이 많이 선호하며 일본녹차가 여기에 속한다. 찻잎을 덖지 않고 수증기로 쪘기 때문에 찻잎의 모양이 곧고 빳빳하다.

③ 옥로차(玉露茶)

옥로차는 차나무의 새순이 나올 때 차광막을 덮어 일광을 차단시켜 재배한 차이다. 직사광선을 차단하여 수분을 많이 함유하고 있어서 잎의 조직이 부드럽다. 떫은맛 성분이 줄어들고 감칠맛 성분과 엽록소가 많아 녹차 맛이 부드럽고 선명한 녹색을 띤다. 일본에서 처음 개발되었으며, 최근 우리나라에서도 생산되고 있다.

옥로차는 단맛과 감칠맛을 가지고 있는 아미노산인 theanine의 함량이 특히 높고 떫은맛을 내는 catechin이 적게 들어있는 고급차이다. 옥로차는 증제차와 같이 수증기로 쪄서 효소를 불활성화 시킨 후 덖음차와 같이 곡형이나 반곡형 모양으로 만든 녹차이다.

(2) 반발효차

반발효차는 찻잎을 햇볕에 적당히 말려서 잎 주변이 갈색으로 변하고 약간 발효되면서 차향기가 날 때 쯤 볶아서 만든 차를 말한다. 반발효차의 발효정도는 20~70% 정도이다.

반발효차의 종류로는 20~25% 발효시킨 화차(꽃차), 30~40% 발효시킨 포종차, 60~70% 발효시킨 우롱차(오룡차) 등이 있다. 화차는 찻잎과 꽃잎을 혼합하여 신선한 꽃향기가 찻잎에 흡수되도록 만든 차로 꽃의 종류에 따라 자스민차, 장미꽃차, 유자꽃차 등이 있으며 자스민차가 85%로 가장 많다. 포종차는 발효도가 낮은 반발효차로 녹차에 가깝다. 우롱차는 중국의 반발효차 가운데 대표적인 차로 발효정도가 높아 홍차에 가깝다. 우롱차는 향미가 풍부한 차로, 기름기 많은 음식을 먹은 후 마시면 입안이 상쾌해진다.

(3) 발효차

세계적으로 음용되는 차의 80% 이상이 발효차인 홍차이며, 주요 산지는 인도, 스리랑카, 동남 아프리카 등이다. 발효차는 85% 이상 발효시킨 차를 말한다. 홍차는 녹차에 없는 고유한 향과 맛을 내는데, 이런 향미는 찻잎이 발효되면서 생긴다.

발효차는 polyphenol oxidase의 작용으로 찻잎에 들어있는 polyphenol 화합물을 산화시켜서 만든 차로 발효과정에서 독특한 향과 색을 만든다. 차에 함유된 tannin인 catechin과 gallocatechin이 산화효소인 polyphenol oxidase의 작용으로 산화, 중합반응이 일어나 catechin과 gallocatechin이 결합한 홍차의 적색색소인 theaflavin과 thearubigin을 생성한다.

홍차는 대표적인 발효차이며 차의 색이 붉다고 하여 홍차라고 하고 영어로는 찻잎의 색이 검다고 하여 black tea라고도 한다. 발효과정에서 클로로필이 분해되고, 비티민 C가 모두 산화되어 소실된다. 홍차에 레몬을 넣으면 비타민 C를 보강해 주고 홍차 고유의 풍미와 상쾌한 산미를 증진시켜준다.

① 홍차의 탄생

차의 원산지는 중국으로 운남성과 사천성에 걸친 지역이다. 홍차는 중국에서 탄생했는데 홍차를 제조한 것이 아니라 자연적으로 우연히 만들어진 것이다.

400여 년 전 중국의 차 농사 마을에 찻잎을 딸 계절에 청나라 군대가 쳐들어와서 사람들이 피해서 산에 숨어 있다가 청나라 군대가 물러 간 후 내려왔는데 차 보관 창고에 두었던 찻잎이 붉게 변해 있었다고 한다. 그래서 농민들은 버릴 수가 없어 차에서 나는 냄새를 없애기 위해 솥에 넣고 장작불로 말렸는데 건조한 찻잎에 윤기가 자르르 흘렀다고 한다. 농민들은 이 차를 가지고 나가서 팔았는데 녹차를 마시던 인근 지역에서는 팔리지 않아 멀리 떨어진 시장에서 헐값에 팔았는데 외국상사에 판매되어 큰 호응을 얻게 되면서 홍차의 제다법이 시작되었다고 한다.

② **홍차의 역사**

홍차는 녹차와 함께 중국에서 시작되었다. 중국의 차가 유럽에 알려진 것은 1610년 네덜란드 연합동인도 회사가 중국차를 수입하여 유럽각국에 수출하면서부터이며 이때의 차는 녹차였다. 1689년 영국은 중국으로부터 홍차를 직접 수입하게 된다. 홍차는 유럽에서 귀족들의 사교 문화를 통하여 발전하였으며, 특히 영국에서는 인기가 대단하였다. 중국으로부터 차를 수입하는데 막대한 비용이 들어가던 영국은 1823년 영국의 탐험가가 인도 아삼지방에서 야생 차나무를 발견하게 되면서 인도 식민지에 재배하게 된다. 따라서 홍차의 대량생산과 소비가 이루어지며 영국 중상류층으로 보급되었고 귀족은 물론 서민들도 차를 마시는 풍습이 성행하였다. 영국이 차 문화가 발달한 또 하나의 이유는 유럽 다른 지역은 물이 경수인 반면에 영국의 물은 연수로 차에 적합하였기 때문이다.

영국의 유명한 홍차인 얼 그레이(Earl Gray)는 찻잎에 향을 더 넣어 만든 가향차(flavery tea)로 그레이 백작이 중국에 사신으로 가서 중국 사람들이 감귤류의 일종인 베르가모트(bergamote)향을 첨가해 마시는 것을 영국에 소개한 사람의 이름에서 유래되었다.

세계적으로 유명한 3대 홍차는 인도의 다즐링(Darjeeling), 중국의 기문(Keemun), 스리랑카의 우바(Uva)이다.

기문(중국) 우바(스리랑카) 다즐링(인도)

[그림 9-2] 세계의 3대 홍차

③ **제조방법에 따른 홍차의 분류**

홍차에는 잎차형 홍차와 파쇄형 홍차가 있다. 잎차형 홍차는 잎차 형태로 향이 강하고 수색이 엷은 고급차이다.

파쇄형 홍차는 잎을 잘게 부수고 압착하여 만들며, 차를 끓일 때 빨리 우러나온다. 수색이 진하고 맛이 강하며 tea bag원료로 사용된다.

(4) 후발효차

후발효차는 덖음 과정을 거쳐 효소를 불활성화 시키는 전처리 후에 찻잎을 높이 쌓아올려서 여러 날 동안 방치하는 과정에서 곰팡이 등의 미생물이 번식하여 발효가 진행된다. 건조한 찻잎은 여러 해 숙성시키며, 미생물에 의해 발효된 것이므로 홍차와 구별하여 '미생물발효차'라고도 한다.

대표적인 후발효차에는 황차와 흑차가 있으며 대표적인 흑차에는 보이차가 있다. 황차는 독특한 향미와 순한 단맛을 내며, 흑차는 발효정도가 80% 이상으로 곰팡이 냄새가 나고 검붉은 색을 띤다.

[그림 9-3] 보이차

2) 형태에 따른 분류

(1) 단차

단차(団茶)는 덩이차라고도 하며, 역사가 매우 오래된 차로 우리나라에서도 삼국시대부터 유래되어 왔다. 단차는 찻잎을 시루나 가마에 넣고 수증기로 쪄서 절구에 넣고 찧어서 판에 넣어 눌러서 일정한 모양을 만든 다음 햇볕에 건조시켜 고체화한 차를 말한다. 모양에 따라서 둥글게 만든 것을 단차, 떡 모양으로 만든 것은 병차(餠茶) 또는 떡차라고 하고, 엽전 모양으로 만든 것은 전차(錢茶)라고 한다. 단차는 덩어리를 빻아서 가루로 마시거나 그대로 덩어리로 우려마시기도 한다.

조선 후기에 정약용은 떡차 만드는 법을 기록으로 남겼으며, 초의선사가 정약용에게 차제조법을 배워 즐겨 마셨던 차도 오늘날의 잎차가 아닌 떡차이다.

말차

단차(병차)

잎차

화차(花茶)

[그림 9-4] 형태에 따른 차의 분류

(2) 말차

말차(抹茶)는 가루차라고도 하며 수증기로 찐 찻잎을 그늘에서 말린 다음 맷돌로 갈아서 고운가루로 만든 차이다. 뜨거운 물에 가루를 넣어 타서 마시므로 찻잎에 들어있는 영양성분을 그대로 섭취할 수 있고, 다른 차보다 탁하며 일본에서는 말차가 중심이 된 다도가 성행하고 있다.

(3) 엽차

엽차(葉茶)는 잎차라고도 하며 찻잎을 그대로 찌거나 덖어서 말린 차이다. 잎의 모양을 그대로 가지고 있으며 뜨거운 물에 우려내어 마신다.

3) 찻잎 채취시기에 따른 분류

녹차는 찻잎의 채취시기에 따라서도 분류하는데 찻잎을 따는 시기가 빠를수록 차의 향이 부드럽고 맛이 좋아서 상품성이 높아지며 고급차로 평가된다. 찻잎은 성숙할수록 비타민 C의 함량이 많아지나, 쓴맛과 떫은맛 성분인 tannin의 함량도 높아진다. 또한 감칠맛 성분인 아미노산과 카페인, 총 질소 화합물과 회분의 함량은 낮아져서 품질이 떨어진다. 따라서 일찍 채취할수록 즉, 어린잎일수록 탄닌은 적고 아미노산과 총 질소 화합물이 많이 함유되어 있어서 떫은맛이 적고 감칠맛과 향이 좋으므로 일찍 채취하는 것이 좋다.

찻잎을 따는 시기에 따라 봄차, 여름차, 가을차로 분류하기도 하는데 봄차는 곡우에서 5월 상순에 따는 차로 차 맛이 부드럽고 감칠맛과 향이 뛰어나다. 여름차는 6월부터 채취하는 차로 차 맛이 강하고, 가을차는 9월 하순부터 따는 차로 섬유질이 많아 거칠기 때문에 맛이나 향이 떨어져 대부분 티백으로 만든다. 찻잎의 채취시기를 기준으로 한 분류는 다음과 같으며 품질에 따른 분류이다.

[그림 9-5] 경남 하동 야생차밭

(1) 우전차

우전차는 곡우(음력 3월 21일)전에 찻잎을 채취하여 만든 차로 은은하고 향이 짙어 최고급품이다. 아주 어린 찻잎인 햇순을 수확하여 만들기 때문에 여린듯하면서도 부드럽고 감칠맛과 향이 은은한 최상품이다. 생산량이 적어서 가격도 비싸다. 곡우가 지나면 질이 서서히 낮아지기 시작한다.

(2) 세작

우전 다음의 어린잎으로 만드는데 가장 대중적인 차이다. 곡우(음력 3월 21일)에서 입하 (음력 4월 7일)사이에 채취하는 어린 잎 차로 찻잎의 모양이 참새의 작은 혀를 닮았다고 하여 작설차라고도 한다. 색과 맛과 향이 우수하여 골고루 즐길 수 있으며, 다인(茶人)들이 많이 선호한다.

(3) 중작

중작은 입하 이후에 채취하는 차로, 잎이 좀 더 자라 퍼진 잎을 따서 만든 차이다. 일반적으로 마실 수 있는 차이나 떫은맛이 약간 강하다.

(4) 대작

대작은 하작이라고도 하며 한여름에 채취하는 차로 잎이 자라 가장 큰 잎으로 조금 억세다. 맛이 강하여 녹차의 풍부한 맛을 내기가 어려우므로 거의 시중에 유통되지 않는다.

3. 차의 성분과 효능

차의 생엽에는 수분이 75~80%, 고형분이 20~25% 정도 함유되어 있다. 고형분 성분에는 카페인, 전분, 아미노산, 아미드, 당류, 펙틴, 비타민, 무기질, 섬유소, tannin 등이 들어있다.

오랫동안 선인들이 차를 즐긴 이유는 약리적인 효과가 있어 건강에 유익하다고 생각했기 때문이다. 따라서 차는 단순히 기호음료가 아닌 약리적인 효능이 있다고 알려졌다. 불교계에서 승려들이 차를 마신 이유도 정신을 맑게 하고, 잠을 쫓으며, 몸이 가벼워지고, 사고력이 깊어진다고 해서였다. 한의학에서도 차의 효능이 우수하여 약재로 쓰여왔다. 차에는 여러 가지 항산화작용과 약리작용을 가지고 있는 성분들이 들어있으며, 차에 함유된 중요 성분과 효능은 다음과 같다.

1) 카페인

(1) 카페인의 함량

카페인(caffeine)은 찻잎의 약 3%정도 함유되어 있는데 쓴맛을 내는 알카로이드의 일종이다. 카페인은 일조량이 적은 어린잎과 차광 재배한 옥로차에 많이 들어있어서 고급차일수록 함량이 많다. 또한 덖음차가 증제차보다 카페인이 많이 함유되어 있다.

차에 함유되어 있는 카페인은 테오브로민(theobromine)과 테오필린(theophylline)이다. 녹차에 들어있는 카페인은 탄닌 성분인 카테킨과 결합하여 체내에 잘 흡수되지 않아 커피의 카페인과 다르게 몸 안에 축적되지 않고 6시간 후에 소변으로 배설되어 해롭지 않다고 알려져 있다.

(2) 카페인의 효능

카페인의 약리작용으로는 각성작용, 강심작용, 이뇨작용 등이 있다. 각성작용은 대뇌 중추 신경을 알맞게 흥분시키는 작용으로 피로회복, 집중력, 정신적 활력, 기억력 등을 증진시킨다. 카페인은 강심작용으로 혈액순환을 도와 심장의 활동을 정상적으로 이루어지게 한다. 또한 카페인의 이뇨작용은 신장의 기능을 높여서 배뇨작용을 촉진시켜 체내의 노폐물이나 피로 물질의 체외 배설을 촉진시킨다. 『본초강목』에는 차를 마시면 소변이 좋아지고, 피부병이 없어지며 잠이 적어진다고 하였다. 따라서 한의학에서는 차를 약재로도 사용하였고, 승려들은 잠을 쫓기 위해 차를 마셨다.

2) 탄닌

(1) 차에 함유된 탄닌의 종류

찻잎에 들어있는 탄닌(tannin)은 쓰고 떫은맛의 주요성분이다. 일조량이 많을수록 증가하기 때문에 어린잎일수록 적게 들어있으며 찻잎에 들어있는 카테킨은 수용성이며 열에 매우 안정하여 차로 마실 때 떫은 맛을 낸다. 따라서 카테킨은 차광막을 씌워 차광 재배한 옥로차에 가장 적게 들어있다. 찻잎에 많이 함유된 탄닌의 종류는 epicatechin, epigallocatechin, epicatechin gallate, epigallocatechin gallate의 네가지 종류이다. 찻잎에는 유리형의 카테킨보다 에스테르형인 gallate가 많고, 특히 이 중에서 epigallocatechin gallate(EGCG)의 함량이 유달리 많다. EGCG는 다양한 생리활성을 나타내는 주요 카테킨이다. 유리형인 epicatechin, epigallocatechin 은 온화하면서도 쓴 단맛을 내며, 이들의 에스테르형인 epicatechin gallate, epigallocatechin gallate는 강한 쓴맛과 순간적인 떫은맛을 가지고 있다.

[표 9-1] 찻잎 제품에 함유된 카테킨

Catechin의 종류	첫물차(%)	두물차(%)
Epicatechin(EC)	6	4
Epigallocatechin(EGC)	3	2
Epicatechin gallate(ECG)	18	20
Epigallocatechin gallate(EGCG)	54	48

(2) 탄닌의 효능

차에 함유된 카테킨은 매우 강한 항산화작용이 있으며 혈압강하작용과 혈중 콜레스테롤 저하작용 및 항균작용 등 다양한 생리활성을 가지고 있는 것으로 확인되고 있다. 또한 폴리페놀성 플라보노이드인 카테킨은 암 발생의 위험을 감소시키고, 돌연변이 억제작용으로 항암작용을 한다는 많은 연구가 있다. 이외에도 카드뮴, 납, 수은 등의 유해 중금속 축적방지 작용, 소염작용, 지혈작용, 수렴작용, 심장질환 예방작용 등이 있으며, 강력한 항산화작용으로 세포 내 지질의 산화를 방지해 노화를 억제한다고 한다. 또한 지방 대사를 촉진해 축적된 지방을 연소시켜 에너지로 바꾸어주고 중성지질을 감소시켜 비만을 막아주는 효과가 있는 것으로 알려져 있다.

[표 9-2] 차의 종류에 따른 카페인과 탄닌의 함량

(100g당)

차	카페인(g)	탄닌(g)	비타민 C(mg)
옥로차	3.5	10.0	110
말 차	5.2	10.0	60
홍 차	2.9	11.0	0

3) 유리아미노산

찻잎에는 테아닌(theanine), glutamic acid, arginine, aspartic acid, threonine 등의 아미노산이 함유되어 있는데 theanine이 가장 많이 들어있으며 유리 아미노산의 40~50%를 차지하고 있다. theanine은 단맛을 띤 감칠맛을 내는 아미노산으로 찻잎의 1~2% 함유하고 있어 차의 풍미에 중요한 역할을 한다. 또한 theanine은 카페인의 충주신경 흥분작용을 억제하는 것으로 알려져 있다. theanine은 일조량이 적을수록 많이 들어있어 어린잎일수록 감칠맛이 뛰어나며, 차광 재배한 옥로차에도 많이 들어있어 감칠맛이 뛰어난 고급차가 된다.

4) 무기질

차는 무기질의 함량이 많아 5~6%나 들어있다. 차에는 망간, 철, 아연, 구리, 불소, 요오드, 아연 등 주로 금속이온인 알칼리 생성원소가 많이 들어있다. 따라서 차는 알칼리성 기호음료이며, 몸의 생리기능을 원활하게 해주는 역할을 한다. 아연은 인슐린의 구성성분이고, 구리는 조혈작용을 하며, 불소는 충치를 예방하는 작용을 한다.

5) 비타민과 기타성분

차에는 비타민 C, 비타민 A, 비타민 B_1, 비타민 B_2, 비타민 P 등의 비타민이 함유되어 있다. 특히 비타민 C는 안정된 환원형 비타민 C(L-ascorbic acid)의 형태로 들어있다. 비타민 C는 항산화 비타민으로 스트레스를 완화시키고 항암작용을 하며, 피부미용 효과가 있다. 그러나 발효차인 홍차에는 비타민 C가 거의 들어있지 않다. 비타민 A는 점막의 상피세포를 보호하고 시력을 유지시키며 항암작용을 하는데 차에는 carotene이 많이 들어있어 비타민 A의 역할을 한다. 또한 모세혈관을 강화시키는 작용을 하는 비타민 P인 rutin을 함유하고 있다. 또한 고급차일수록 많이 들어있는 엽록소는 피를 맑게 하고, 항 노화 작용이 있는 것으로 알려져 있다.

4. 차 마시기

1) 차의 맛

차의 맛은 찻잎에 들어있는 여러 가지 성분들에 의하며, 차의 맛은 담백하여 특별한 맛을 강하게 느끼지 못하지만 자주 마시며 즐기다보면 쓴맛, 짠맛, 단맛, 떫은맛, 신맛의 다섯 가지 맛을 느낄 수 있다고 한다. 이중에서 처음 느끼게 되는 맛은 쓴맛인데 쓴맛은 역가가 가장 낮아 가장 예민하며, 미량 존재 시에는 바람직한 맛으로 인식되고 입안을 상쾌하게 하여 정신을 맑게 한다. 단맛은 입안에 가장 오래 남는다.

차를 맛있게 달이는 중요 요소는 수질, 물의 온도, 찻잎, 우려내는 시간, 찻그릇 등이다.

2) 차 끓이는 온도 및 시간

고급차일수록 카테킨의 용출을 막고 감칠맛을 내는 아미노산이 잘 우러나오도록 하려면 저온(50~60℃)에서 우려내는 것이 좋다. 물의 온도가 너무 낮을 경우에는 향미·수용성 성분의 용출이 불충분하여 맛이 싱겁다.

(1) 차의 성분과 용출온도

찻잎에 들어있는 성분들의 추출정도는 물의 온도와 밀접한 관계가 있다. 온화한 맛을 원하는 상급차의 경우에는 저온에서 우려내야 한다. 왜냐하면 질소화합물과 감칠맛을 내는 데아닌 등의 아미노산류는 60℃의 낮은 온도에서 잘 용출되기 때문이다. 물의 온도가 높을 경우에는 카페인 용출이 많아져 쓴맛을 낸다. tannin류는 80℃ 이상에서 용출되므로 강한 맛을 원하는 하급차는 고온(70~90℃)에서 단시간 침출시키는 것이 좋다. 일반적으로 녹차는 70~80℃의 온도에서 1~2분간 우리는 것이 쓴맛과 떫은맛이 적게 우러나오고 감칠맛 성분은 충분히 우려낼 수 있다. 덖음차는 증제차보다 우리는 시간을 약간 길게 하는데 이는 덖음차가 곡형이기 때문에 용출되는 시간이 더 걸리기 때문이다. 찻잎의 상태가 부서진 잎이 많거나 가루가 많을 때는 온도를 조금 낮추고, 시간을 약간 더 줄여야 한다.

[그림 9-6] 차 끓이기

(2) 발효정도에 따른 물의 온도

찻잎의 발효 정도가 높아질수록 차를 우려내는 물의 온도가 높아지며 시간도 길어진다. 비발효차 일수록 폴리페놀성분이 적게 우러나오게 해야 하며 발효정도에 따른 물의 온도는 녹차(70~80℃), 자스민차(80℃), 우롱차(95℃), 홍차(95~100℃)의 순서이다. 녹차는 발효시키지 않은 차로 카테킨 성분이 쓴맛과 떫은맛을 내므로 적게 우러나와야 한다. 따라서 온도가 너무 높으면 맛이 강해지고 비타민 C의 파괴가 일어난다. 녹차의 양은 1회에 1인분의 양으로 2~3g 정도가 알맞다.

홍차는 팔팔 끓는 물에 우려야 제 맛이 나며, 말차는 찻가루를 찻사발에 넣고 뜨거운 물을 부어 대나무를 쪼개서 만드는 차선으로 빠르게 저어 거품이 일도록 휘저어 마신다. 차 맛은 부드러운 것이 좋으며 강하고 쓴맛이 나는 것은 좋지 않다.

차가 다 우러나면 찻잔에 따라야 하는데 따르는 양은 찻잔의 60~70% 정도가 보기에 좋다.

3) 음다(飮茶)

(1) 찻물

차의 맛에 가장 중요한 영향을 미치는 요인은 차를 우려내는 물이다. 좋은 물을 사용해야 차의 맛이 좋다. 차를 끓일 때 좋은 물은 산에서 흘러내려오는 깨끗한 샘물이나 우물물이 좋다. 증류수를 사용하여도 좋으며, 경수가 아닌 연수를 사용해야 한다. 경수를 사용하면 경수에 들어있는 Ca이나 Mg 이온 등이 tannin과 결합하여 불용성인 염인 적갈색의 침전물을 형성하기 때문이다. 좋은 차 맛을 낼 수 있는 물로는 정수기를 사용하여 받은 물이 좋으며 정수기가 없는 경우에는 수돗물을 한참 흘려낸 후 받아서 하루 정도 가라 앉혔다가 사용하는 것이 좋다. 찻물은 완전히 끓은 뒤 80℃ 정도로 식혀서 쓴다.

차를 우려내어 마시는 차의 성분은 찻잎 성분 중 온탕이나 열탕에 가용성인 성분으로 단백질, 당질, 회분, 비타민 C와 카페인, 탄닌류 등 이다.

(2) 차 마시기

차를 따를 때는 윗사람에게 가장 나중에 따른다. 술을 따르는 순서와는 반대이다. 차를 마실 때는 찻잔을 오른손으로 찻잔의 중간부분을 잡고 왼손으로 받쳐서 왼손 바닥에 찻잔을 얹고 마신다. 차를 마실 때는 가슴 높이에서 오른손으로 잔을 들어서 2~3회 정도 나누어 마시는데, 차의 색과 향과 맛을 음미하면서 천천히 마신다. 다과와 함께 먹는 경우에는 차를 먼저 마셔서 차의 맛을 음미한 다음 다과를 먹는다. 다과를 먼저 먹으면 깊은 차의 맛을 제대로 느낄 수 없기 때문이다.

5. 차의 보관

차는 보관방법이 중요하다. 차는 단시일에 다 소비하는 것이 아니므로, 보관 중 색이나 향, 맛, 모양 등이 변하면 차의 맛을 제대로 느낄 수 없다. 차는 쉽게 습기를 흡수하고, 다른 냄새를 잘 흡수하며, 온도와 햇빛에 민감하여 산화작용을 일으켜 차의 특징을 잃기 쉽다. 따라서 습도, 온도, 광선, 냄새성분들과의 보관은 피해야 하며, 서늘하고 냄새가 적은 곳에 보관하여야 한다. 차의 보관 시의 주의사항은 다음과 같다.

1) 직사광선에 노출되지 않게 보관

차에 들어있는 catechin류는 산소와 쉽게 결합하여 산화작용을 일으켜 색이 변하게 되는 원인이 되며 광선은 산화작용을 촉진시킨다. 또한 차속에 들어있는 불포화지방산이나 카로티노이드도 산화를 일으켜 색이 변하거나 좋지 않은 냄새를 내게 된다. 따라서 직사관선에 노출되지 않게 보관하여야 한다.

2) 공기의 접촉을 피하고 습기를 피해 밀봉 보관

차가 습기를 싫어하고 건조한 곳을 좋아한다. 공기 중에 노출되면 차의 수분함량이 높아져서 성분의 변화가 일어난다. 따라서 차를 보관할 때는 공기와의 접촉을 막아야 하며 장마철 등에 습기가 차지 않도록 잘 밀봉하여 보관하여야 한다. 장마철에 보관할 때는 나무통이나 사기나 유리로 된 통에 밀봉하여 보관하는 것이 좋다.

조선후기 차 문화를 부흥시켰던 추사 김정희는 초의선사에게 초의차를 보내달라고 부탁할 때 습기 많은 장마철에는 차가 상하지 않게 항아리에 밀봉하여 보내줄 것을 청하였다고 한다.

습기가 스며들었을 때는 바닥이 두꺼운 팬에 살짝 볶으면 맛과 향이 살아난다. 또는 쇠로 만든 체를 사용하여 한지를 깐 후 차를 넣어서 약한 불로 고루 흔들어 말려 식힌 후 저장하여도 된다.

3) 낮은 온도에서 보관

차는 온도가 높으면 찻잎이 변질되기 쉬우므로 5℃의 냉장고에 밀봉 보관하는 것이 좋다. 차를 개봉 한 후에는 필요한 양만 따로 담고 나머지는 진공팩에 싸서 냉장고나 냉동실에 보관하면 맛이 변하지 않는다. 녹차를 냉장고에 보관 할 때는 다른 냄새를 흡수하기 쉬우므로 밀봉한 것을 다시 한 번 비닐 등으로 한 겹 더 싸서 보관하는 것이 좋다. 이는 냉장고안의 다른 반찬냄새의 흡수를 막기 위해서이다. 또한 차를 만질 때는 화장품이나 향수 등은 피하는 것이 좋다.

10장

한국 음식의 우수성

1. 한국 음식과 예술성

음식은 사람과 자연을 연결시켜주는 매개체이며 한국음식의 맛은 섬세하고 깔끔하며 다양한 재료의 조화의 미에서 나온 맛으로 음식재료, 양념, 조리방법 등이 잘 어울려야 제 맛이 난다. 한국음식의 아름다움은 자연을 음식에 담았으며 만들고 차리는 사람의 정성이 깃들어 있기 때문이다,

1) 음청류

우리나라의 음청류는 다양한 재료를 사용하였다. 한약재와 꽃, 잎, 사계절의 열매 등의 자연산물을 사용하여 자연과 계절의 변화를 음청류에서 느낄 수 있어 정서 순화에 기여 했다. 또한 한약재를 음식에 사용하여 약식동원의 의미가 들어 있어 음식에서 약의 효과를 보고자한 인체를 건강하게 해주는 과학적인 전통 음료이다. 약재(대추, 인삼, 생강, 계피, 꿀, 밤 등)를 사용하여 그로 인한 약효와 꽃이나 열매 등 자연산물 등의 향기를 그대로 살렸으며 자연색이 아름답다.

음청류에 사용되는 재료로는 국화, 진달래, 연꽃, 매화, 장미, 복숭아꽃, 동백꽃, 솔잎, 송화, 석류, 유자, 연잎 등과 다양한 과일을 사용하여 인간과 자연과의 지혜로운 조화를 이루었다.

계절에 따라 봄에는 진달래화채, 여름에는 보리수단, 가을에는 유자화채, 겨울에는 매화차 등 계절에 맞는 음청류를 즐긴 우리 조상들의 지혜와 예술성이 돋보인다.

(1) 수단과 원소병

음청류의 국물로도 오미자 국물을 활용하여 음청류의 국물 색이 아름답다. 수단과 원소병은 같은 방법으로 만드는 음청류이나 수단은 흰색의 멥쌀가루를 반죽하여 구슬 같은 모양으로 빚어 삶아 건진 후 분홍색의 오미자국물에 띠운 음청류이다. 원소병은 여러 가지 자연색으로 물을 들인 찹쌀가루를 익반죽하여 빚은 후 투명한 밀수에 띄운 음청류로 색색의 원소병이 아른거려 먹기에 너무 아까울 정도로 아름답다.

오미자국물에는 구연산, 사과산 등의 유기산이 들어 있어서 색만 아름다운 것이 아니라 여러 가지 우리 몸의 생리기능 작용을 원활하게 하여 건강에 도움을 준다.

수단

원소병

[그림 10-1] 수단과 원소병

(2) 수면과 화면

수면은 창면이라고도 하며 삼월삼짇날의 절식음식이다. 수면은 녹두녹말을 반죽하여 익힌 다음 곱게 채 썰어 녹두국수를 만든 후 오미자 국물에 띄우고 잣을 곁들인 음청류이다. 오미자 국물의 은은한 분홍색에 투명한 녹두 녹말이 아른 아른 보여 보기에도 아름답고, 마시면 매끄럽게 넘어가는 운치 있는 음청류이다.

화면은 진달래꽃과 녹두녹말로 반죽하여 만든 국수 또는 녹말을 반죽하여 익힌 것을 가늘게 썰어 오미자 국물에 꿀을 섞고 잣과 함께 띄워서 마시는 음청류로 진달래 꽃잎을 국물과 같이 먹는 운치 있는 전통 음료이다.

(3) 매화차

매화차는 반쯤 핀 매화 봉오리를 대나무 칼로 따서 밀납으로 아래 위를 봉하듯이 발라 항아리에 꿀로 재웠다가 먹는 차이다. 밀납은 황납이라고도 하며 꿀을 짜내고 남은 찌꺼기를 끓여서 굳힌 양초 같이 된 것을 말한다. 한여름에 끓는 물을 잔에 붓고 매화를 넣으면 꽃이 피어나고 향기가 매우 좋아 운치가 느껴지는 차이다.

『규합총서』에는 '섣달이 지난 후 대칼로 반만 핀 매화 봉우리를 따내서 말려 꿀에 넣어둔다. 여름 햇빛 한참 내리쬘 때 시원한 꿀물에 매화를 넣으면 꽃이 동동 뜨고 맑은 향기가 사랑스럽다.'라고 매화차 만드는 법을 설명하고 있어 매화꽃을 사용하여 음청류를 만들어 먹는 선조들의 풍류가 예술적이다.

2) 과정류

과정류는 조과류 또는 한과류라고 하며 유밀과, 유과, 다식, 전과, 숙실과, 과편, 엿강정 등으로 나눌 수 있으며 각 종류에 따라 우리나라의 고유한 조리법으로 개발한 전통음식이다. 과정류는 농업국인 우리나라의 곡물음식의 하나로 발달하였는데 모양이나 색, 형태 등이 다양하고 너무 아름답다.

(1) 다식

다식은 곡물가루, 한약재가루, 꽃가루, 녹말가루, 흑임자가루, 송화가루, 밤가루 등을 날로 먹을 수 없는 것은 볶아서 꿀과 조청을 넣어 반죽 한 후 무늬가 새겨진 다식판에 찍어내는 과줄이다. 주재료에 따라 깨다식, 송화다식, 콩다식, 흑임자다식, 밤다식, 승검초다식, 녹말다식 등이 있다. 다식은 다식판과 같은 정교하고 다양한 예술적 도구를 이용하여 '수(壽)'자나 '복(福)'자를 새기거나 꽃이나 새 모양 등 다양한 문양으로 박아내며, 다양한 색상으로 아름답다.

(2) 과편

과편은 과일편이라고 하며 사용한 과일의 종류에 따라 앵두편, 오미자편, 모과편, 살구편, 복분자편 등이 있다. 과편은 신맛의 과일을 삶아 체에 거른 후 꿀, 설탕, 녹말 풀어 놓은 물에 조려서 엉기게 한 후 굳혀서 편으로 썬 것으로 새콤달콤한 맛과 과일의 자연색으로 아름답다. 과편은 과육의 색이 변하는 사과나 복숭아, 배 등으로는 만들지 않으며 앵두편이나 딸기편 등 주재료가 지닌 자연색으로 색이 눈부시게 아름답다.

3) 음식위의 고명

고명은 한국음식의 마무리이다. 고명은 음식을 완성한 후에 그릇에 담은 후 음식의 모양을 좋게 하여 식욕을 돋우기 위하여, 또는 음식의 양념이 되게 하기 위하여 음식 위에 얹어 장식하는 것을 말한다. 고명을 웃기 또는 꾸미라고도 하는데 정갈하게 담은 음식 위에서 음식의 품위를 나타낸다. 고명은 한가지나 두 가지, 또는 여러 가지를 얹어 한국음식의 멋을 내며, 아직 아무도 손을 대지 않았다는 것을 의미한다.

우리나라의 고명은 음양오행설에 관련된 자연의 색상을 이용한다. 5가지 색은 흰색, 노란색, 빨간색, 푸른색, 검정색의 즉, 오방색을 기본으로 쓴다. 흰색(서)으로는 난백지단, 잣가루, 호도, 통잣, 통깨를 쓴다. 노란색(중앙)으로는 노른자 지단을 쓰며, 빨간색(남)으로는 실고추, 다홍고추를 올린다. 검정색(북)으로는 목이버섯과 석이버섯을 쓰며, 푸른색(동)은 실파, 은행, 미나리 초대, 쑥갓초대를, 갈색은 고기 완자, 표고버섯, 감국잎 등을 고명으로 사용한다. 색색의 고명을 음식에 맞추어서 올려놓은 음식은 아름답다.

4) 상차림

우리나라의 일상식 상차림은 밥, 국, 김치 외에 구이, 나물, 생채 등을 곁들여 5대 영양소의 균형을 맞추기가 수월하다. 또한 여러 가지 식재료가 어우러져 내는 은은한 맛과 조화미를 중시하며 3첩, 5첩, 7첩, 9첩의 반상차림은 그 자체가 예술이다. 음식을 올리는 상이나, 음식을 담는 반상기나, 상을 차린 후 덮는 상보나, 수저를 넣어두는 수저집이나 어느 하나 정성과 예술성이 결여된 것이 없다. 반상차림은 색과 입체감 등으로 우리나라 전통음식의 조화된 아름다움을 보여준다.

(1) 상

반상차림에 사용하는 상은 모양, 색상, 상다리 모양 등 다양하다. 상의 모양은 둥근 모양의 원반, 사각모양의 책상반, 아기의 돌상차림에 사용하는 팔모반 등이 있으며 상다리의 생김새에 구족반, 호족반, 죽절반 등이 있다.

(2) 반상기

① 반상기의 재질

우리나라의 반상기는 계절에 따라 계절에 맞는 음식 그릇을 사용하였다. 봄과 가을은 나무그릇을, 여름에는 사기그릇이나 자기그릇을 사용하였고, 겨울에는 열전도율이 낮은 은기나 유기로 된 반상기를 사용하여 음식이 식는 것을 지연시켰다.

② 반상기

밥이나 국, 음식을 담는 반상기는 모두 뚜껑이 있어 음식의 냄새가 혼합되지 않는다. 크고 작은 반상기에는 냉온, 동물성과 식물성, 국물 있는 것과 마른 것 등의 음식이 담겨져 있고 반상기 뚜껑에는 '복(福)', '수(壽)' 자가 새겨져 있다.

③ 수저

음식을 먹는데 사용하는 숟가락과 젓가락은 남자와 여자의 것이 달랐다. 남자의 수저는 크고 여자의 수저는 작다. 숟가락의 안쪽에는 '壽'자나 '福' 등의 글씨를 새기고 수저 끝의 연봉우리 모양의 선이 아름답다.

(3) 상보와 수저집

상을 차린 후 상위를 덮는 상보와 수저를 넣는 수저집은 예술품이다. 계절에 따라 다른 천으로 만든 상보와 곱게 수를 놓은 수저집은 우리나라 상차림의 아름다움을 보여준다.

5) 구절판

구절판은 아홉 칸의 틀 속에 가늘게 채 썬 음식을 8가지를 담고, 가운데 틀 속에는 밀전병을 얇게 부쳐서 담은 우리나라 전통음식이다. 밀전병은 얇게 부쳐서 8가지 색의 음식이 살짝 비쳐야 잘 만든 밀전병이라고 한다.

구절판 틀은 까만 뚜껑과 빨간색의 아홉 칸의 틀로 구성되어 있으며, 담는 음식의 색을 다 달리하여 음식의 맛을 보기에 앞서 뚜껑만 살짝 열어놓아도 9가지 원색의 음식의 조형으로 아름다운 예술품이다.

[그림 10-2] 구절판

(1) 한국의 숫자관

우리나라 음식에는 색과 함께 숫자에 대한 기복관이 담겨져 있다. 삼칠일의 7은 길하다는 의미이고, 납폐의례의 음식인 봉치떡의 찹쌀 3되의 3은 많다는 의미이고 봉치떡의 시루떡 두 켜는 부부 한 쌍을 의미한다.

구절판의 9는 '모두'를 뜻한다. 9중천이 우주를 의미하듯이 9절판의 9는 아홉 가지 라는 의미보다 모두를 갖추었다는 의미이다.

(2) 손놀림의 정교함

구절판은 9가지의 색으로 구성된다. 밀전병의 흰색, 당근의 붉은색, 오이의 푸른색, 고기의 갈색, 달걀지단의 노란색과 흰색, 표고버섯의 갈색, 석이버섯의 검정색, 숙주나물의 흰색 등 9가지이다. 밀전병에 채 썰어 볶은 8가지 음식을 담고 잣가루 얹은 초간장을 조금 넣어 밀전병으로 싸서 한입에 넣고 먹어야 한다. 젓가락질의 손놀림의 정교함이 부족하면 먹기 힘든 음식이다.

2. 한국음식과 건강

한국의 음식문화는 우리 생활문화 가운데 가장 발달한 부분으로 체험에서 익힌 과학성과 식품배합의 합리성이 담겨있다. 한국음식은 아름다울 뿐만 아니라 자연에서 나오는 건강의 원리가 적용된 음식들이 전통적으로 뿌리 내리고 있다.

1) slow food

우리나라 전통음식은 fast food가 아닌 slow food이다. 밥, 된장국, 김치, 나물 등 발효시켜 만들거나 조리에 시간이 많이 들어가는 음식들로, 이들은 오래 씹으면 맛이 나고, 각종 영양소가 골고루 들어있어 건강식품으로 각광을 받고 있다.

천천히 씹어 먹는 씹는 행위는 뇌 활동과도 연관이 있어 뇌를 발달시키고 치매 예방에 효과가 있다고 한다.

2) 음식재료의 혼합

우리나라 음식은 식사구성 측면에서 채소류, 버섯류, 해조류 등의 다양한 식재료를 사용하였으며, 음식재료의 혼합이 우수하다. 또한 동물성 지방은 적게 사용하고 주로 식물성 기름을 사용하였다. 또한 phytochemical이 풍부한 채소류(나물류) 섭취가 많으며, 동물성 식품과 식물성 식품의 비율이 8 : 2로 채식과 육식의 조화로운 혼합비율을 보인다.

3) 세시음식과 건강

우리나라의 세시음식은 다달이 들어있는 명절과 춘하추동 사계절에 맞추어 제철에 나는 신선한 식재료로 만든 음식을 말한다. 우리 선조들은 계절에 맞는 시절음식을 만들어서 먹음으로 적절하게 영양을 보충하는 지혜를 가지고 있었다. 따라서 세시음식은 자연에서 나오는 건강성으로 사람의 몸을 건강하게 해주는 웰빙 음식이다.

(1) 상원절식

① 부럼

정월대보름 아침에 깨무는 부럼은 견과류를 말하며 부럼은 부스럼의 준 말이다. 견과류는 식물성 지방과 식물성 단백질을 함유하고 있으며 특히 필수지방산의 급원이다. 특히 호두와 잣에는 필수지방산이며 오메가-3지방산인 linolenic acid의 함량이 높아 심혈관계 질환을 예방해준다.

견과류에는 polyphenol, flavonoid, ellagic acid 등 다양한 생리활성물질과 식물성 스테롤인 phytosterol을 함유하고 있어 혈청 cholesterol을 저하시키며, 혈전생성을 억제해준다. 견과류에 들어있는 비타민 E는 항산화 작용으로 우리 몸의 건강을 지켜주며, 견과류에는 Mg, Cu, Zn 등의 무기질이 풍부하여 겨울철 부족하기 쉬운 무기질을 공급해주는 역할을 한다. 따라서 농업국인 우리나라는 곡류위주의 겨울철 식생활에 있어 영양과 건강식으로 부럼은 중요한 역할을 하였다고 본다.

② 오곡밥과 진채식

정월대보름날에는 오곡밥과 9가지의 묵은 나물을 무쳐먹었다. 오곡밥은 찹쌀, 콩, 팥, 차조, 차수수 등 다섯 가지 곡식을 넣어 지은 밥으로 백미 편식에서 오는 영양장애를 방지하는 역할을 한다. 백미의 제한아미노산인 lysine은 두류에 많이 들어있으며, 다섯 가지 곡식의 아미노산이 서로 상호보완효과로 단백가를 높여주기 때문이다. 따라서 주식의 영양균형을 맞추어준다.

진채식은 가지, 호박고지, 고비, 시래기, 고사리, 박고지 등의 묵은 나물 9가지를 삶거나 볶아서 먹는데 이는 dietary fiber의 급원식품으로 변비를 예방한다. 또한 식이섬유는 함유된 수분에 의해 장의 발암물질을 희석시키고, 장의 연동운동을 활발하게 하여 대장세포가 발암물질과 접촉하는 기회를 줄여주며, 발암물질과 직접 결합하여 배설되므로 암 발생을 억제하는 역할을 한다.

[그림 10-3] 진채식

(2) 입춘절식의 오신반

입춘절식인 오신반은 눈 밑에서 묻혀 자란 새싹나물 요리이다. 갓 돋아난 다섯 가지 새싹으로 만든 햇나물 요리로 움파, 개자 싹인 멧갓, 당귀 싹인 승검초, 미나리싹, 무싹으로 만든 생채요리이다. 오신반은 다섯 가지 매운 맛이 나는 채소를 먹으며 입맛을 돋우는 역할과 겨울에 부족했던 비타민 A, 비타민 C와 무기질(Fe, Ca, K)을 보충하는 역할을 하였다. 새싹에는 비타민 C와 phytochemical의 함량이 높아서 계절적인 생산성과 관련된 합리적인 식생활의 균형이라고 할 수 있다.

(3) 상달고사떡

상달인 음력 10월에는 가내 안녕을 관장하는 성주신에게 가족의 평안을 기원하며 햇곡식으로 술과 떡을 마련하여 제사를 지냈다. 최남선의 『조선상식』에 의하면 '상달은 10월을 말하며, 이 시기는 일년 내 농사가 마무리되고 신곡과 신과를 수확하여 하늘과 조상께 감사의 예를 올리는 기간이다. 따라서 10월은 풍성한 수확과 더불어 신과 인간이 함께 즐기게 되는 달로서 열두 달 가운데 으뜸가는 달로 생각하여 상달이라 하였다.'고 설명하고 있다.

상달의 고사나 제사에는 팥 시루떡을 하는데 무를 채 썰어서 쌀가루에 섞어서 앉히고 붉은 팥을 삶은 고물과 한 켜 씩 앉혀서 시루에 쪄낸다. 이렇게 쪄낸 무시루떡은 쌀의 주성분인 전분의 소화를 도와주는 전분분해 효소인 무의 amylase에 의해 떡의 소화율을 높여준다. 또한 무는 쌀에 없는 ascorbic acid를 보완해주는 역할을 하므로 건강과 관련된 과학적인 배합이라고 할 수 있다.

4) 고기음식의 조리과학성

(1) 적

적은 육류, 채소류, 버섯류 등 여러 가지 재료를 썰어 양념한 다음 꼬치에 꿰어서 불에서 굽거나 팬에 지진 음식을 말한다. 산적은 익히지 않은 날 재료를 꼬치에 끼운 후 옷을 입히지 않고 구운 음식이고, 누름적은 재료를 양념하여 익힌 후 꼬치에 끼워서 지진 것이고, 지짐 누름적은 양념한 재료를 꼬치에 끼운 후 밀가루를 묻히고 달걀을 씌워 지져낸 음식이다.

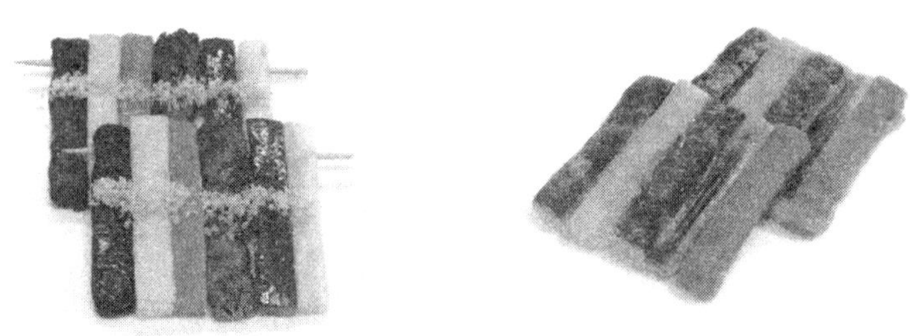

화양적 누름적

[그림 10-4] 화양적과 누름적

화양적, 지짐 누름적 등은 표고버섯과 당근, 오이, 달걀의 색을 맞추어 꼬치에 끼워 지져내는, 맛이 좋은 음식이다. 이 때 사용하는 표고버섯에는 육류의 콜레스테롤을 체외로 배설하는 작용을 하는 에리다데닌(eridadenin)과 비타민 D의 전구체인 ergosterol이 들어있으며, 오이와 당근에는 carotene, 비타민 A, 비타민 C 등이 함유되어 있어서 영양의 균형을 이룰 수 있게 식재료가 배합되어 있다.

(2) 불고기, 갈비찜

고기가 주재료인 불고기나 갈비구이 등은 육류의 주 지방산인 srearic

acid, palmitic acid 등 고급 포화지방산의 함량이 높아 혈청 콜레스테롤을 높여주는 역할을 하여 건강상 문제가 된다. 그러나 고기 양념에 반드시 들어가는 참기름은 불포화지방산이 풍부하다. 특히 필수지방산인 linoleic acid가 많이 함유되어 있어서 혈청 콜레스테롤을 저하시키는 작용을 한다.

고기음식의 양념으로 첨가하는 깨는 지방이 주성분이며 불포화지방산의 함량이 높아 콜레스테롤의 섭취로 오는 문제를 막아주는 역할을 한다. 또한 깨에는 칼슘, 철 등의 무기질과 비타민 B_1, 비타민 B_2, 비타민 E 등의 비타민이 풍부한데 비타민 E는 항산화 비타민으로 지질의 산화를 방지해준다.

마늘은 고기음식에 필수적인 양념으로 마늘에 들어있는 allicin은 항산화작용을 갖는 생리활성물질로 살균작용, 위액의 소화효소 분비 촉진작용, 총 cholesterol 함량 감소 작용, 항암작용 등의 기능을 가지고 있다. 또한 고기에 많이 함유되어 있는 비타민 B_1과 결합하여 allithiamine이 되면 비타민 B_1의 흡수를 높아지고 생리적 활성이 증가한다. 마늘, 파, 깨, 생강 등의 양념은 약리작용을 가지고 있다. 따라서 우리나라 고기음식의 양념은 맛 향상 뿐 만 아니라 영양적으로 우수하고 아주 이상적이라고 할 수 있다.

5) 비빔밥의 영양균형

비빔밥은 골동반이라고도 하며 제석절식이다. 또한 중부 이남의 음복음식이기도 하며, 농경사회에서 짧은 시간에 식사를 하기 위한 서민음식이다.

비빔밥은 밥 위에 고기와 각종 나물을 색을 맞추어 올리고 참기름과 고추장의 양념을 넣고 비벼서 먹는 종합적인 배합의 일품요리이다. 식물성 식품인 다양한 종류의 나물과 동물성 식품인 고기를 얹어 한 끼에 필요한 영양소를 골고루 섭취할 수 있는 균형 영양식이다. 자연의 생기와 기운을 지닌 제철에 생산되는 여러 가지 나물의 맛과 향기가 양념의 맛과 배합하여 맛깔스럽고 보기에도 색의 조화가 아름답다. 또한 같이 곁들이는 김치와 국과도 영양적인 면이나 음식을 먹는데 있어서 조화를 이룬다. 따라서 요즈음 항공기의 기내식으로도 인기가 많고 외국으로도 비빔밥이 진출하고 있다.

6) 발효음식과 건강

(1) 김치

한국음식의 대표인 김치는 영양적으로 우수할 뿐만 아니라 건강식품이다. 김치는 저열량, 고섬유소 식품으로 비만예방과 콜레스테롤을 저하시키고, 다양한 phytochemical을 함유하고 있어 우리 몸의 생리활성을 증진시키고 항암작용, 항산화작용, 콜레스테롤 저하 작용, 성인병 예방 및 당뇨 예방 등의 다양한 건강과 관련된 기능을 지닌 발효식품이다.

다양한 채소를 사용하여 김치를 담그므로 각종 비타민 특히 비타민 A와 비타민 C의 함량이 높다. 또한 무기질과 식이섬유의 급원이며, 다양한 젓갈의 사용으로 양질의 단백질의 공급원이기도 하다. 또한 김치에 사용하는 마늘, 생강, 파, 갓 등의 여러 가지 양념들은 각각 약리적 효과를 가진 재료들로 김치는 다양한 약리적 기능을 가진 식품이다.

발효 시 생성되는 젖산은 Ca과 Fe 등 무기질의 체내 이용률을 높여주고 숙성 시 증가되는 유산균은 장내 유해균의 생육을 억제해 정장작용을 하므로 변비 치료 및 대장암을 예방한다.

최근에 발표된 연구결과에 의하면 김치 유산균인 락토바실러스 플란타룸(*lactobacillus plantarum*)이 병원성 박테리아와 진균류, 바이러스 억제에 탁월한 효과를 내는 저분자 물질을 만드는 것으로 밝혀졌다. 따라서 김치는 복합적인 기능을 가진 건강식품이다.

(2) 장류

장류는 우리나라의 음식의 기본적인 맛을 내는 발효식품이다. 장류는 단백질의 공급원이며 유리아미노산, 핵산물질, 유기산, 무기질, 비타민 등을 함유하고 있다. 또한 비타민 B군(B_1, B_2, niacin 등)의 급원이며 발효과정에서 미생물에 의해 비타민 B_1, B_2, niacin, folic acid 등이 합성된다.

장류의 효능에 대하여 임상 실험한 연구결과에 의하면 된장에 함유된 Isoflavone이 내장지방의 면적을 감소시켜 내장지방을 제거하는 작용을 하며 발효과정에서 생성된 peptide가 소금의 혈압상승작용을 차단하여 혈압을 유지시키는 것으로 나타났다.

청국장은 제지방량(lean body mass)을 늘려서 근육량을 증가시키며, 혈당을 조절하는 것으로 나타났는데 이는 청국장에 함유된 길게 늘어나는 성분인 레반(levan)이 인슐린과 유사한 작용으로 혈당을 낮춰 줘서 혈중 당화알부민 수치를 감소시키기 때문이라고 한다.

고추장은 중성지방의 감소로 고지혈증을 개선하는 효과가 있는데 이는 capsaicin이 중성지방을 감소시키고, 세포 내의 지방을 잘 태우는 작용을 하는데 기인하는 것으로 나타났다. 따라서 장류는 우리나라의 전통 발효식품이면서 건강에 유익한 여러 가지 작용을 한다.

(3) 젓갈류

젓갈은 수산발효식품으로 다양한 어패류를 소금에 절여 삭힌 발효식품이다. 젓갈은 양질의 단백질과, 각종 무기질과 비타민, 독특한 풍미를 가진 기호식품으로 단백질 가수분해 효소 및 미생물에 의해 단백질이 분해되어 유리 아미노산, 저분자 peptide 및 핵산물질 등이 생성되어 독특한 풍미를 지닌다.

젓갈에는 특히 Ca, P, Fe 등의 무기질이 많이 들어있고, 비타민은 riboflavin과 niacin이 많이 들어있다. 다양한 분해산물과 발효에 의해서 생성된 물질들로 각 젓갈마다 독특한 풍미를 가지고 있으나, 염도가 높아 저염도 젓갈의 연구가 진행되고 있다.

7) 아침식사의 중요성

우리나라는 농업국으로 아침식사를 중요시 하였다. 따라서 생일날 생일상은 아침에 차렸다. 서구인들은 아침식사를 가볍게 하는데, 그 전날 저녁 후부터 위의 공복시간이 12시간 이상이 되므로 아침에 영양섭취가 필요하다. 따라서 우리나라처럼 아침식사를 중요시하는 문화는 과학적이다. 실제로 결식에 대한 연구결과에 의하면 아침 결식한 아동이 쉬 피로하고, 주의가 산만하며, 성적이 저조하고, 비만의 우려가 있는 것으로 나타났다. 따라서 과식이나 결식 없이 균형 있게 세끼의 식사를 통해 영양을 섭취 하는 것이 건강에 있어 중요하다고 할 수 있다.

제2편

한국 식생활 문화의 역사

1장. 선사시대의 식생활
2장. 부족국가시대의 식생활
3장. 삼국 및 통일신라시대의 식생활
4장. 고려시대의 식생활
5장. 조선시대의 식생활
6장. 개화기부터 현대의 식생활

각 민족의 식생활 문화는 자연환경과 사회 환경에 영향을 받으며 형성되어 왔다. 우리나라의 식생활문화도 자연환경과 시대의 흐름에 따라 그 시대의 정치, 경제, 사회의 영향을 받으며 형성 및 변화되어 왔다.

제1편에서는 우리나라 식생활 문화의 특성을 다루었으며 제2편에서는 우리나라 식생활문화의 역사적인 과정을 다음과 같은 시대적 구분에 의해 한국 식생활 문화의 형성과 변천을 각 시대별로 알아보고자 한다.

[표 1] 우리나라 식생활 문화 역사의 시대별 특징

시대 분류		식생활 문화의 특징
선사시대	구석기시대	- 수렵, 채집
	신석기시대	- 즐문토기 사용 - 중기 및 말기에 잡곡농사와 벼농사 시작
부족국가시대		- 농경생활의 정착, 제천의식
삼국 및 통일신라시대		- 한국 식생활문화 기본구조 성립기 - 일상식 양식 주부식 분리형
고려시대		- 한국 식생활 구조의 확대기 - 차문화와 채소음식의 발달
조선시대		- 한국식생활 문화의 전통 확립과 정비기 - 의례음식, 세시음식, 식품의 조리가공법 발달 - 식생활 규범 정착
개화시대		- 서양 식생활 전래
일제시대		- 식생활의 궁핍기
현대	해방이후~1960년대	- 해외 식량 원조
	1970년대	- 식량생산 증가
	1980년대	- 식생활 수준 향상
	1990년대 이후	- 식생활의 세계화, 웰빙 식생활의 지향

1장

선사시대의 식생활

선사시대는 원시시대라고도 하며, 문자로 된 기록이 없는 시대로 집터유적, 뼈, 돌, 동굴벽화 등 유물로 판단하는 시대이다. 구석기 시대에는 주로 사냥과 채집으로 생활하였으며 석기를 사용하였다. 그러다가 중석기 시대를 거쳐 신석기 시대에 접어들면서 즐문토기를 사용하게 되고, 조개 줍기와 고기잡이를 주로 하며, 식물채집 및 원시농업이 시작되었다. 신석기인은 움집을 만들어 살았는데, 움집 속에는 화덕터와 저장혈이 있다. 화덕에서 조리를 하였고, 추위를 막고, 조명으로 이용하였다. 굽는 조리가 주를 이루다가 토기를 사용하면서 삶는 조리가 시작되었다. 또한 예리한 칼로 회를 만들어 먹기도 하고, 연기로 그을리는 조리법도 알고 있었을 것이다.

선사시대는 구석기 시대와 신석기 시대로 분류하며 각 시대의 특징은 다음과 같다.

1. 구석기시대의 식생활

1) 전기 구석기시대의 식생활

지구상에 인류의 조상이 나타난 것은 약 250만 년 전이라고 알려져 있으며, 한반도에서 인류가 생존했다는 것은 구석기 시대의 유적으로 확인되고 있으며 약 70만 년 전 부터로 추정한다.

전기 구석기 시대에는 나무 위에서 생활하였으며 천연의 열매, 새 순, 연한 나뭇잎 등 자연식품을 채취하여 먹으면서 생활하였다. 나무위에서 내려온 구석기인들은 동굴 가까이에서 채집을 하고 초보적 무기인 천연의 돌조각, 작대기 등을 사용하여 사냥을 하였다.

(1) 수렵, 채집의 시대

구석기 시대에는 인류는 산짐승이나 들짐승을 잡고 산과 들에 자생하는 열매와 나물, 나무뿌리 등의 자연물을 채집하여 식량으로 삼으면서 생활하였다. 이 시대에는 주먹도끼, 찌르개와 같은 타제석기(뗀석기)를 만들어 사냥도구와 조리도구로 사용하였음을 구석기 문화유적에서 발견되는 유물을 통해 추정할 수 있다.

(2) 불의 이용

구석기 시대 유석의 발견에 의하면 구석기 시대 사람들은 대부분 동굴에서 살았으며, 바위 옆이나 평지에 살면서 불의 발견으로 불을 이용하여 짐승의 습격으로 부터 보호받고 추위에 견딜 수 있게 되었으며, 직화 가열의 조리가 시작되었다. 구석기 시대 유적지에서 타다 남은 동물 뼈 등이 발굴되는 것으로 보아 짐승고기를 불에 익혀 먹었음을 알 수 있다.

2) 후기 구석기시대의 식생활

후기 구석기 시대 유적지에서는 날을 세워 만든 석기가 많이 발견되고 뼈로 만든 연모도 발굴된다. 따라서 후기 구석기 시대에는 보다 발전된 석기들을 사용하여 맘모스, 곰, 야생말 등의 대형동물을 창을 던져 사냥하거나 집단으로 몰아서 사냥하는 몰이사냥을 하였던 것으로 짐작할 수 있다.

2. 신석기시대의 식생활

B.C 5,000년경에 구석기 시대가 끝나고 신석기 시대로 옮겨진다.

신석기 시대에는 빗살무늬 토기가 있었고 갈아서 만든 마제석기(간석기)를 사용하였으며, 농업이나 목축과 같은 식량생산이 시작된다. 신석기 시대 유적은 대부분 강가나 바닷가 근처에 위치하고 있어 빗살무늬 토기인들은 주로 강변이나 바닷가에 살면서 조개 줍기와 어로를 통한 물고기를 식량급원으로 하고 있었다고 생각된다.

신석기시대 유적의 많은 부분이 패총유적이며 다양한 조개류와 생선의 뼈들이 발견되어 이 시기에 어패류가 식생활의 중요한 부분을 차지했던 것으로 보인다.

신석기 시대의 혁명은 농업의 시작으로 중기 신석기 시대에 우리나라의 잡곡재배로 농업이 시작되고 말기 신석기에 일부지역에서 벼농사가 시작되었다.

1) 빗살무늬토기시대의 식생활

(1) 빗살무늬 토기

빗살무늬 토기는 즐문토기라고 하며 신석기 문화시대의 대표적인 표식으로 빗살무늬가 있고 끝을 뾰족하게 만든 토기이다. 토기가 있었던 것으로 보아 식품이나 음식을 담았으며, 굽는 조리가 주를 이루다가 토기를 이용한 삶는 조리나 끓이는 조리가 시작되었다는 것을 알 수 있다.

(2) 사냥, 어로

강가나 바닷가에서 발견되는 패총에서 나오는 유물들로 보아 농경이 들어오기 전에는 조개류를 따거나, 고기잡이와 사냥을 하였으며 이 획득물들이 중요 식량원이었음을 알 수 있다. 신석기 시대 탄화유적에서는 도토리, 밤, 조 등의 유물이 남아 있어 야생식물도 채집하여 먹었다는 것을 알 수 있다.

2) 농경의 시작

(1) 잡곡재배로 농경 시작

신석기 시대의 유적에서 농업용구와 탄화된 곡물이 발견되는 것으로 보아 신석기 시대 중기에 잡곡재배로 농경이 시작되었다. 어로 중심의 생활에서 벗어나 일정 지역에서 정착을 하면서 농경과 목축을 하였다. 농경이 시작되면서 그 동안의 주요 주거지였던 강가나 바닷가에서 언덕지대로 옮겨지고 취락이 형성되었다.

초기 농작물은 피와 기장이었으며, 농업이 점차 진전되면서 재배곡물이 기장, 조, 수수 등의 잡곡과 콩과 팥으로 증가하였다.

(2) 농업용구

신석기 시대의 농경유물로는 돌보습, 돌낫, 돌괭이, 사슴 뼈로 만든 괭이, 작대기, 멧돼지 이빨로 만든 낫, 네모꼴 또는 반달모양의 돌칼, 낫, 조개칼 등의 농업용구가 발견되어 이들을 사용하여 농작물을 수확하고 경작하였음을 알 수 있다.

곡물의 생산으로 저장의 필요성 높아져 토기의 대형화와 탈곡, 파쇄의 필요성으로 갈돌이 많아졌다. 갈돌을 사용하여 곡식을 탈각하고 부수고 빻았으며 이렇게 간 곡물을 토기에 넣고 끓여서 죽과 같은 형태로 만들어 먹은 것으로 추정된다.

3) 식품의 조리

(1) 식기와 조리용구

식기나 조리용구로는 토기와 돌망치와 갈돌 등이 있으며 돌망치로 도토리, 밤 등을 눌러 껍질 벗기고 두들겨 가루를 냈으며, 아랫돌위에 도토리를 얹고 밀돌인 상석으로 밀어 가루를 낸 것으로 추정된다. 또한 열매나 풀뿌리의 아린 맛을 토기의 물속에 담가서 우려내거나 삶아서 우려냈을 것이다. 따라서 토기는 조리용 용구와 식기를 겸하여 사용되었을 것이다.

신석기 사람들은 움집을 만들어 살았는데 신석기 시대의 움집터 속에서는 긴 네모진 화덕, 토기, 화덕터, 저장혈, 고기잡이와 사냥에 쓰인 연모 등이 발견되었다. 따라서 불을 사용하여 식품을 조리하고 저장혈에 식품을 저장하였던 것 같다.

[그림 1-1] 신석기 시대의 움집

(2) 조리법

신석기 시대에는 불울 이용한 직화 조리방법으로 달군 돌에 물고기, 짐승고기, 나무열매 등을 구워 먹거나, 긴 꼬챙이에 짐승을 꽂아 불 위에서 구워 먹었다. 실제로 암사동 선사 유적지에서 불에 그을린 돌들이 발견되었다.

토기가 있어 식품을 삶거나 데치는 조리법도 있었을 것이며, 토기에 곡물과 물을 넣고 가열하여 곡물을 끓인 죽이 있었으며, 야생동물, 물고기, 조개 등을 예리한 칼로 회(膾)를 만들어 먹기도 하였을 것이다.

2장

부족국가시대의 식생활

북방계 유목민들이 동쪽으로 이동하면서 중국의 농경술과 무문토기를 가지고 들어와 우리나라의 즐문토기인과 합하여 예맥족을 형성하였고 이들은 B.C. 2000년경에 단군 고조선을 세웠다. 단군 조선이 이루어질 무렵 우리 민족은 서남 만주 일대와 한반도 북부에 살고 있었다. 이 지역에 자리 잡은 민족은 벼농사와 청동기 문화를 먼저 받아들여 강력한 부족사회 이루었다.

우리나라의 건국신화에 의하면 환웅천왕은 사람으로 되기 원하는 곰과 범에게 쑥(艾)과 마늘(蒜)을 먹고 100일 동안 기도하며 햇빛을 보지 못하게 명하였는데, 범은 이 약속을 지키지 못 하였고, 곰은 이를 지켜 환웅과 결혼하여 단군을 낳았다고 한다. 이는 쑥과 마늘이 기도하는 데 필요한 상징적인 물건으로서의 뜻만이 아니라 당시에 이미 사용되고 있던 대표적인 약물인 동시에 식물이었음을 나타내며, 종교적 의미와 결부시켜 일종의 영양교육의 역할을 한 것으로 볼 수 있다.

청동기 시대에는 농경이 뿌리를 내리기 시작했고 목축도 발달하였다. 청동기 시대를 대표하는 토기는 무문토기이며, B.C. 2세기경에 우리나라에 위만(違滿)과 한무제(漢武帝)에 의해 철기문화가 들어왔다.

부족국가 시대의 곡물에는 조, 기장, 수수, 보리, 벼, 콩, 팥, 밀 등이 있었고, 채소는 박이 낙랑고분에서 출토되었으며, 과일은 밤과 대추가 많이 생산되고, 복숭아, 오얏, 잣 등이 있었다.

북부지방에는 여우, 너구리, 흰곰, 멧돼지, 고라니, 사슴, 노루 등의 사냥이 활발하였다. 무용총 약수리 고분에 사냥하는 모습이 그려져 있다. 가축으로는 소, 돼지, 개, 닭, 말 등이 있었고 특히 부여에서는 관직 이름으로 마가(馬加), 우가(牛加), 저가(豬加), 구가(狗加)를 들고 있다. 관직명이 가축뿐인 맥족은 가축의 조리에도 능숙하여서 맥적(貊炙)이라는 고기요리가 있었는데, 이는 소, 돼지, 개 등의 고기에 부추와 마늘을 넣고 발효식품인 장으로 조미하여 구워먹는 한국식 고기구이나 불고기의 원형이라고 볼 수 있다.

부족국가 시대의 식생활에 관한 자료는 중국의 『삼국지』 위지 동이전과 『후한서』와 우리나라의 문헌으로는 『삼국사기』, 『삼국유사』에 조금 기록되어 있다.

1. 벼농사의 실시

1) 우리나라의 벼농사

(1) 우리나라 벼농사의 기원

우리나라의 벼농사는 탄화 미립의 발견으로 미루어 볼 때 B.C. 2000년경으로 지금으로부터 약 4000년 전에 시작되었다고 본다. 우리나라에서는 벼의 야생종이 발견되지 않았으므로 벼의 원산지는 아니며, 중국에서 벼농사가 전래되었다. 아시아 재배 벼의 기원지는 여러 가지 견해가 있으나 중국의 서남부의 운남 지역과 인도의 서북부의 앗삼 지방으로 보고 있다. 우리나라의 벼농사는 청동기 문화기에 이르러 널리 실시되었으며, 서·남해안 지역을 비롯하여 내륙지방으로 널리 퍼진 것 같다.

(2) 유입경로

청동기 시대를 대표하는 민무늬토기 시대에 중국의 벼농사가 들어왔는데 한반도로 전달되어온 경로에는 두 가지 설이 있다. 하나는 중국의 북부지방에서 요동반도를 거쳐 압록강을 건너 우리나라 북쪽으로 들어왔다는 북로설이고, 다른 하나는 황해를 건너 서남해안으로 들어왔다는 황해횡단설인데 북로설이 유력하다. 이는 벼농사의 시작시기가 청동기 문화의 전개시기로 우리나라의 벼농사의 유입경로가 청동기 문화의 유입경로를 따라 북로를 거쳐 들어왔다고 보기 때문이다. 벼농사가 들어온 이후로 황해를 건너 재배기술 등이 유입되었던 것으로 추정된다.

2) 부족국가 시대의 농경

(1) 청동기 시대와 철기시대의 농경

청동기 문화의 대표적인 특징인 반달모양 돌칼은 벼의 수확용구로 곡물의 생산량이 많아졌음을 보여준다. 반달형돌칼은 청동기 시대에 한반도 전역에 걸쳐 수확용구로 쓰이고 있었으며, 모양은 지역에 따라서 조금씩 다르다. 중국의 농경유적인 앙소문화와 용산문화에서 발견된 반달형 돌칼이 한반도에서도 발견되고 있어 중국의 농경문화가 우리나라로 전래된 것을 입증해주고 있다.

철기문화의 유입으로 철제농기구를 수입, 제작하면서 농경문화를 더욱 발전시켰다. 철제농기구의 사용으로 농산물의 수확량이 증가 하였다. 이 시대 유적지에서는 쇠낫, 쇠괭이, 쇠보습, 반달모양의 철제칼 등이 출토되었다. 따라서 철제농구의 개량 및 대량생산과 함께 가축을 이용하여 쟁기를 끌고 관개공사를 하여 농산물 생산기술의 혁신을 가져오게 되었다.

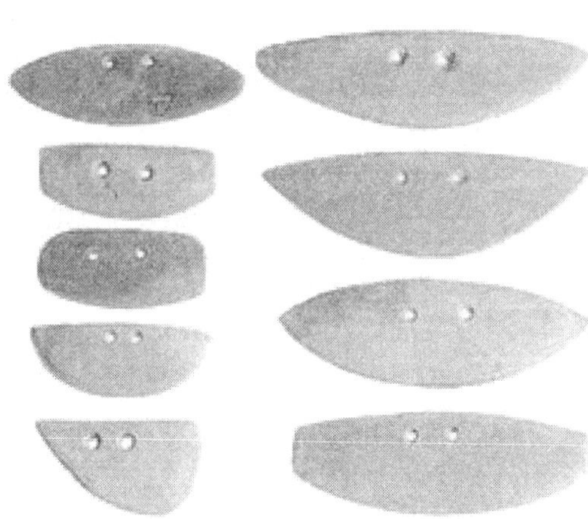

[그림 2-1] 반달돌칼

(2) 농경의식

부족국가 시대에는 좋은 밭이 적어 식량이 부족하여 사직(社稷)에 제사를 지냈고 추수 후에 수확에 대한 감사의 뜻에서 추수감사제를 올렸다. 각 부족마다 이러한 제천의식 후에 함께 모여 음식가무(飮食歌舞)하였다. 고구려에서는 동맹(東盟), 예에서는 무천(舞天), 부여에서는 영고(迎鼓)라고 하였고, 마한에서는 5월 씨뿌리기 전에 제사를 드렸다.

(3) 밭농사와 논농사

북부에서는 조, 기장, 콩, 보리, 밭벼가 주요 농작물 이었으며 한강상류 가평에서 철기시대 밭벼씨가 출토되었다. 남부에서는 논농사와 밭농사를 병행하였다. 경남에서 탄화미 출토되어 논농사를 실시했음을 알 수 있다.

(4) 곡물의 종류

부족국가 시대는 농업이 주산업으로 잡곡농사와 벼농사가 실시되었다. 부족국가시대의 곡물로는 마, 기장, 조, 보리, 콩 의 오곡과 벼가 생산되었으며, 우리나라 여러 지역에서 이 시대의 곡물의 유물이 발견되고 있다. 우리나라는 벼농사국 이지만 쌀과 함께 잡곡, 콩류 등 오곡을 함께 재배하였다. 이 시대의 유적지에서 피, 기장, 팥, 수수 등의 유물도 발굴되었으며, 만주지방이 원산지인 콩의 유물도 발견되었다. 보리는 조나 기장보다 늦게 들어왔는데, 경기도에서 겉보리가 출토되었으며 주몽의 전설에도 보리가 나온다.

2. 사냥 및 목축

1) 사냥

북부에서는 사냥이 식재료 획득의 중요한 수단이었다. 남부에서는 농경에 의지하였으므로 사냥이 북부만큼 활발하지는 않았다. 북부의 사냥대상물은 여우, 너구리, 흑색원숭이, 흰곰 등이었고, 남부의 사냥대상물은 멧돼지, 고라니, 사슴, 노루 등이었다.

사냥의 무기는 활로, 주몽이 활쏘기에 능했으며, 주몽이 사용하던 활의 길이 4척, 화살촉 靑石, 화살대는 싸리나무로 길이 1척8촌이라고 삼국지 위지 동이전에 기록되어 있다.

2) 목축

(1) 부여의 목축

부여족은 유목민족으로 관직명이 마가(馬加), 우가(牛加), 저가(猪加), 구가(狗加) 등으로 짐승을 기르는데 능숙하였음을 알 수 있다. 부여에서는 소와 말이 귀중한 재산으로 혼사에 선물로 사용하였다고 한다. 주몽의 어머니 유화(柳花)의 이야기에서도 알을 낳아 개, 돼지, 소, 말, 새에게 주었는데 그들이 피하였다고 하여 그 시대에 이러한 가축을 기르고 있었음을 알 수 있다

(2) 가축의 종류

부족국가 시대의 가축의 종류로는 소, 말, 돼지, 개, 닭 등이 있으며 조개무지에서 소, 말, 개의 뼈와 멧돼지의 뼈와 이빨이 출토되고 있어 이들을 식용하였음을 알 수 있다.

우리나라는 석탈해, 김수로왕, 주몽 등 난생신화가 많은 것으로 보아 일찍부터 닭을 길렀고 좋은 닭이 있었다고 하며, 한(韓)에는 세미계가 있었다고 한다.

3. 식품의 조리 및 가공

1) 곡물의 조리가공

『삼국지』 위지동이전에 의하면 고구려에는 큰 창고는 없고 집집마다 작은 창고인 부경이 있었다고 하는 것으로 보아 곡물을 저장하는 창고가 있었고, 안악고분벽화에는 시루와 큰 주걱을 들고 있는 여인의 모습이 있어 알갱이를 그대로 쪄서 먹는 입식(粒食)이 본격화된 것 같다. 또한 이 시대의 유물에 시루가 출토 되어 다양한 재배 곡물을 이용한 곡물음식으로 시루에 찐 밥

[그림 2-2] 안악고분 벽화

이나 찐 떡이 있었던 것 같다. 또한 곡물 외에도 시루를 이용하여 찌는 음식인 어패류의 찜이나, 고기류의 찜 등이 있었을 것이다.

2) 발효(醱酵)식품

『삼국지』 위지 동이전에 고구려 사람들이 장양을 잘한다고 한 것으로 보아 이미 이 시대에는 콩을 이용하여 미생물을 활용한 발효식품인 장류가 있었던 것으로 보인다. 또한 생선의 창자, 위, 알주머니 등을 소금에 절여 삭힌 젓갈인 어장장(魚腸醬)이 있었을 것이며, 곡물로 술을 빚었음을 쉽게 짐작할 수 있다.

채소의 발효식품인 김치에 관한 문헌에 기록은 없으나 소금이 있었으므로 채소나 야생초 등을 소금에 절이는 절임류의 김치도 있었을 것으로 본다.

3) 고기음식

우리의 조상인 맥적들이 해먹어서 중국에까지 그 이름을 날렸던 맥적(貊炙)은 주재료인 고기(소, 돼지, 개 등)에 훈채(마늘, 부추, 파)를 넣어 발효식품인 장으로 양념하고 꼬챙이에 끼워 불에 구운 고기음식이다. 고구려는 수렵이 활발하여 육류를 많이 이용하였을 것이고, 고구려의 육류 요리인 맥적은 한국식 고기구이의 원형으로 보인다.

단군신화에 연결되어 있는 마늘은 맥적의 맛을 향상시키고 육류의 누린내나 비린내 등의 냄새를 방지하였다 또한 항균작용으로 육류의 부패를 방지하는 역할을 하였다.

3장

삼국 및 통일신라시대의 식생활

삼국시대는 고구려, 백재, 신라의 세 나라가 정립하던 시대로 완숙한 철기 문화를 흡수하여 생산기술의 혁신을 가져왔으며, 중국문화를 받아들여 중국을 통하여 불교가 들어오기도 하였다. 삼국은 농업이 본격화되었던 시대로, 철제 낫 등 철제 농기구가 보급되었고, 소를 이용하여 경작했으며, 수리공사로 많은 저수지를 만들어 농산물의 생산량이 늘어나 강력한 국가체제가 성립되었다.

백제는 서해안이 비옥한 평야를 차지하고 벼농사가 가장 활발하였으며, 벼농사와 쌀밥이 가장 먼저 전파되었다. 북쪽에 위치한 고구려는 기후와 풍토에 따라 주로 조를 재배 하였으며, 신라는 보리농사를 주로 하면서 벼농사도 하였다. 중농정책으로 국물이 증산되고 철제 솥의 보급으로 밥 짓기가 시작되었다. 이 시대에는 식품의 가공, 저장 기술도 발달되어 일본에 전해 주었으며, 이미 메주를 발효하여 장을 담그는 법이 등장하였다. 또한 당나라로부터 차가 전래되었으며, 차는 불교와 더불어 사원을 기점으로 퍼져나갔다. 삼국시대 후기에 주식과 부식의 분리형인 일상식의 구조가 확립되었다.

통일신라는 고구려와 백제의 문화를 흡수하여 통일된 문화로 융합하여 새로운 식생활체계를 확립하였으며, 이 시기의 식생활은 풍요로웠다. 제도적으로 귀족과 서민의 신분이 나뉘어 있었으며, 귀족식과 서민식이 정착되었으며, 귀족들은 사치스럽고 풍요로운 식생활을 하였다. 통일신라 이후는 농경이 더욱 발달하고 쌀의 생산증가로 쌀밥의 주식화가 일반화되어 우리나라 식생활

체계가 정착된 시기라 할 수 있다.

삼국 및 통일 신라 시대의 식생활은 고려 인종 1145년 유학자 김부식이 저술한 『삼국사기』와 고려 충렬왕 때 1281~1283년경 일연스님이 쓴 『삼국유사』이 기록되어 있다. 또한 중국의 농서인 『제민요술』과 일본의 『고사기』, 『일본서기』, 『정창원문서』 등에도 우리나라 식생활과 관련된 내용들이 기록되어 있다.

1. 농경의 토착화

1) 철제농구의 보급

철기문화가 뿌리내림으로 철제 농구가 일반화되어 농산물의 생산량이 늘어나고 삼국은 농업이 기본산업이 되었다. 이 시대 유적에서는 쇠스랑, 가래, 쟁기 등이 출토되고 삼국의 고분에서는 철제 낫도 출토되었다. 또한 농경기술도 더욱 향상되어 소를 이용하여 농사를 지었다. 백제에서는 벼농사 위한 수리(水利)사업에 힘쓰고, 고구려에서는 농경법의 개선에 관심을 기울였으며, 백제보다 벼농사가 늦게 들어온 신라에서는 천문 관측을 위해 첨성대를 세우는 등 농경에 힘썼다.

2) 곡물의 종류

삼국시대에는 벼농사가 일반화되었고, 벼의 품종에도 멥쌀과 찹쌀이 있었다. 정원대보름 절식 음식인 약반의 유래가 된 『삼국유사』의 사금갑의 이야기에 나오는 나반은 나미로 지은 밥이니 찹쌀도 있었다.

신라사람 들은 보리를 상식(常食)하였고, 왕이 보리농사를 살폈다는 기록으로 보아 신라는 보리농사를 많이 한 것 같다. 이외의 삼국시대의 곡물로는 겉보리, 호밀과 밀이 출토되었고, 검은콩과 흰콩, 조 등이 있었으며, 쌀이 일반화 되었으나 서민들의 주요 식량은 조, 콩, 기장, 보리 등 잡곡류이었다.

2. 식품의 생산

1) 채소와 과일

삼국시대에는 아욱, 순무, 배추, 상치, 가지, 오이, 동아, 박, 마, 참외 등의 채소가 생산되었고, 버섯도 왕에게 진상되는 품목이었고, 훈채인 마늘을 생산하는 마늘밭도 있었다.

우리나라의 밤은 좋은 품종이 있었고, 신라의 잣은 귀한 식품으로 명산물로 중국에 진공품으로 사용되었다. 과일의 종류를 보면 감귤류는 탐라에서 생산되었으며, 복숭아, 참외, 오얏, 개암, 살구 등이 있었다.

2) 수산물 및 해조류

삼국시대는 어업이 발달하여 원양어업을 하였으며, 신라는 조선술이 발달하여 일본에 전하였다. 삼면이 바다인 우리나라는 수산물이 풍족하여 다양한 어패류를 식량으로 했다. 삼국시대에는 숭어, 붕어, 방개, 문어, 조개무리, 전복, 거북 등을 식용으로 하였으며, 제주도 전복은 일본에 까지 이름이 전해졌으며, 중국문헌에는 신라에는 조개무리가 많다고 기록하고 있다.

해조류로는 곤포(昆布)와 미역 등이 있었으며, 곤포를 신라에서 생산하여 건조시켜 중국에 보냈다고 한다.

3) 수조육류, 달걀, 우유

사냥은 농경이 주가 되면서 뒤로 밀려나서 종속적이 되었으나 사냥을 즐긴 왕도 있었고, 사냥대회가 열리기도 하였으며, 목장이 있어 목축도 하였다. 안악 고분 3호 벽화에는 육고(肉庫), 주방, 우사(牛舍), 마구간 등의 그림이 있고 관직명에 육전, 마부 등이 있었다. 따라서 삼국 시대에도 소, 말, 개, 돼지, 닭 등을 사육했으며, 좋은 닭이 있어 일찍부터 달걀을 식용으로 하였고, 경주 고분에서는 토기에 담아둔 달걀이 출토되었다. 또한 우유를 식용으로 했었는데, 궁중에서와 귀족층에 한정되었다.

[그림 3-1] 무용총의 수렵도

4) 조미료, 얼음

『삼국사기』의 신문왕 왕비의 폐백품목에 기름과 꿀이 기록되어 있는 것으로 보아 이 시대에 감미료로 꿀이 이용되었고, 기름이 일반화 된 것 같다. 신라에 소금창고가 있었고, 빙고전이라는 관직이 있어 얼음을 저장관리 하였다.

3. 식품의 조리 및 가공

1) 곡물의 조리·가공

(1) 밥과 죽

삼국시대에는 철제 솥의 보급으로 밥 짓기가 일반화되었다. 집에 솥이 있었다는 기록과 삼국의 고분에서 가마솥이 출토되어 이를 뒷받침하고 있다. 『삼국유사』 사금갑조에서 까마귀의 은혜에 보답하기 위해 지었다는 나반은 찰밥이며, 이 시대에는 '약'자를 이름에 붙이지 않았으므로 상원절식 음식인 약식이었을 것으로 생각된다.

또한 쇠솥의 발달은 죽의 발달을 가져와 채소, 조개, 고기 등 넣어서 죽을 끓여 먹었을 것으로 추정된다.

(2) 떡

삼국시대의 떡은 찌는 떡인 설병과 치는 떡인 인절미가 있었으며, 제사에 제수로 떡을 올렸으며, 시루떡 만드는 법은 일본으로 전래되었다.

『삼국사기』의 떡을 깨물어 잇자국이 많은 유리가 왕이 되었다는 이야기로 보아 잇자국이 남는 떡이라면 치는 떡이었을 것이다. 또한 백결선생이 거문고로 떡방아소리를 연주했다는 『삼국사기』의 기록으로 보아 디딜방아가 보급되었고, 도정했다는 사실을 알 수 있고, 떡방아 소리는 인절미나 가래떡 등의 치는 떡이었을 것으로 추정된다.

(3) 감주

수로왕의 묘제에서 제사를 지낼 때 올린 제수로 감주가 있다. 감주는 쌀밥에 엿기름물로 당화시켜 만든 음청류로 오늘날까지 제사상에 올리는 제수로 곡물로 만든 곡물음식이다.

(4) 술

농업국으로 곡물로 술을 빚어 제천의식에 사용하였다. 술 빚는 솜씨가 뛰어나 백제의 수수보리는 누룩으로 술 빚는 주조법을 일본에 전수하였으며, 신라의 술은 중국에 까지 그 명성이 알려졌다.

2) 육·어류의 조리가공

백제에서는 소, 돼지, 닭을 불을 사용하지 않고 회로 해먹었으며, 가공법인 건조법을 이용하여 육류나 생선, 조개류를 말린 포(脯)가 있었다. 『삼국사기』의 신문왕 왕비 폐백품목에 포가 기록되어 있는 것으로 보아 육어류를 가공하여 먹었음을 알 수 있다.

4. 식생활 양식

1) 주 · 부식 분리형 식생활 양식

삼국시대는 무쇠솥의 보급으로 밥짓기가 일반화되어 일상식의 식생활 양식이 주식과 부식으로 분리되었다. 곡류가 주식으로 육어류와 채소류가 부식으로 자리 잡아 주 · 부식이 구분되어 정착되었다. 이 시기에는 장과 포, 젓갈 등의 찬물이 보편화 되었던 시기로, 곡류로 밥을 하고 찬물을 부식으로 곁들인 주식과 부식의 상차림이 일상식의 기본 구조로 형성되었다.

2) 손님 접대식

삼국시대는 손님을 대접할 때 여러 가지 음식을 차렸으며, 입식 식탁의 각 상차림이었던 것 같다. 『삼국유사』의 기록을 보면 신라의 문무왕 동생 차득공이 안길을 대접할 때 반찬이 50가지였다고 하여 귀족층의 식생활이 풍부하고 사치스러웠음을 알 수 있다. 경주에 있는 신라의 유적인 포석정을 보면 연회가 멋과 운치가 있었음을 알 수 있다.

고구려 무용총(5세기 경) 벽화는 그 시대의 식생활을 잘 나타내주고 있다. 손님을 접견하는 접견도를 보면 입식식탁에 2인용 음식이 사람 앞으로 각각 차려져 있다. 각자 독상차림으로 굽이 있는 식기를 사용하고 있으며, 개인용

[그림 3-2] 고구려 무용총의 접견도

그릇의 크기가 작다. 각자의 상차림 외로 각각 두 개의 곁상이 놓여있는데 한 상에는 술병이 놓여있고, 다른 상에는 큰 그릇에 음식이 높이 고여 담겨져 있는데 술상은 둥근 상이다. 동자 한명이 손님 앞에 무릎을 꿇고 앉아서 시중을 들고 있는데 한 손은 상 끝을 잡고 있고, 다른 한손에는 식탁용 칼을 쥐고 있는 것으로 보아 고기음식을 썰어서 대접하고 있는 것으로 보인다. 신라시대 연회 장소였던 경주의 안압지 유적에서 7.8~14cm인 식탁용 칼이 80여개 발굴되었는데 삼국시대에는 식탁용 칼을 사용하고 있었던 것 같다.

무용총 벽화의 음식 나르는 모습은 여인 둘이 매우 단정한 자세로 음식을 나르고 있다. 음식 담은 쟁반을 가슴보다 약간 낮은 위치로 안정적이다. 두 손으로 정성껏 받쳐 들고 나르고 있다.

[그림 3-3] 무용총의 음식 나르는 모습

4장

고려시대의 식생활

고려는 불교를 숭상하고 농업을 장려하여 식량의 생산에 온갖 힘을 기울였다. 권농정책으로 농업이 성하였으며 양곡이 증산되었다. 또한 송나라와의 문화 및 물자교류가 많아서 국력이 커지고 불교가 융성함에 따라 채소음식의 발달과 침채형 김치의 체계가 잡혀 우리나라 김치의 전통이 확립되었다. 한편 귀족층의 정권싸움이 자주 일어나는 가운데 무신들의 난이 일어났고, 몽고의 침략을 받게 되었다. 몽고의 영향으로 불교에 의하여 쇠퇴한 육식을 부활시켰고, 몽고 음식이 우리나라에 들어왔으며, 우리나라 음식도 몽고에 전해졌다.

고려 초기 에는 어업이 발달하여 전복, 대합, 게, 굴, 거북, 새우 등 다양한 어패류와 해초, 곤포 등을 귀천 없이 식용 하였다. 고려가요인 청산별곡에는 나마자기와 구조개를 먹는다고 노래하고 있다.

또한 밤, 잣나무, 배, 대추나무의 과수 원예를 권장하였고, 비파, 개암, 비자, 능금, 복숭아, 포도, 오얏, 배, 감, 밥, 도토리, 배, 호두, 감귤류가 있엇다는 기록이 있다. 청산별곡에 의하면 머루, 다래를 먹었으며, 도문대작(屠門大嚼)에는 수박이 몽고에서 들어왔다고 기록하고 있다.

신라시대부터의 음다(飮茶)풍습은 고려에 와서도 왕공(王公), 귀족, 사원간에 극히 성행하였다. 또한 이와 함께 병과류가 많이 발달되었는데 연등회, 팔관회를 위시한 국가적 대행사와 대소 연회에는 반드시 유밀과상(油蜜果床)을 마련했고, 이외에 병이류(餠餌類), 약식, 다식 등도 발달되었다. 특히 이

시대의 식생활에는 국제적인 교류가 많이 이루어졌다. 고종 45년(1258년) 몽고와의 강화에 응한 후 원나라와의 교류를 통하여 음식이 전파되었다. 만두류의 하나인 상화(霜化)와 소주의 제조법이 원나라로부터 전해져 왔으며, 우리의 유밀과와 상추 싸먹는 풍습 등은 이때 원나라에 전해졌다고 본다. 그리고 소금의 전매가 국가차원에서 이루어졌고, 초가 만들어져 산미료로 사용되었다. 또한 참기름이 일반화되어 음식에 사용하였으며, 호초(胡椒), 설탕 등이 송나라를 통해 들어왔다.

고려시대에는 송나라의 영향을 받아 의서인 『향약구급방(鄕藥救急方)』을 저술하였으며, 이 책에는 마늘, 부추, 치자, 천초, 호초(胡椒), 감초, 겨자, 생강, 염부추, 파, 초 등 170여 종의 향약에 대하여 설명하고 있다. 궁중의 다방은 진다(進茶)를 맡아하였으나, 차와 약이 동일시되고 마침내 궁중의 탕약도 다스리게 되었다. 궁중에는 어찬을 바치는 상식국(尙食局)이 있어 주례에 나오는 식의(食醫)를 두었다는 기록이 처음 나온다. 식의는 의약학 및 식품위생의 지식을 가지고 왕과 귀족 등의 위생, 식이요법과 관계되는 일과 전국에서 공물로 바친 식품에 대한 성질과 해독 유무를 조사하고 질병에 대한 식이요법의 적합 여부를 판정하는 중요한 임무를 가졌다.

고려시대의 식생활에 관한 기록은 우리나라의 『고려사』와 『고려사절요』에, 송나라의 서긍이 고려풍습 글과 그림으로 쓴 여행기인 『고려도경』에 기록되어 있다. 또한 고려시대에는 『동국이상국집』, 『목은집』, 『동문선』, 『익재집』 등 여러 가지 시문집에 식생활에 관한 이야기들이 들어있다.

1. 농경의 권장 및 곡물생산 증대

1) 농경의 권장

고려는 왕건이 건국한 후 민심을 안정시키려고 무질서한 토지제도를 개혁하고 감세를 단행하였다. 또한 농경을 권장하였으며, 왕이 스스로 친경의식인 적전의 예를 실시하였다. 또한 무기를 거두어 농기구를 만들고, 나라의 소를 백성에게 빌려주며, 중국에서 수차(水車)를 도입하여 백성들에게 모내기를 권장하였으며, 제방, 저수지를 신설, 보완, 수리하는 등 수리사업에 힘썼고 농지를 개척하여 확대 하는 등 농경기술 보급에 주력하였다.

따라서 미곡이 증산하였으며 대의창, 부용창 등 많은 곡물창고가 있었고, 집집마다 쌓인 곡물로 풍족해졌다. 또한 비축한 쌀이 변질될 정도로 생활에 여유가 생기는 등 적극적인 권농으로 곡물의 생산량이 증가하였다.

2) 곡물의 생산 및 종류

고려시대는 미식(米食)이 뿌리내린 시대로 고려시대의 쌀은 물가의 기준이고, 녹봉의 대상이었다. 이 시대의 곡물로는 쌀, 보리, 밀, 흑맥(黑麥), 조, 차조, 기장, 피, 메밀, 율무쌀 등이 있었다. 고려 시대에 밀은 적어서 중국에서 수입하고 있었으며 밀가루는 비싸서 성례 때만 먹었다고 한다.

2. 김치와 채소음식의 발달

1) 채소의 조리, 가공

불교문화로 인한 육식절제와 권농정책으로 인한 양곡의 증산은 채소음식의 발달과 김치 발달의 계기가 되었다. 고려시대에는 아욱, 박, 가지, 무, 파 등의 채소와 더덕, 고사리, 더덕 등의 야생초가 있었으며 상치, 취 등을 생으로 쌈싸기를 하였다.

(1) 채소국

『동국이상국집』에는 채소의 여러 가지 조리법이 나오며, 고려시대에는 파국, 토란국, 순채냉국, 아욱국 등이 있었다. 또한 다시마를 쌀뜨물에 하룻밤 담갔다가 끓이는 다시마국과 아욱냉국도 해먹었다.

(2) 숙채, 생채

고려 시대 여러 가지 시문 속에 나물이 많이 나오는 것으로 보아 나물이 일반화된 채소음식이었음을 알 수 있다. 채소로 생채와 숙채 나물을 해먹었다. 가지생채와 가지나 박으로 숙채해서 먹으면 좋다는 기록이 있다.

(3) 상추쌈

우리나라는 복을 싼다는 의미로 쌈에 밥을 싸서 먹으며, 고려의 생채는 맛이 좋았고, 고려 사람들은 상추나 취 등의 생채 잎에 밥을 싸서 먹었다. 상추쌈은 원나라에 시집간 공주나. 공녀들에 의하여 중국에 전해졌으며 중국에서도 상추쌈의 인기가 높았다고 한다.

(4) 김치, 장아찌

삼국시대까지에는 채소 소금 절임, 장에 절임, 소금과 술에 절인 짠지나 장아찌류의 김치였다. 고려시대에는 숭불환경으로 고기음식의 절제로 채소를 많이 재배하였으며 채소음식의 조리와 가공법이 발달하여 국물채로 먹는 침채형의 나박김치가 개발되었다.

김치에 관한 최초의 문헌적 기록은 『동국이상국집』이다. 菁(순무 청)을 소금에 절여 겨울에 대비한다고 하여 소금에 담가 겨울에 먹고 장에 담가 여름에 먹는다고 하였다. 또한 『동문선』에는 여뀌에 마름 섞은 김치라는 詩귀절이 있어 야생초로도 김치를 담가 먹었다.

3. 육식절제와 복원

1) 육식절제

고려 초기에는 국교인 불교의 영향으로 육식을 절제하기를 권장하였다. 『고려사』에는 도살금지령과 사냥금지령을 여러 번 내렸으나 절대적으로 육식절제가 지켜진 것은 아닌 것 같다. 육식이 전적으로 금지되었던 것은 아니며, 국가에서 필요한 축산은 실시하여 가축사육을 위한 전담부서가 있었다.

2) 육식의 복원

고려 중기 이후에 몽고의 침입으로 불교가 쇠퇴하고, 육식을 즐기는 몽고인들의 영향으로 그 동안 절제되었던 육식이 복원되었다. 몽고가 세운 원나라는 우리나라에 많은 영향을 미쳤으며, 그들의 육식문화를 수용하면서 고기

음식이 발달하였다.

고려시대의 수조육류로는 소, 말, 닭, 돼지, 양, 오리, 거위, 고니 등으로 이들을 사육하여 식용 하였는데 귀족들은 주로 양과 돼지를 먹었고, 서민들은 닭과 개를 식용하였다. 『고려사』에 의하면 원나라에서 왕의 생일에 양과 고니를 보내왔으며, 신돈이 검은 닭, 흰말을 먹었다는 기록하고 있어 육식성향이 강했던 것 같다.

젖소를 기르는 유우소가 있었으며 유즙을 농축하여 만든 우유가공품이 있었으나 주로 왕실에서만 먹었다.

4. 식품의 조리 및 가공

1) 밥과 죽

고려시대에는 양곡의 증산으로 쌀을 저장해 두었으며, 충분히 찧은 백미가 식용되었으며, 쌀이 풍부하였다. 잔치 때는 백반을 지어 손님을 대접 했으며, 피와 보리의 혼식이 산촌의 일반식이었다. 『목은집』에는 '점반(粘飯)'을 지어 먹었다는 시문이 있으며, 만드는 방법은 찰밥에 기름, 꿀, 밤, 잣, 대추를 넣어 만들었다 하니 지금의 약식, 약반이다. 또한 고려시대에 팥죽이 등장하는데 『목은집』에 동짓날 팥죽에 대하여 '맑은 새벽같이 몸을 평온하게 하고 정신을 맑게 하고 기를 돋구어 기상을 바르게 한다.'고 기록하고 있다.

2) 병과류

(1) 떡

고려시대에는 양곡의 증산과 불교의 영향으로 떡이 발달하여 떡의 종류가 다양하였다. 풍부한 곡물을 이용하여 떡을 만들어 먹었고 떡의 종류도 많고 일반화되어 떡으로 걸인에게 시주할 정도로 흔했던 것 같다.

떡의 종류로는 쌀로 만드는 백설기(설고), 감설기떡(시고), 쑥설기떡(애고), 밤설기떡(율고), 수단 등과 차기장으로 만드는 차기장전병(점서), 밀가루로 만드는 만두와 상화(쌍화)가 있었다. 『지봉유설』에는 고려에서 상사일에 청애병을 만들어 으뜸가는 음식으로 삼는데, 이것은 어린 쑥잎을 쌀가루에 섞어서 떡으로 찐 것이라고 쑥설기떡을 설명하고 있다. 수단은 유두일에 먹는 백설같이 흰 살결에 달고 신맛이 섞인 떡으로, 차기장 전병은 팥소를 넣어 배가 부르며 황금빛이 면에 넘치는 떡으로 『목은집』의 시문 속에 등장한다.

밤설기떡은 중국에까지 고려의 명물인 '고려율고'로 소개되고 있다. 감설기떡인 시고(柿糕)도 중국에 알려진 떡으로 너무 맛이 있어서 조선시대에는 석탄병(惜呑餠)이라고 이름을 붙였다. 상화는 『고려가요』 '쌍화점'에 나오는 시판되고 있는 떡으로 원나라로부터 들어온 밀가루 발효떡이다.

(2) 과정류

국교가 불교였던 고려는 불교의 융성과 함께 육식이 절제되고 음다풍속의 성행으로 국가의식이나 크고 작은 연회에서 진다례가 행해졌다. 이러한 환경에서 차와 함께 과정류가 한층 더 발달하였다.

① 유밀과(油蜜菓)

유밀과는 곡물과 꿀과 기름을 사용하여 만드는 과정류이다. 밀가루에 꿀과 기름을 넣고 반죽하여 모양을 만들어 기름에 지져내고 다시 꿀에 묻힌 약과류로 고려의 국가행사인 연등회나 팔관회 등 크고 작은 연회, 제사에 필수적인 음식이었고, 혼례 때 납폐음식으로도 쓰였다. 『고려사』에 의하면 세자가 원나라 공주와 혼례를 올릴 때 납폐연회에 유밀과를 보냈다고 한다. 『오주연문장전산고』에는 원나라 왕녀와 혼례 시 납폐의례에 유밀과를 쓰고 있는데, 그것은 구습에 따라 한 것으로 우리나라에서는 현구고례에 유밀과를 증정한다고 기록하고 있다. 개성의 폐백음식에 약과를 쓰는데 이것은 오래된 풍속이었음을 알 수 있다. 이렇게 고려의 명물이 된 유밀과는 국외에 까지 알려지게 되어 몽고에서는 '고려병'이라고 하였다. 이러한 환경에서 유밀과의 성행이 지나쳐서 곡물과 기름과 꿀의 소비량이 많아졌다. 따라서 『고려사』에 의하면 고려 명종 22년과 공민왕 2년에는 유밀과 사용 금지령을 내렸다고 한다.

② 다식(茶食)

다식은 콩가루, 쌀가루, 송화가루, 흑임자가루, 녹말가루 등에 꿀을 섞어 반죽하여 다식판에 찍어낸 과정류로 국가의 대연회, 제사, 음다례 등에 올린다.

『목은집』의 시문에 '다식을 잘 씹어 먹어보니 그 달고 좋은 맛이 잇몸과 혀에 스며든다.'라고 기록되어 있어 고려 때 식용하고 있었음을 알 수 있다. 『아언각비(雅言覺非)』에는 다식을 인단(印團)이라고 하였는데 이는 밤, 깨, 송화가루 등을 꿀과 반죽하여 다식판에 넣어 모양 박아내기 때문에 도장처럼 새겼다는 의미로 그렇게 이름을 붙였다고 한다.

3) 콩 가공품

(1) 두부

콩 가공품인 두부가 『목은집』의 시문에 '국에 두부를 썰어 넣으니 맛이 새롭다. 약한 치아에 먹기 편하고 늙은 몸 보양에 좋다'라고 나온다. 이것이 두부에 대한 우리나라의 첫 기록으로 고려시대에 두부를 식용했다는 것을 알 수 있다.

두부는 B.C 2세기 중국 전한시대 회남왕(淮南王) 유안이 발명했다고 하며, 일본의 향토자료집인 『개산집(皆山集)』에는 임진왜란 때 일본으로 끌려온 우리나라의 박호인이라는 사람이 두부를 처음으로 제조했으며, 두부제조법을 일본에 전했다고 글과 그림으로 기록하고 있다. 그림 4-1은 개산집에 들어있는 두부제조장면을 그린 그림이다. 두부를 만드는 사람들의 옷은 일본 옷인데 불린 콩을 갈기 위해 돌리고 있는 맷돌은 한국식 맷돌이다.

[그림 4-1] 두부의 제조장면(개산집)

(2) 콩나물

『향약구급방』에 대두황(大豆黃)은 콩을 싹트게 하여 햇빛에 말린 콩나물로 약으로 한다고 기록되어 있는데, 식품으로 사용 시 말리지 않은 콩나물도 있었을 것으로 추정된다.

4) 육류의 조리

(1) 고기구이

고려시대 후기에는 원나라의 영향으로 육식문화가 되살아나 육식을 선호하게 되었으며 부족국가 시대의 맥적의 전통을 찾아 고기구이 솜씨가 복원되었다. 『해동죽지(海東竹之)』에는 개성의 명물로 설리적(雪裏炙)을 설명하고 있다. 설리적은 설야적, 또는 설야멱적이라고도 하는데, 소갈비나 염통을 기름과 훈채에 조미하여 굽다가 반쯤 익으면 냉수에 잠간 담그고 센 숯불에 다시 구워 익히면 눈 내리는 겨울밤 술안주가 되는데 고기가 연하고 맛이 있다고 하였다. 또한 『고려사』에는 마계량 이라는 사람이 양(소의 밥통)을 즐겨먹어서 사람들이 말이 소를 먹는다고 비웃었다는 이야기가 있어 양구이 등의 고기구이가 있었다는 것을 알 수 있다.

(2) 고기국물 요리

몽고어 사전인 『몽어유해(蒙語類解)』에 공탕(空湯)은 맹물에 고기를 넣고 끓인 것이라고 설명하고 있다. 고려시대에는 몽고족의 끓이는 고기국물요리가 들어와 곰탕류나 설렁탕류와 같은 고기국물요리가 있었던 것으로 추정된다.

설렁탕의 유래는 여러 가지 설이 있다. 『조선요리학』에 의하면 세종대왕이 선농단(先農壇)에서 친경 시 심한 비가 내려 촌보를 옮기지 못할 형편인데, 배고픔에 못견디어 친경에 쓰던 농우를 잡아 맹물에 넣어 푹 삶아서 끓여 먹으니 이것이 선농탕이라고 하였다고 한다. 이 선농탕이 오늘날의 설렁탕이 되었다고 한다.

5장

조선시대의 식생활

고려시대의 식생활은 조선시대로 이어지면서 더욱 정비, 발달하게 되어 한국식생활 전통정비기라고 할 수 있다. 조선시대는 유교가 국교로 불교를 상징하는 차문화가 쇠퇴하면서 음주문화가 발달되었다. 또한 상차림의 형식이 확립된 시기로 반상차림, 의례상차림 등 엄격한 규범 하에 상을 차리는 관습이 생겨 우리나라 식생활의 규범이 정립된 시기로 볼 수 있다.

식품재료는 고려 때와 큰 차이가 없었으나 신대륙의 발견에 의하여 새로운 식품들이 유럽을 거쳐 조선 중엽에 우리나라에 들어옴으로써 보다 다양해졌다.

이렇듯 식품재료가 오늘날과 거의 같아지고 조리 및 가공의 방법도 『도문대작(屠門大嚼)』, 『음식디미방(飮食知未方)』, 『산림경제(山林經濟)』, 『주방문(酒方文)』 등에 설명되어 있다.

『신증동국여지승람(新增東國輿地勝覽)』에 의하면 이조 500년 왕조를 이어오는 동안 궁중생활의 사치와 함께 궁중음식이 발달하였으며, 궁중음식은 양반계급이나 기타 여러 가지 길을 통하여 민간에게 전래되었으며, 특히 반가(班家)의 식생활을 풍부하게 하였으며 중인(中人)계급을 통하여 다시 서민에게 연결되었다. 그러므로 식품사학자들은 조선시대에 한식의 전통이 확립된 것으로 보고 있다. 이처럼 식생활의 내용이 다양하며 화려하게 구색을 갖추게 되고 한식의 전통이 확립될 수 있었던 것은 당시의 사회·경제적 환경의 영향이 크게 작용하고 있었다고 본다.

조선시대 초기에는 온돌이 보급되어 일반화되었다. 따라서 주거양식이나 식생활의 양식이 좌식으로 되었다. 식생활의 양식은 좌식으로 되었으나, 제사상 차림은 조상들의 생존 시의 구습대로 입식으로 계승되었다.

세조 9년의 실록에 의하면 세조 자신이 『의약론』에 '입에 맞도록 먹게 하는 바라, 입이 달면 기운이 편해지고 입이 쓰면 물도 괴로울 것이다. 과식하는 것을 금하지 않으면 이것은 식의가 아니니다.'라고 하였다. 따라서 식의는 질병치료에 음식을 관련시켜 지도한 오늘날의 영양사와 비슷한 업무를 수행한 것으로 보여진다.

조선시대의 의서로는 세종 대에 동양의학의 집대성인 『의방류취(醫方類聚)』를 편찬하였는데, 그 내용에는 음식과 건강과의 관계도 언급되어 있다. 선조는 국민보건을 염려하여 허준으로 하여금 『동의보감(東醫寶鑑)』을 저술하게 하였고, 광해군 때 이창정이 『수양총서류집』을 편찬하였다. 고종 때 이제마는 『동의수세보원(東醫壽世保元)』을 저술하였는데, 여기서 사람의 체질을 태음인, 태양인, 소양인, 소음인으로 나누어 각각의 허용식품과 제한식품을 제시하고 있다.

1. 농서의 간행과 구황식품의 이용

1) 농서의 간행

조선시대에는 농서를 간행하여 농업기술을 적극적으로 계몽하였다. 그동안 주로 중국의 농서에 의존하여왔는데 기후, 토양 등 중국과 달라서 적용하는데 문제가 있었다. 따라서 우리나라 풍토에 적합한, 농업의 체험을 모은 우리의 농서를 간행하였다. 조선 초기에 『농사직설』, 『사시찬요초』, 『금양잡록』이 간행되고 효종(1655년)대에 이 세책을 합본한 종합농서인 『농가집성』을 간행하였다. 그 후 계속하여 여러 가지 농서가 간행되었는데 중요한 농서로는 『농가월령』, 『구황촬요』, 『증보산림경제』, 『임원십육지』 등이 있으며, 농서의 간행은 농사생활 및 농업기술의 향상에 기여하였다.

2) 농산물 산출 증진

조선시대에는 농지를 측정하고 토지의 등급 등을 조사하여 농작의 실황을

파악하였고 수리공사를 확대하였다. 또한 삼국시대부터 일부에서 실시하였던 모내기 농법을 전면 실시하여 일반화하였다. 모내기 농법 실시를 위하여 수리시설을 확대하고 벼농사와 보리농사의 이모작을 할 수 있어 농작물의 수확량을 늘렸다. 또한 인력과 축력을 동원하여 농작지를 늘려 농산물의 생산이 증가하게 되었다. 조선시대에는 멥쌀과 찹쌀, 보리, 콩, 밀, 팥, 녹두, 기장, 옥수수, 조, 피, 수수, 참깨나 들깨 등의 종실류 등 다양한 품목의 농산물이 생산되었다.

3) 구황식품의 이용

조선시대는 계급사회로 빈부의 차이가 커서 농민들은 자연재해로 흉년이 들거나 전쟁이 나면 식량부족에 허덕였다. 구황식품은 이처럼 흉년이나 천재지변으로 굶게 된 백성들의 기근을 구하는 식품으로, 조선조 왕들은 구황시책과 구황식품으로 기근에 대비하고자 하였다. 따라서『구황본초(救荒本草)』,『구황촬요(救荒撮要)』,『산림경제』등 구황식품에 관련된 서적들을 편찬하게 되었으며, 여기에 수록된 구황식품은 80~90여 종에 달한다. 대부분 식물성 식품으로 산과 들에서 나는 식물의 잎, 줄기, 뿌리, 꽃과 나무의 열매 등으로 주로 죽을 쑤어 먹었는데 이는 양을 늘려 여럿이 먹을 수 있고, 뿌리나 껍질 등의 거친 섬유질을 부드럽게 할 수 있었기 때문이다.

구황에 이용될 수 있는 식물은 수백가지에 이르나 보편적으로 많이 이용할 수 있는 식품은 도토리, 칡뿌리, 마, 소나무잎, 쑥, 메밀껍질, 느릅나무껍질, 콩잎, 개암, 콩깍지 등이다.『증보산림경제』에는 기근이 들었을 때도 우리음식의 기본인 장이 필요하므로 곡물이외의 식물을 사용하여 장을 담그는 여러가지 구황장법을 소개하고 있다.

2. 외래식품의 도입

임진왜란을 전후하여 곡물, 채소 등의 외래식품이 중국과 일본을 통해 유입되어 재배에 성공하면서 외래 농작물이 우리 식생활에 동화되었다. 조선시대에 우리나라에 전래된 식품으로는 고구마, 감자, 옥수수, 토마토, 호박 등이 있다.

1) 고추

고추는 임진왜란(1592년)을 전후하여 일본을 통해 우리나라에 들어오게 되었다. 『지봉유설(1613년)』에는 '고추에는 독이 있다. 일본에서 건너온 것이라 왜겨자라고 칭한다.'라고 기록되어 있으며, 『성호사설(1723년)』에는 '고추는 매우 매운 것이다. 일본에서 건너왔다는 지식 이외에 아무 것도 없으니 왜초라고 한다.'라고 기록되어 있다. 고추가 들어온 후 바로 식품에 쓰였던 것은 아니며 시간이 좀 경과한 후에 김치에 사용하였다. 김치에 고추를 사용한 기록은 『증보산림경제(增補山林經濟)』, 『규합총서(閨閤叢書)』, 『임원십육지(林園十六志)』 등에 나타나 있다. 따라서 김치에 고추를 넣게 됨으로 김치의 혁명을 가져왔으며, 한국 김치를 세계적인 우리나라 전통음식으로 만드는데 기여하였다고 본다.

2) 고구마와 감자

고구마는 '감저'라고 하며 1763년 영조 때 일본 통신사로 가던 조엄이 대마도에서 종자를 부산으로 보내와 재배하게 되었고, 감자는 '북감저' 또는 '북저'라고 하며 고구마보다 60년이나 늦게 전래되었다. 감자는 1824~1825년 순조 때 청나라에서 처음 들어왔는데 우리 기후에 적합하여 보급이 빨랐으며, 고구마와 감자는 구황식품으로 이용되었다.

3) 호박

남미가 원산지인 호박은 임진왜란을 전후하여 일본을 통하여 유입되었으며 '호과'라고 불렀으며 서민들의 주식과 부식, 구황식품으로 사용되었다.

4) 토마토

토마토는 남미 페루가 원산지로 중국에서 종자를 가져와 재배하였으며, '남만시'라고 하였다. 『지봉유설』에 "남만시는 초시이다. 봄에 심어 가을에 열매 맺는데 그 맛이 흡사하다. 본래 남만국에서 난다. 근자에 한 사신이 중국에서 씨앗을 가져왔다. 역시 과일이다."라고 기록되어 있다.

5) 옥수수

미국 대륙이 원산지인 옥수수는 중국을 거쳐서 우리나라에 들어왔으며, 문헌상으로는 『증보산림경제』에 처음 나온다.

3. 가부장권 대가족제도와 식생활 관리

유교가 국가 통치 이념이자 생활 규범이었던 조선시대는 식생활에 있어서도 상차림의 격식, 식사예절, 식사내용 등에 있어 유교적인 색채가 깊게 반영되어 있다.

조선시대에는 유교의 영향으로 철저한 직계 장자 상속의 가부장권 대가족제도가 엄격하여져서 가정의례는 장자의 집에서 모두 모여 시행하였다. 이러한 환경에서 가정의 의례행사를 중요시 하였으며 남아존중, 장유유서 등이 강화되었고, 가정의 의례행사가 행하여졌다. 따라서 우리나라 의례행사 음식차림의 솜씨가 발전하고 행사음식의 규범이 정착되었다.

이러한 대가족제도에서 손님을 대접하는 일과 제사가 많아져서 손님 대접을 위한 술과 제주로 사용할 술을 상비해야 하므로 계절에 따라 가양주를 빚었다. 또한 손님을 대접하는 빈객범절이 엄격하였다. 따라서 제사음식, 연회음식, 빈객음식, 반상차림, 절식음식, 관혼상제 등의 행사음식 등의 식생활 규범이 정착하였다.

가족 수가 많고 여러 연령층의 대가족의 식생활로 제철의 식품을 말리고 절이는 등의 상비식품의 가공법과 김치, 젓갈, 장류, 장아찌 등의 발효식품을 상비하여 관리하였다. 따라서 조리가공 기술이 다양화되고 세분화되어 한국음식을 더욱 발전시켰다.

4. 약식동원과 양생음식 발달

1) 약식동원

조선시대는 의학과 약학의 연구가 이루어져 그 원리를 식생활에 활용하여 식생활을 과학화하는데 기여하였다. 한약재를 이용한 음청류나 가양주, 양생음식이 발달하여 꿀, 인삼, 계피, 잣, 생강, 오미자, 당귀, 대추 등을 이용한 음식으로 약식동원 철학의 식생활이 가정생활에서 이루어졌다.

또한 조선시대에는 한방과 관련된 문헌인 『동의보감(1613년)』, 『향약집성방(1431년)』, 『향약제생집성방(1398년)』, 『향약채취월령(1431년)』 등의 의·약학 연구서가 간행되어 식생활에 활용되면서 우리나라 식생활의 과학화가 신장되었다.

2) 양생음식의 발달

양생음식 또는 보양음식으로는 오가피, 복령, 구기초, 당귀, 인삼 등을 넣은 가양주와 쑥떡, 감떡, 석이떡, 구기자떡, 송화다식, 흑임자다식 등의 병과류, 제호탕, 봉수탕, 당귀차, 인삼차, 구기자차 등의 음청류, 흑임자죽, 율무죽, 연뿌리가루죽, 산우죽, 서여죽, 녹각죽 등의 향약을 이용한 여러 가지 죽 등이 있다. 이러한 음식을 평소의 식생활에서 적절하게 배합하여 식사관리를 함으로 양생을 꾀하였다.

6장

개화기부터 현대의 식생활

1. 개화기의 식생활

14~15세기경부터 포르투갈 사람들이 중국의 마카오를 중심으로 동양무역을 시작하니 이때부터 우리나라는 중국을 통하여 서양의 사정을 조금씩 전해 듣게 되었다. 또 임진왜란 때에 온 일본인 천주교 신자, 선조 말경의 연경 사신, 청에 볼모가 된 인조의 장자인 소현세자(昭顯世子), 인조 23년의 하멜 일행 등을 통하여 서양 문물에 대한 지식이 들어오게 되고, 고증적인 학풍은 실학을 낳게 하였다.

고종 때에는 프랑스, 미국, 일본의 군함이 잇달아 이 땅을 침범하였고, 고종 13년에는 마침내 일본과 수호조약(守護條約)을 맺게 되니 부산, 인천, 원산, 서울에 일본인에 의한 서양식 병원이 설립되고, 1886년에는 왕립 병원인 제중원(濟衆院)에서 서의교육(西醫敎育)을 시작하였다.

19세기에 접어들면서 서양의 동양 침략이 시작되어 1876년 운양호 사건을 계기로 일본과 강화도 조약을 맺고 유럽의 여러 나라나 미국과 개항하지 않을 수 없었으며, 우리나라에도 개화의 물결이 밀어닥쳤다. 중국으로부터 천주교, 실학사상이 들어와 일부 지식인들이 서양의 발달된 과학기술을 알게 되고 새로운 가치관이 형성되는, 큰 변화가 시작되는 시기였다. 이와 같은 환경에서 서양의 선교사들과 이들의 서양식 신교육에 의해 다양한 식품, 조리법 등이 전해지고, 서양의 문물과 음식들이 조선사회에 보급되기 시작하였다.

1) 서양음식의 도입

개화기에는 외국 사람들의 왕래가 늘어나면서 서양음식과 식생활 풍습이 전래되어 식생활이 다양화되었다. 서양의 식품, 서양요리, 그들의 식생활 풍습 등이 들어오면서 서양음식이 보급되기 시작 하였다.

커피는 궁중의 여의사와 선교사에 의해 전해져 궁중에서 마셨으며, 고종이 커피를 즐겼다고 한다. 서양 사람들이 마시는 우유가 일반인에게 보급되었고, 서양인들의 식생활이 전래되면서 양주와 칵테일을 일부 상류층에서 마시기도 하였다.

서양의 기독교 선교사들에 의해 만민 평등사상이 전파되어 식사방법에 변화를 가져온다. 조선시대에 남녀와 양반과 상민이 같이 식사할 수 없었던 식사법이 남녀노소 구별 없이 한자리에서 함께 음식을 먹는 방법으로 변화하기 시작하였다.

2) 식품산업화의 시작

가양주 위주로 집에서 술을 빚던 것이 개화기에 술 공장이 세워지면서 식품가공 공장이 설립되기 시작하였다. 두병국이 세워져 두부와 떡을 만들었으며, 정미공장이 세워지는 등 식품의 산업화가 시작되어 전통적인 우리 식생활 풍습에 변화가 일어난다.

2. 일제기의 식생활

1910년 한일합방 이후 대량의 쌀이 일본으로 흘러들어 갔으며, 전통주의 통제로 몇 가지만 규격화하게 되었고, 일본의 가공식품이 들어오게 되었다. 일제하에서는 군량미를 위한 쌀 공출 제도로 춘궁기를 넘기 위해 콩깻묵, 밀기울 등으로 연명하는 생활을 하여 한국인의 식생활은 양적·질적으로 궁핍하게 되었다.

식량의 빈곤은 일제 말엽인 1937년 중·일 전쟁을 계기로 많은 공물을 공출 당함으로써 더욱 심해졌다. 이런 상황에서도 서구문명의 유입은 계속되었고, 일본인이 경영하는 식품제조업체들의 등장으로 궁핍한 생활 속에서도 과자, 술, 청량음료, 식용유, 각종 통조림 등의 식품들이 생산되어 일부 상류층의 식생활에서 이용되기도 하였다.

1) 한국전통주의 몰락

일제시대에는 가양주와 민속주가 금지되고 주류제조업으로 전환된다. 1907년 조선총독부에서는 주세령을 공포하고 주세령을 강제로 집행하여 전통주가 몰락하기 시작하였다. 가정마다 계절적으로 다양했던 가양주는 물론 각 지방의 민속주 제조도 금지되었다. 또한 일본인들이 왕래하면서 일본 청주와 일본 맥주도 들어왔으며, 1930년대에는 주류제조업인 양조장에서 술을 제조하게 되면서 가정에서 담그던 술빚기는 완전히 사라지게 되었다.

2) 식생활의 궁핍기

일제하에서의 식생활은 대단히 궁핍하였다. 일본은 우리나라를 식민지화하면서 농민들에게서 토지를 약탈하고 쌀을 공출하여가서 빈곤과 식량부족 상태가 계속되었다. 대부분의 서민들은 보리와 조 등의 잡곡밥을 먹었으며, 잡곡밥을 먹을 형편이 안 되는 서민들은 죽으로 연명하였고, 감자와 고구마 등의 대용식으로 식생활을 해결하였다. 또한 도토리, 다래, 칡뿌리, 소나무 껍질 등의 산야초류를 식용으로 하였으며, 그 후 더 심해져서 술찌꺼기나 밀기울, 풀뿌리 등으로 연명하기도 하였다.

이 시기는 매일매일 변화 없는 식생활로 질보다 양적인 문제해결이 우선이었던 식생활의 궁핍화 시대이었다.

3. 현대의 식생활

1) 해방 이후부터 1960년대

(1) 외국의 식량 원조

해방 후의 식생활은 기아와 극심한 식량부족 상태의 계속이었다. 전쟁과 흉년, 뒤떨어진 농업기술로 해외 원조 식량에 의존하게 되었다. 부족한 양곡의 대부분을 미국의 잉여농산물에 의존하게 되어 한국인의 식생활은 일제시대의 식생활 형태를 그대로 이어받아 밥, 국, 김치, 된장찌개, 나물 정도의 기본 식사를 하는 수준으로 대다수의 국민이 열량과 동물성 식품의 결핍이 계속되었다.

그러나 한편, 식량의 해외 원조를 받으면서 서구식 식생활이 유입되었고, 이 때 도입된 농산물의 주종은 소맥으로 쌀 위주의 한국인 식생활이 밀·밀제품과 섞여지는 계기가 되었다.

(2) 혼·분식 장려운동

식량의 절대공급량이 부족하던 시기로 식생활 개선이 식량자급의 돌파구라고 하여 식생활 개선운동이 펼쳐졌다. 정부에서는 식량자급의 대책으로 분식과 혼식 장려를 적극적으로 권장하여 일반인을 중심으로 밀가루 음식이 확대되기 시작하였다. 1960년대에 시작된 분식장려운동으로 우리 주식의 일부가 빵, 국수 등으로 대체되었으며 특히 학교 급식의 빵식은 식습관 형성기의 어린이들에게 큰 영향을 주었다.

2) 1970년대

1970년대부터는 경제발전과 함께 식생활이 안정되었다. 식품산업의 공업화로 식품의 제조법, 가공법, 저장법의 발달을 가져와 라면, 냉면, 칼국수, 생선이나 과일 통조림류, 햄, 소시지, 마가린, 화학조미료 등 다양한 가공식품이 생산되었다.

1970년대에는 곡류, 감자류의 섭취가 감소하고, 육류 및 생선, 유제품의 소비가 증가하고, 육류 가공식품이 범람하기에 이른다. 이런 상황에서 지방과 육류 섭취량이 1970년대 중반에 증가하고 1980년대 초까지 계속되었다. 이렇듯 동물성 식품의 소비가 증대하게 되며 과잉섭취에 의한 각종 질병과 건강상의 문제점들이 대두되기 시작하였다. 1975년 1인당 GNP가 500달러를 넘으며 국민이 섭취하는 열량이 안정되기 시작했으며, 연차적으로 당질의 에너지비율이 감소되고, 단백질과 지방의 섭취비율이 증가 하였으며, 커피, 청량음료 등의 기호식품의 생산이 증가하기 시작하였다.

식품 선택면에서도 아침식사 시 빵으로 대치하는 경향과 끼니에 밥과 반찬을 갖추어야한다는 관념이 깨지기 시작하였다. 이러한 현상은 연령적인 차이를 나타내어 젊은 층에서 나타나고 있다. 이렇듯 식품 선택, 음식의 선택면에서 연령에 따른 차이가 경제성장과 더불어 두드러지기 시작하면서 김치의 섭취량이 감소하였다.

3) 1980년대

경제성장과 산업화의 신장으로 식품공업이 발달하여 질이 좋은 식품을 대량 생산하게 되어 식생활에 여러 가지 영향을 미치게 되었다. 외국과의 빈번한 교역으로 1980년대 초에 1인당 GNP가 2,000달러를 넘어서면서 식생활의 형태는 다국적화 되며 일부 계층에서는 서구화된 식생활 양식으로 변화되었다. 또한 반찬의 가지 수가 줄고 한 가지 음식에 포함된 식품의 종류는 많아지는 경향, 즉 식사준비의 편리성과 간편성으로 기울어지게 되었다.

외식의 기회 증가와 외식 시 다른 국적의 음식을 많이 선호하게 되었고 가공식품이나 즉석식품에 대한 기호성향이 증가하게 되었다.

우리나라 경제발전 자체가 세계적으로 흐르고 있는 급속한 진보사상의 일환으로 이루어졌으며, 식생활에서도 새롭고 좋은 음식 또는 건강을 최대화시켜주는 식생활을 추구하게 되었다.

건강유지의 측면에서 볼 때 어떤 내용이 건강을 유지시켜 주는 식생활이 될 수 있느냐 하는 근본적인 문제에 부딪치면서 육류 소비량이 감소하고 채소나 과일 소비가 증가하게 되었다.

4) 1990년대 이후

1990년대에는 채소와 과일류의 섭취량은 계속 증가추세이며, 육류, 어패류와 우유 및 유제품의 섭취량은 증가하는 경향이다. 곡류의 섭취량은 감소하고 있는데 두류 또는 감자 및 전분류는 감소추세로 돌아섰다.

1990년대부터는 경제성장과 산업화 및 정보화 추세에 따른 소득증대, 핵가족화, 여성의 사회진출, 세계화 등 사회 환경의 급속한 변화로 음식에 대한 가치관이 달라지게 되었다. 이 시기는 식생화의 서구화 시기라고 할 수 있는데, 식품 소비구조가 서구인들과 비슷하여지고 외국의 음식에 대한 기호도가 높아지고 있다. 바쁜 현대생활로 인해 시간과 인력이 덜 요구되는 가공식품이나 편의식품의 이용이 늘어나 식품산업, 외식산업이 크게 증가하고 발달하게 되었다. 주부들의 음식담당 전통이 점점 희박해지고 이에 따라 전통조리법의 단절, 김치와 장 등 발효식품 안 담그기, 손님초대 및 접대문화의 단절, 통과의례 및 관혼상제 등 의례음식의 변화, 가족 공동 식사 전통의 약화, 음식예절의 상실 등 식생활에 많은 전통적 요소들이 사라지고 있다.

참고문헌

1. 한국食經大典 / 이성우 / 鄕文社
2. 한국식생활사 / 강인희 / 삼영사
3. 고대 한국식생활사 연구 / 이성우 / 향문사
4. 한국식품문화사 / 이성우 / 교문사
5. 한국飮食 5千年 / 식문화학회 / 유림문화사
6. 한국傳來醱酵食品史 硏究 / 장지현 / 수학사
7. 한국의 발효식품 / 이서래 / 이대출판부
8. 한국식생활 문화 / 윤서석 / 신광출판사
9. 齊民要術 / 윤서석 / 민음사
10. 한국전래 대두이용 식품의 조리・가공학적 연구 / 장지현 / 수학사
11. 한국식생활의 역사 / 이성우 / 수학사
12. 식품문화사 / 손경희 / 효일문화사
13. 한국의 음식생활문화사 / 김상보 / 광문각
14. 한국의 음식문화 / 이효지 / 신광출판사
15. 한국음식개관 / 윤서석 / 한국문화재보호재단
16. 식생활의 문화적 이해 / 김숙희 / 신광출판사
17. 한국의 떡과 과줄 / 강인희 / 대한교과서
18. 한국전통음식(떡, 한과, 음청류) / 윤숙자 / 지구문화사
19. 한국의 전통음식 / 황혜성 외 / 교문사
20. 식품과 음식문화 / 김기숙 외 / 교문사
21. 우리나라 식생활문화의 역사 / 윤서석 / 신광출판사
22. 세계의 음식문화 / 石毛直道 저 / 광문각
23. 한국외래주 유입사연구 / 장지현 / 수학사
24. 한국의 상차림 / 강인희 외 / 효일문화사
25. 한국식문화사 / 손종연 / 도서출판 진로
26. 한국음식 / 정은자 외 / 도서출판 진로
27. 식생활과 문화 / 김광호 외 / 광문각
28. 식생활과 문화 / 장미라 / 신광출판사
29. 한국의 김치문화 / 이효지 / 신광출판사
30. 우리 고유의 상차림 / 신승미 외 / 교문사
31. 대한 차학 소사전 / 박병권 / 석학당

32. 한국의 음청류 / 김혜영 / 도서출판 효일
33. 한국식품사회사 / 이성우 / 교문사
34. 3대가 쓴 한국의 전통음식 / 황혜성 외 / 교문사
35. 커피와 차 / 김경옥 외 / 교문사
36. 커피 & 티 / 황지희 외 / 파워북
37. 식생활문화의 이해 / 장정옥 외 / 보문각
38. 문화와 식생활 / 김혜영 외 / 도서출판 효일
39. 조선왕조 궁중음식 / 김상보 / 수학사
40. 병과 및 음청 / 현영희 외 / 백산출판사
41. 한국의 혼례음식 / 윤숙자 / 지구문화사
42. 약선음식 / 전순실 외 / 문운당
43. 먹고싶은 우리떡·우리음식 / 이순옥 외 / 백산출판사
44. 한국전통음식 / 김영희 외 / 도서출판 효일
45. 한국의 시절음식 / 윤숙자 / 지구문화사
46. 떡의 미학 / 최은희 외 / 백산출판사
47. 약이 되는 우리음식 / 조금호 외 / 교문사
48. 떡과 전통과자 / 김명순 외 / 교문사
49. 한식과 건강 / 농촌진흥청 / 교문사
50. 전통김치 / 안용근 외 / 교문사
51. 한국식품사연구 / 윤서석 / 신광출판사
52. 식생활문화 / 박춘란 / 효일문화사
53. 전통저장음식 / 전희정 외 / 교문사
54. 한국음식의 뿌리를 찾아서 / 김영복 / 백산출판사
55. 한국음식의 조리과학 / 손경희 / 교문사
56. 한국음식의 조리과학성 / 안명수 / 신광출판사
57. 알기쉬운 가정의례 / 최래옥 / 도서출판 유림사
58. 한국식생활풍속 / 강인희 외 / 삼영사
59. 한국의 음식용어 / 윤서석 / 민음사
60. 임원십육지 / 이효지외 / 교문사
61. 증보산림경제 / 윤숙자 / 지구문화사
62. 새로 쓰는 조선 차문화 / 정민 / 김영사
63. 식품화학 / 권중호외 / 신광출판사

찾아보기

- 아 -

– 자 –

- 차 -

- 카 -

- 타 -

- 파 -

- 하 -

인 지
생 략

한국의 식생활 문화

2014년 2월 21일 초판 인쇄
2014년 2월 27일 초판 발행

저 자 : 정 은 자

발행인 : 임 종 철
발행처 : 도서출판 **진 로**
등록 : 제305-2003-28호
주소 : 서울특별시 동대문구 고미술로 49
(의증빌딩 3층)
TEL : 02-2215-0203
FAX : 02-2216-0208
ISBN : 978-89-86877-75-5(93590)

정가 18,000 원